U0060187

依法採購使命必達的專業指南　《推薦序》
吳明賢 台大醫院院長

　　公元前 202 年，天下初定，劉邦大封功臣。大家爭論漢初三傑，有運籌帷幄決勝千里之外，以謀略見長的張良；有領百萬大軍，攻必克戰必勝的百勝將軍韓信；有鎮守國家，安撫百姓，供應糧草做好補給的蕭何；誰的功勞最大？結果論功勞，以蕭何為首；排位次，又以蕭何第一。最後蕭何不僅被封為酇侯，食邑八千戶，更享有劍履入殿，入朝不趨的頂級殊榮。劉邦的決定讓很多人大感意外！但若觀之楚漢相爭歷史，則不得不佩服其知人善任，且賞罰分明！蓋劉邦百戰百敗，卻又屢敗屢起，靠的就是蕭何為他當宰相，經營關中作他的根據地，要人有人、要錢有錢、要糧有糧；項羽百戰百勝，卻經不起一敗，一敗塗地，一敗就完，原因之一是沒有蕭何這樣的宰相。

　　做為世界一流大學醫院的臺大醫院，不僅醫院規模龐大，醫療業務繁重，每日所需的醫療物資眾多，也必須與時俱進，更新醫療設備，甚至要維持乾淨安全的環境，這林林總總的後勤業務都落在總務室身上。為了處理眾多的業務，其下設有採購組(財務及勞務採購的招決標)、庶務組(環境維護、勞務傳送、車輛派遣)、出納組(全院收入、支出)、保管組(請購審查、驗收、財產、空間、指標)、配給組(醫材請購審查及布服供應管理)和經營管理組(商場、停車場、會議室、公務手機及宿舍管理)。從組織架構及任務分配就可看出醫院的正常運作及執行醫療業務不能沒有總務室同仁的投入與協助。甚至因為這兩年的 COVID-19 疫情，很多突發的工作，包括抗疫物資的緊急採購、大規模疫苗注射的執行，總務室同仁在梁靜媛主任的領導下「總是在服務」，而且使命必達，所以對醫院而言，他們都是院方的蕭何！而臺大醫院身為公家機關，必須有法可依、有法可循、依法行政，因此眾多的採購事務，必須在法的架構下，兼顧時效性來完成，其中的艱

辛及困難，若無梁主任帶領同仁遵循法律規範又能及時達成任務，當中累積眾多的經驗與教訓，十足寶貴，因此我鼓勵他們寫成專書，以供想了解政府採購法，知道各種招標、開標、審標的規定，做為重要參考。身在公門好修行，從這本書豐富的成功案例，讀者也可以了解到「徒法不足以自行、徒善不足以為政」，知法、懂法、依法，仍然可以促成好事，完成任務！

「人的影響短暫而微弱，書的影響廣泛而深厚」(普希金語)，這一本集專業熱情，眾志成城所寫成的「開審決大白話」(解碼政府採購系列)好書，既是經驗總結，也是知識寶庫，誠避免犯錯的一把鑰匙，值得做為案頭書和最高指南，本人鄭重推薦！

吳明賢　院長

2022 年 9 月

羅明通律師　《推薦序》

　　靜媛聰敏好學，20歲畢業於台中商專，同年即考上高考分發臺灣省政府物質局主辦採購業務，歷時五年，工作表現優異，為當時行政院公共工程委員會企劃處處長蘇明通延攬，參與政府採購法等相關法令之擬定、解釋，並參與操辦公務員採購法之訓練及稽核政府部門對於政府採購法制之執行。

　　在公共工程委員會任職期間，靜媛又考進交通大學管理科學研究所攻讀碩士學位。當時我在交通大學科技法律研究所講授「政府採購法」，她跨所選修，課堂上充分展現她對於採購實務之嫻熟，熱心幫助老師及同學解釋實際執行時可能面臨之諸多疑難。畢業時，她即以「政府採購稽核制度之研究」為論文題目高分獲得 MBA 學位。

　　九十六年一月間，靜媛經商調台大醫院企劃管理室執行院內採購稽核業務，初時任企劃管理室組長兩年半升任總務室副主任，六年後被拔擢為主任，仍負責採購業務，迄今已逾十四年。

　　靜媛擔任總務室主任時，下轄六組，同仁合計逾一百五十餘人，而醫院各科室採購物品眾多繁雜，時常有緊急需求。簽訂之契約從醫院環境清潔及布服洗滌之勞務採購起，至國內外各種高階之醫療器材之財物採購止，靜媛均無役不與。

　　舉例而言，訂定招標文件前，靜媛即需審酌醫院各部門所提出之技術規格在目的及效果上是否有限制競爭？如有限制，於面對外界挑戰時，是否有正當理由及足夠證據足供外界檢視以免被疑為圖利特定廠商？迨至開標前，則需適時決定要不要訂定底價及底價訂定為多少？且應時時注意督促管制下屬不得洩露所有足以造成限制競爭或不公平競爭之任何資料。

　　要言之，靜媛之日常工作鉅細靡遺，繁重非常。尤其是她在招標現場必須決定是否重大異常關聯、是否宣告決標時，現場常

面臨各廠商之質疑與異議，又需兼顧醫院採購之時效需求，心理壓力之大可以想見。

抑有進者，靜媛除須努力協助滿足醫院各單位財物及勞務之需求外，且應在採購時恪盡社會責任推動綠色採購，優先採購取得政府認可之環境保護標章使用許可之產品，在執行此項政策時，必須於投標須知載明投標時應檢附之文件、定其決標方式，且須步步為營，注意諸多細節，力求在環保署及內政部社家署年度績效評核時獲得高分。

靜媛就在如此承受各方挑戰及壓力下戮力工作，獲得各方佳評。惟她深感採購人員業務繁重之辛苦，及如何引用合適之法條及見解，這部分其想提供工作上經驗及實務見解予以補充，起意編寫採購業務執行專書，以政府採購法令及主管機關釋示函令為基礎，明列執行採購業務時實際應注意之事項，並以實際採購時所發生之疑難案例為討論之標的，與同仁以不同立場辯論研討，並集結成本書。

坊間討論政府採購法之專書不少，但如本書般列出詳細之注意事項、就實際案例見招拆招研究討論之專書卻絕無僅有，堪稱奇書，對基層執行採購業務之人員及其主管與相關監辦人員等極具參考價值。爰為之序。

羅明通　律師
英國利物浦大學法學博士　2022 年 9 月

《總策劃序》
梁靜媛　臺大醫院總務室主任
專注採購不言棄，一路感恩三十年！

媛來如此

　　記憶中，30 年前初任公務員高考分發第一個工作就是辦理省政府所屬包括鐵路局、菸酒公賣局、港務局等等機關的財物採購國際標案約莫 5 年，短暫調離採購業務回台南家鄉服務僅 10 個月，因民國 87 年政府採購法通過總統公布一年後要施行，行政院公共工程委員會為採購法的主管機關，承前工程會蘇明通主任秘書 (時任科長) 等長官厚愛，有幸加入採購法的解釋與訓練以及採購稽核工作行列，嗣於民國 96 年商調至台大醫院任職迄今，公職生涯，幾乎與採購有不解之緣。

　　偶爾在報章雜誌、媒體報導上看到因為採購出現重大弊案、收賄、圍標的情事，就覺得這門行業也真的是有風險啊，身處危難職務，案子搞砸了、被廠商異議、申訴，還被檢舉到稽核小組、廉政署、調查局，真是倒楣與百般哀怨、萬般委屈。但想想，有哪個工作百分百順風順水？就算有，早讓他人捷足先登，怎會輪到你我？我的意思不是勸你轉行改行，或是對工作要有熱誠，而是任何一個領域，都會它的優勢存在，或許你尚未挖掘及培養出它的專業，所以請你先從不討厭它開始，此時正是修煉時，「滴水穿石，不是『水』的力量，而是『滴』的力量，也就是重複的力量！」，讓咱們趕快來練就採購一招半式。

假裝會辦採購，直到辦成採購

　　印象深刻，我們台大醫院吳明賢院長常在許多場合甚至是防疫的措施上都提起到：「No magic, just Basic!」以及我們做任何事，不一定都要 First 拼第一，而是要做 Unique 獨特的唯一。所以，採購沒有奇蹟，只有不斷的透過案例與經驗的累積！社會心理學家也是哈佛商學院教授艾米‧卡迪曾說過：「Fake it, until

make it.」假裝成功，直到成功。採購人員的心態也很重要，先假裝會辦採購，結果真的辦好採購，達成任務！

採購人寫採購事

　　本書先在採購組做分組案例研討、角色扮演，再進一步成立16人編輯小組，我們之中，僅有兩位是法律系所出身，其餘和我一樣，都只是直接到沙場點兵的烏合之眾，利用公餘針對主管機關函頒的解釋函令、網站案例、判決書、同仁們發生的標場、異議申訴、檢舉狀況、授課問題，嘗試著以吹毛求疵的認真態度，探討那些尖銳犀利又難以繞出解方的情境，進行超過了60場的標場實例見招拆招研討，運用較為白話的採購知識重點整理，部分概念及程序採用心智圖及流程圖撰寫，期望讓大家一目瞭然。

　　政府採購還有個挑戰，就是在開標現場任何的採購狀況發生、開標主持人的採購決定，面臨重大異常關聯、廠商現場的質疑與事後異議、申訴的處理，對機關與採購人員，都是一種壓力！我們在自己能做的事上，從開審決標的作業面下功夫，過程起伏，部分題目的答案輾轉，無共識定論，編輯小組成員希望擱置為保留題，等到有進一步解釋做法再納入，因此答案未明或有爭議的採購問題，只能夠割捨剔除，而由個別機關視情況執行與承擔了。這樣下來，只要開始做、邊做邊琢磨修正，就離成書不遠了！

沒有高深的採購策略，只有紮實的採購技術

　　美國知名作家 John C.Maxwell 說過：「Sometimes You Win, Sometimes You Learn.」人生不是得到，就是學到，這是很棒的人生態度。採購也一樣，正是因為有了夠多的流標、廢標、錯誤、被檢舉、調查的案子，面對挫折打擊再站起來，採購才有意思。

　　「你做的事情越多，你能做的事情也就越多」，採購也一樣，做著做著，你獲得了未來的視角，然後覺今是而昨非，相信自己，終身成長。我們這群假裝厲害的人，鑽牛角尖的把採購開審決的

案例送給想辦好採購、監辦採購以及參與政府採購標案的廠商。用我們最真實的採購案例與應對問題的直覺，讓你身歷其境！

「天下無難事，只要肯放棄！」放棄是最簡單的決定，但若我們不放棄，想想有無更好的可能？採購這條路走來 30 年，要說是我不放棄採購，不如說是採購從來沒放棄過我！

我很喜歡在臺灣大學法律研究所任教的陳玲玉律師在其著作「法理與善念」一書所提到的「善念」比「法條」更為重要。「善念」是一份體諒、一種將心比心、一個可行的選擇！每每在採購課程最末的結語，一定會分享這段深植我心而影響著我、感動過我的金玉良言。

誌謝

本書能成，感謝台大醫院總務室的編輯小組同仁們與家人們默默的支持，尤其在醫院防疫後勤工作的兩年多來，我們感受醫護人員的艱辛，也體認採購後勤支援前線的急需性與重要性。

當我把編撰本書的想法跟本院吳明賢院長報告，他很支持我們把特殊複雜案件的內功心法寫下來，分享給台大醫療體系總分院的採購同仁參考，謹向吳院長賜序致謝。此外，當年任職工程會期間就讀 MBA 時曾於科技法律研究所選修「政府採購法概論」時，有幸受教於羅明通律師，現也同時兼任本院法律顧問，十多年來我們因關關難過的採購困境而求教老師不下數十趟，亦感謝恩師撥冗為本書賜序，是我們莫大的光榮！

努力不難，非常努力才難，辦採購不難，辦好採購才難。你也可以找到你人生中混口飯吃的那把刷子，為之奮鬥，而我們就是很單純地喜歡政府採購，於是，有機會，就很努力的把採購的角色扮演好。演好，我們就開心！讓我們用善良的心念，繼續修習採購生命之課！

梁靜媛　謹序

2022 年 9 月

小編心裡話

在採購上，每個人最怕的就是無心之過，但在究責時，卻因無心而論罪，只能說倒了八輩子的楣，讓人不想面對，所以多數任職的人，都不希望承辦採購業務，因為不做就不會被告，不做就不會被調查或稽查，不被調查或稽查就不會有論罪或論過的楣事。

黃俊偉

台大醫院有一套採購制度，梁主任到任後，一直在強化法規完整性，本院採購案依現行制度進行，99.99%應該能完備採購程序。但開標現場狀況百百種，完備的制度，養尊處優的結果，讓多數人在面對超出制度面狀況的處理不知所措。梁主任察覺此一狀況後，開始就標場各種狀況進行收集，進行法規適用及現場處理之討論，用簡而明了的方式讓同仁遇到狀況時不再手足無措，而是能快刀斬亂麻精準處理，討論的結果為大白話的雛形。

本室梁主任思考在如此有制度的台大醫院都會面對如此問題，普羅大眾的小機關小老百姓應該更有此需求，因此她發下宏願，想要普濟世人，立志成為採購界的明燈，指引不知歸途的採購承辦人有明確的道路，讓所有人更勇於任事，秉持著地獄不空，我不成佛的精神，完成史詩級的鉅作，採購大白話因而問世，參與了這本書問世，讓我與有榮焉，在浩瀚的人世間，我們留下了可以項獻採購界的價值，對渺小的我們是一種肯定。

朱庭誼

發揮團隊最大價值，以文載道，解放採購焦慮之極品好書~經過一大段時間的努力，很高興也很榮幸這本書終於能夠問世了!

在主任考量採購案辦理不易，開標現場猶如戰場分秒必爭，古者於戰場可以參考「孫子兵法」，希望現代採購戰場也能有一本指引書籍，現在，本書在主任強力催生及團隊群策群力貫徹主

任意志，採購戰場求生書「開審決-大白話」問世了，體現採購戰場的指導致勝關鍵的兵書價值!

　　本書財物採購從開標、審標、決標到異議申訴處理，其間所涉及的問題千絲萬縷，主任與小組成員特別精挑細選在上課過程中常被學員詢問，以及本院曾發生的問題，總共分成六大章，以採 Q&A 方式詳細解析，引導讀者循序輕易解決問題。

　　這次有幸參與開審決編書小組之一員，能站在我家主任採購巨人等級之肩膀上學習，對採購專業看得更遠、讀得更深，有正確採購知識，才有正確之標場判斷，希望本書能讓大家成為一個更有自信與勇氣、更專業的採購人員，並能早日從「不知所措而步步為營」的焦慮中解脫!

呂宗穎

　　出版一本採購專書一直是我的主管，也就是採購法名師－梁靜媛老師的人生待辦事項清單之一，而這個計畫終於在去(110)年正式啟動。梁老師麾下個個都是身經百戰的優秀採購人員，她也從中挑選幾個前輩們組成一個採購專書編輯小組，沒想到我這個初出茅廬的採購小廢柴居然也能有幸得到青睞而成為其中一員，在梁老師的號召之下，也就開啟了我們編輯撰寫這本書的一連串辛酸血淚。經歷了一年多的時間，大家利用公務閒暇之餘透過密集開會討論、腦力激盪，費盡千辛萬苦，終於讓大家的心血結晶能夠順利問世，箇中辛苦滋味(不要問，很可怕!!!)，如人飲水，冷暖自知，真的只有自己體會方能領略。採購路上，梁靜茹可以給你勇氣，梁靜媛老師可以讓你在標場上順順利利!

李偉群

　　回想取得採購證照後的第一個採購案，是透過用力回想訓練班所習模糊印象及仰賴具有實務經驗前輩的指導，才順利決標完成採購，覺得採購結果要貼近請購的需求、

符合採購法規相關規範及選擇適當採購方式來完成採購作業，需要熟稔採購法規及實務經驗的累積來呈現，前輩的實務經驗對採購人員更是寶貴的無形資產。

辦理採購業務，在「開標」、「審標」、「決標」各個階段，以及機關辦理採購過程與廠商間的衝突情境及相關「爭議處理」，如能將上述各階段實務經驗透過文字紀錄保留與傳承，那將是很棒的一件事。

現在，由熟稔採購法規與豐富實務經驗的台大醫院總務室梁靜緩主任擔任總策劃，帶領具採購實務經驗之總務室團隊，彙編「開審決-大白話」，透過本書採購實務分享，在採購法規與實務面產生穿針引線之融合作用，縮短讀者辦理採購投石問路找答案的過程，相信本書能成為採購人員辦理採購過程中的一盞明燈。

李靜宜　　　　初入採購界，面對標場各式各樣的突發狀況，刺激但不美妙，如果有資深的前輩提供即時的神救援，還好！但大多數的情況是，沒有！如果有一本書，讓採購人員能預先模擬標場實務狀況，在問題發生時能從容應對，並在合於採購法規範前提下，做出準確的判斷，讓採購人員心安、平安，也讓投標廠商信任、踏實。在這本書完成之際，我想我們應該做到了。

採購作業宛如浩瀚大海既深且廣，如何　　　**林秀苑**
於不違反政府採購法規定之範圍內，基於公共利益、採購效益或專業判斷之考量，為適當之採購決定，不啻是辦理採購人員最重要之必修學分。如同專業的機師一般，得具備飛航專業知識、相當學習訓練時數後考取資格證照，而駕駛前須將必要之程序準備完成後才能起飛。當然承辦採購的過程中不可避免的會遇到棘手問題，在「Mayday，Mayday，Mayday」響起時，推薦給從

事採購工作的夥伴們,打開「開審決大白話」書本,它將會引導您解決問題,並操作安全飛行,最終順利降落目的地。

孫新詠 　　從事採購相關工作已超過 10 個年頭,途中雖遇到許多困難及挑戰,但獲得許多成就感,也慶幸自己對於採購業務的熱情仍如初心。坊間許多同仁聽到採購工作第一反應就是抗拒、避之唯恐不急,但我想恐懼的源頭應該是無人引導入門、法規熟悉度不夠、遇到問題無人可詢問,和舊時對於採購業務的刻板印象。是以在編寫內文時所抱持的初衷,就是希望即使是採購新手,在閱讀之後的實務操作方面「能懂、會做、有依循」,給予開標第一線的諸位些許指引。祝福大家都能夠無所畏懼,利用本書順利完成開、審、決相關作業。

許為志 　　有別於一般常見的採購法教科書之舉例,我們相信第一線採購實務工作者更需要的是各式各樣的標場情境模擬,所以由衷希望不論是初學者或是老鳥都能觀此書彷彿身歷其境般提升採購實務能力。

　　「他人舉手發問的問題,往往也是你會遭遇的問題」雖是老生常談,卻是顛撲不破的。本書藉由十多位身經百鍊的採購承辦人數個月以來眾志成城、腦力激盪、集思廣益,方得以現世。但也多虧我們總務室的大家長梁靜媛主任,一步一步勾勒出本書的雛形,並以破釜沉舟的決心帶領著我們向前進,成就屬於我們採購人的榮耀。

陳玉燕 　　辦理採購是邁入社會後的第一份工作,有關採購業務的酸甜苦辣難以一言以蔽之箇中滋味,思考要執筆撰寫採購實務種種,參採政府採購法規及相關函釋之餘,擔心仍有不足。有幸在臺大醫院梁靜媛主任鼓勵及肯定下(總要勇

敢踏出第一步)，以團隊的專業採購經驗，親身經歷分享面對各種財物或勞務採購過程及結果，從開標前準備及開標後預先了解可能面臨狀況及建議處置、審標過程要注意的眉角(小心，廠商疑義或異議又來!)及後續是否可決標或廢標結果等，期盼能提供採購同路人或對採購有志者參考及指教。

梁主任說:「我們來出一本採購相關的書吧!」當下腦中閃過一句話:「工欲善其事，必先利其器，就是要自己也有一本好用的「工具書」的概念嗎?」這一年裡，編書小組成員們利用自己的採購經驗大量蒐集有關採購開標、審標、決標現場案例及補充教材，並在總監梁主任的指導下，經過無數次內容及案例討論修改，把採購過程會碰到的邊邊角角實務經驗彙整起來，大家嘔心瀝血的成果終於完成了這本書，把這本書提供給即將要當採購及目前正在辦採購的朋友們，一本有用、實用的工具書。在你拿到這本書後，相信你我都會喜歡上這本有用的工具書~「開審決大白話」。

陳玉霞

曾郁文

採購照程序已屬不易，程序之外的問題，尤其無法源明定部分，更令承辦人常常揪心，要找一個能解決或明確答案的人，往往難如登天。畢竟採購的樣態及類型，取決在採購案件多寡，以及現在廠商為保障自身權益，努力進修鑽研採購法，在接受採購法洗禮後，如招標不明確或有空間處常常就會被其主張權益，再遇無法源可判或經驗實例不足時，承辦人在開標現場就不知該如何繼續，也怕決定錯誤產生履約爭議。

本組在梁靜媛主任帶領下，就案例進行討論，釐清法源適用性，在不斷累積案例後，梁主任覺得採購界有相同問題的人應該不少，出書提供智慧的結晶，對採購人員應該能有所幫助。這本書的形成，來自實際案例，自己受惠很多，尤其在標場實做，解

決了大部分的樣態，這本書我相信是採購人員必備的聖經，感謝有此機會讓我參與其中，深有榮焉。

黃怡甄

　　了解清楚採購法到底是一種怎麼樣的存在，是解決政府機關招標一切問題的關鍵。想必大家都知道採購法對政府機關的重要性，儘管如此，大家往往遇到很多狀況還是會措手不及，甚至對於這份業務感到困惑及焦慮，擔心會不會一個不注意，哪個環節沒確認好自己就變成錯誤態樣。新手上路的時候，採購法究竟象徵著什麼呢？除了依法辦理外，認真學採購法，帶採購法開標當平安符，這些都無法保證開標能一帆風順，很多實務都是靠經驗才會知道該如何解決及累積對於特殊案件的敏感度，是每位負責招標人員的必經之路，採購法搭配我們這本「開審決大白話」，可以讓你用最佳狀態開啟您的採購之路。

藍明麗

　　一本好的書籍要出現在讀者面前，背後需要經過多少人的共同努力與合作，就像園丁將樹苗培育成大樹能供人乘涼需要時間的淬練，出書的念頭就像一顆種子落在梁靜媛主任的心田，她邀集本室多位具採購實務經驗的同仁擔任園丁，一起就本書內容發想、耕耘，透過採購過程之開標、審標、決標及異議申訴相關案例，帶領我們編寫各章教材、彙集相關案例撰寫成 Q&A，到校稿以及封面、封底與吸睛的標語設計等，都經過大家不斷的腦力激盪、集思廣益，最終讓這本「開審決-大白話」順利誕生，猶如樹苗長成大樹可以讓人遮風避雨、供人乘涼，希望本書的付梓造福更多在辦理採購時感到迷惘與無助的人。

戴怡君

　　什麼樣的採購才叫好呢？採得漂亮、採得清楚、採得滿意、採得出色、採得乾乾淨淨、採得明明白白、採得無怨無悔、採得恍然大悟，採得拍案「叫決」！

對一個採購新手來說，採購是不是的難如登天？如果你是初出茅廬的採購新手，本書就是你必讀的葵花寶典；採購法的嚴謹讓你在面對開標、審標、決標實務時措手不及嗎？那這本書就是你的人生燈塔，讓我們採購同仁用多年深厚的採購經驗告訴你如何面對採購實務，希望大家都能不慌不忙，合理合法的完成每次採購案。我的天啊!什麼書這麼好啊?啪啦！「開審決大白話」！只有他抓得住我！

黃欣怡

本書的誕生要歸功於把自己生命百分之九十以上的熱情，投注在採購法上的梁老師心心念念的出書心願，為的是幫助許多在採購路上迷惘的採購承辦人，這本書不僅造福採購新手，即使是採購老手也可從標場實例見招拆招中獲取精華、找到解答。這本書集結了許多採購同仁的心血，在忙碌的標場工作之餘抽出時間，開會、討論、找解釋函及不斷在各個法條間比對確認。懇切希望拿到這本書的您，能夠在本書的各個章節及案例中汲取精華及養份，將自己的採購道路舖成康莊大道。

陳國政

110 年在院內會議中聽到院長說，請購每個單位都有需求但不懂採購規定，梁主任在這方面非常專業，可以嘗試寫一本書，分享心得；約隔數月在另一場會議，院長再次提到出書事宜；梁主任即開始籌組出書之開審決小組，從成員選定、分組、主題、內容、法規條文、採購實務、解釋函、錯誤態樣等，經過無數次的討論、腦力激盪，終於完成付印出版。

這是一本理論與實務結合、淺顯易懂的書籍，有幸在採購實務紅牌講師梁靜媛主任帶領下，參與部分內容討論，充分了解團隊之用心，若您從事採購業務，有些問題又不知向誰請教，或您對採購實務有興趣又不知從何處著手，誠心推薦給您這本採購實務書籍。

目　錄

第一章
開標前準備作業

　　我在採購班的課程或到機關授課時，開場白自我介紹必定話說當年入行採購之勇，充其量只是匹夫之勇，至今回想 30 年前才一個專科畢業初任公職的小毛頭，完全沒有公職與採購經驗，一報到就接了三十多件採購案，學員說您太厲害了吧！我說才不是呢！是當時股市上萬點，沒有人要當公務員，高普考銀行的缺額很多，原承辦人考上高考分發走了，離職前交接案件，完全聽不懂案子就到手上簽收了。等到廠商打電話來說案子決標後合約做好沒，才緊張的翻出案子請教還留在單位的採購前輩們，邊做邊學，片斷吸收學習的。我們是辦國際標，雖說明為國際標，實則是在台代理商或經銷商會來代為投標僅賺取約 5% 不等的佣金，招標文件是英文版的，前輩說英文不好沒關係，看懂三個英文字「Invitation」、「Bid」、「Contract」，也就是現在採購人員熟知主管機關的定型「招標」、「投標」、「訂約」三用文件。再來就是分配到新案，承辦人還得要主持開標，哇！又嚇壞人了，課長說我們組每位都是採購人員，接的都是省屬各機關委託的採購案一年近千案，除了特殊或特定金額以上採購案必須主管主持外，其餘案件承辦人要自立自強（招、開、決、驗收的付款，亦即審標及驗收由委辦機關辦理，其他的由我們承辦，幾佔一條龍採購程序的 70%）。我曾經遇過現場開標時廠商走來我面前拍桌子理論的情形，具體細節早不復記憶，僅印象每逢案子主持開標前一晚，會極度焦慮與恐慌到睡不好，也許不堪回首不再記起也是好事。

　　標場適度的緊張，是避免不聽廠商、監辦意見的志得意滿、唯我獨尊的開標決定，但是過度緊張，容易讓廠商見縫插針的質疑與監辦無法接受開標處置的進退失據。

練到死、輕鬆開。如果你想要成功的學會開標與主持，裝做你是這樣的人，最後你就會成為這樣的人。發抖還是會發抖，若你是跟我一樣容易緊張的人，克服緊張最好的方法就是充分的準備，本章開頭先臚列等標期間注意事項，而底價訂定時機頗為重要，開標前準備事項，對於主持人開標宣布等注意事項亦提供你參考與練習，那麼在開標之前，試想為自己安排幾次預演，提早面對緊張，習慣發抖、習慣緊張，祝你即使在標場緊張高壓的狀態下，都能夠有良好的表現與演出！

第一節　等標期間注意事項及可能發生狀況與處置

一、招標文件內容變更或補充

    (一) 等標期間可能發生之情形：

        1. 機關因實際需求自行變更或補充招標文件內容。

        2. 廠商對招標文件內容有疑義，經機關確認後決定變更或補充招標內容。

        3. 廠商對招標文件內容有疑義，經機關確認後決定維持原招標內容。

        4. 廠商向機關提出異議，經機關確認後決定變更或補充招標內容。

        5. 廠商向機關提出異議，經機關確認後決定維持原招標內容。

    (二) 等標期間變更或補充招標文件之處理(採購法第 41 條第 2 項)

        1. 廠商對招標文件內容有疑義或提出異議時，機關對疑義或異議之處理結果，應於招標文件規定之期限前，以書面答復請求釋疑之廠商，必要時得公告；其涉及變更或補充招標文件內容者，視需要延長等標期，機關自行變更或補充招標文件內容者，亦同。

        2. 選擇性招標之規格標與價格標及限制性招標得以書面通知各廠商，為前項說明之例外處理。

    (三) 開標時變更或補充招標文件之處理

        機關自行變更或補充招標文件內容，依採購法第 48 條第 1 項不予開標決標，並於政府電子採購網刊登無法決標公告。

變更或補充內容非屬重大改變,且於原定截止投標日前 5 日公告或書面通知各廠商者,得免延長等標期。屬重大改變者,機關應重行以第 1 次招標方式辦理。(招標期限標準第 7 條)

二、疑義處理

廠商請求釋疑及機關答復之期限(工程會 110.7.14 第 1100100329 號令)

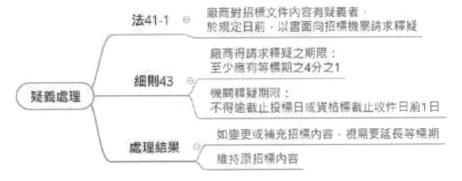

(一) 廠商得請求釋疑,期限至少應有等標期之 4 分之 1;其不足 1 日者以 1 日計。選擇性招標預先辦理資格審查文件者,自公告日起至截止收件日止之請求釋疑期限,亦同。

(二) 機關最後釋疑之次日起算至截止投標日或資格審查截止收件日之日數,不得少於原等標期之 4 分之 1,其未滿 1 日者以 1 日計;前述日數有不足者,截止日至少應延後至補足不足之日數。

(三) 涉及變更或補充招標文件內容,應另行公告,並視需要延長等標期。

(四) 案例

機關辦理公告金額以上未達查核金額之採購，招標公告日為 12 月 1 日，截止投標時間為 12 月 18 日 18 時，其等標期為 18 日，廠商於請求釋疑期限內向機關提出釋疑，依施行細則第 43 條第 3 項規定，機關最後釋疑之日為 12 月 13 日。

情境一：
機關如於 12 月 15 日始回復廠商疑義者，至少應延後截止投標日至 12 月 20 日(補足 2 日)。

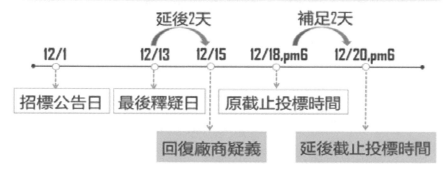

情境二：
倘截止投標日或截止收件日 12 月 20 日為星期例假日、國定假日或其他休息日者，以其休息日之次日代之，故延至 12 月 21 日。

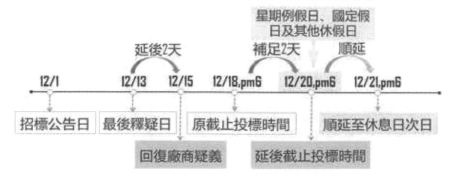

情境三：

倘截止投標日或截止收件日 12 月 20 日原為辦公日，而機關因故該日停止辦公，致未能於原定截止投標收件者，以該機關次一辦公日之同一截止投標或收件時間代之，故延至 12 月 21 日。

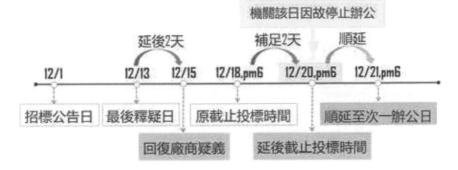

(五) 廠商提出疑義超過期限之處理

　　1. 機關得不予受理，並以書面通知廠商。

　　2. 機關得不予受理，如機關評估後，自行變更或補充招標文件內容，應另行公告，並視需要延長等標期。

三、異議處理

　　　廠商對於機關辦理採購，認為違反法令或我國所締結之條約、協定，致損害其權利或利益者，得於規定期限內，以書面向招標機關提出異議(採購法第 75 條第 1 項)，機關應自收受異議之次日起 15 日內為適當之處理，並將處理結果以書面通知提出異議之廠商。其處理結果涉及變更或補充招標文件內容者，除選擇性招標之規格標與價格標及限制性招標應以書面通知各廠商外，應另行公告，並視需要延長等標期，餘詳本書第四章專章介紹。

四、投標文件收受注意事項

(一) 記得要做這幾件事

1. 確認招標公告及招標文件清楚載明投標廠商投遞或送達之截止日期、時間及指定地點(不得以郵政信箱為唯一場所),考量如有多處收受場所,致開標時投標文件統計疏漏未列入投標廠商家數,建議機關宜統一由一個窗口負責收受,不宜有多處收受場所。

2. 標案承辦人辦理招標公告後,將前項相關資訊通知機關負責收件人員,作為收件之依據。

3. 投標廠商是否依招標文件規定期限前將正式投標文件送達招標機關或其指定之場所。(採購法第 33 條第 1 項)

4. 收件時,應檢視投標廠商之投標文件是否密封(施行細則第 29 條),如標封有破損可請郵務人員開立證明,現場存證,再以另封套密封。

5. 收件時,建議機關於外標封上記錄機關收件日期及時間,以判斷投標廠商是否於截止投標時間前送達,作為評定開標前合格家數之依據。

(二) 千萬不要做這件事

開標前,應避免洩漏有關領標、投標廠商之名稱與家數及其他足以造成限制競爭或不公平競爭之相關資料。(採購法第 34 條第 2 項)

第二節　底價訂定時機及核定

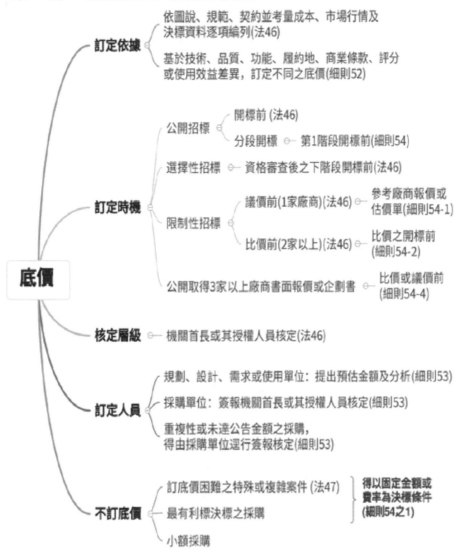

底價

- 訂定依據
  - 依圖說、規範、契約並考量成本、市場行情及決標資料逐項編列(法46)
  - 基於技術、品質、功能、履約地、商業條款、評分或使用效益差異,訂定不同之底價(細則52)

- 訂定時機
  - 公開招標
    - 開標前 (法46)
    - 分段開標 ― 第1階段開標前(細則54)
  - 選擇性招標 ― 資格審查後之下階段開標前(法46)
  - 限制性招標
    - 議價前(1家廠商)(法46) ― 參考廠商報價或估價單(細則54-1)
    - 比價前(2家以上)(法46) ― 比價之開標前(細則54-2)
  - 公開取得3家以上廠商書面報價或企劃書 ― 比價或議價前(細則54-4)

- 核定層級 ― 機關首長或其授權人員核定(法46)

- 訂定人員
  - 規劃、設計、需求或使用單位:提出預估金額及分析(細則53)
  - 採購單位:簽報機關首長或其授權人員核定(細則53)
  - 重複性或未達公告金額之採購,得由採購單位逕行簽報核定(細則53)

- 不訂底價
  - 訂底價困難之特殊或複雜案件 (法47)
  - 最有利標決標之採購 ― 得以固定金額或費率為決標條件(細則54之1)
  - 小額採購

一、底價訂定方式及時機

　　(一)底價訂定方式(採購法第 46、47 條、施行細則第 53 條)

　　　　1. 機關辦理採購,除訂定底價確有困難之特殊或複雜
　　　　　 案件、以最有利標決標之採購、小額採購,得不訂

底價外(但應於招標文件內敘明理由及決標條件與原則)，應訂定底價。

2. 底價依圖說、規範、契約並考量成本、市場行情及政府機關決標資料逐項編列；工程及資訊服務採購可參考相關價格資料庫訂定底價。

3. 除重複性採購或未達公告金額之採購，得由承辦採購單位逕行簽報核定底價外，應由規劃、設計、需求或使用單位提出預估底價及其分析後，由承辦採購單位簽報機關首長或其授權人員核定底價。並得基於技術、品質、功能、履約地、商業條款、評分或使用效益等差異、訂定不同之底價。

(二)底價訂定時機(採購法第 46 條、施行細則第 54 條)

底價訂定時機依招標方式之不同，其訂定時機如下：

1. 公開招標：應於開標前定之，採分段開標者，其底價應於第一階段開標前訂定。

2. 選擇性招標：應於資格審查後之下一階段開標前訂定。

3. 限制性招標：應於議價或比價前定之。

(1)比價：應於辦理比價之開標前定之。

(2)議價：訂定底價前應先參考廠商之報價或估價單。

(三)廢標後重行招標之底價

1. 廢標後重行辦理招標時，如招標之圖說、規範、契約、成本、市場行情等有所改變，應依採購法第 46 條規定重行訂定底價；如未有前述之情形，而原定底價尚在保密之中，是否重訂底價，由機關首長或

其授權人員決定。(工程會 88.12.17 第 8820876 號
函)

2. 廢標後未更改招標文件內容而重行訂定之底價，除
有正當理由外(例如匯率大幅波動影響底價之訂定)，
重行核定底價不應較廢標前合格廠商之最低標價為
高。(政府採購錯誤行為態樣十、(十七))

(四)不訂底價及其決標原則(採購法第 47 條、施行細則第
54-1 條)

1. 機關辦理下列採購，得不訂底價。但應於招標文件
內敘明理由及決標條件與原則：

(1)訂定底價確有困難之特殊或複雜案件。

(2)以最有利標決標之採購。

(3)小額採購。

2. 訂定底價確有困難之特殊或複雜案件、以最有利標
決標之採購，得規定廠商於投標文件內詳列報價內
容，並得於招標文件預先載明契約金額或相關費率
作為決標條件。

二、公開取得之底價訂定(「中央機關未達公告金額採購招標辦
法」(下稱未達辦法)第 2 條第 1 項第 3 款及第 2 條第 3 項、
施行細則第 54 條)

(一)公開取得不訂開標時間

1. 依採購法第49條採公開取得三家以上廠商之書面報
價或企劃書者，其底價應於進行比價或議價前定
之。

2. 公開取得書面報價或企劃書，第 1 次公告結果，未

能取得三家以上廠商之書面報價或企劃書者，簽經
機關首長或其授權人員核准，改採限制性招標者，
其底價訂定適用施行細則 54 條第 2、3 項規定，改
採限制性招標之比價，其底價應於辦理比價之開標
前定之；改採限制性招標之議價，訂定底價前應先
參考廠商之報價或估價單。

(二)公開取得訂明開標時間地點(工程會 110.10.4 第
1100017637 號函釋)

　　機關辦理公開取得之採購，於公告中訂明開標時間

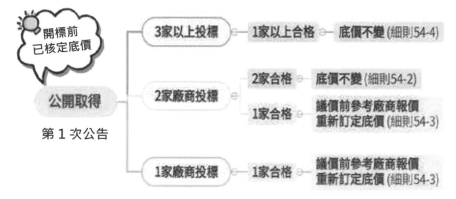

地點，且於開標前已核定底價，並簽經機關首長或其授
權人員核准，第 1 次公告結果，未能取得三家以上廠
商之書面報價或企劃書，改採限制性招標方式辦理，其
底價訂定適用規定如下：

1. 第 1 次公告結果：

(1)三家以上廠商投標，經審標結果一家以上廠商符
合招標文件規定，其底價訂定適用施行細則第 54
條第 4 項規定，於進行比價或議價前定之。機關
得當場辦理審查，並以開標前已核定之底價辦理

價格程序，無須重新訂定底價。

(2)未能取得三家以上廠商之書面報價或企劃書，其底價訂定適用施行細則 54 條第 2、3 項規定：

　　i. 兩家合格廠商之比價，其底價應於辦理比價之開標前定之。機關得當場辦理審查，並以開標前已核定之底價辦理價格程序，無須重新訂定底價。

　　ii. 一家合格廠商之議價，機關應參考廠商報價重新訂定底價。

1. 第 2 次及以後公告結果：

　　第 2 次及以後公告結果，一家以上廠商投標，或經審標結果一家以上廠商符合招標文件規定，其底價訂定適用施行細則第 54 條第 4 項規定，於進行比價或議價前定之。機關得當場辦理審查，並以開標前已核定之底價辦理價格程序，無須重新訂定底價。

三、底價保密

　　(一)機關辦理招標，不得於開標前洩漏底價。(採購法第 34 條第 2 項)

(二)底價於開標後至決標前，仍應保密，決標後除有特殊情
形外，應予公開。但機關依實際需要，得於招標文件中
公告底價。(採購法第 34 條第 3 項)

(三)底價於決標後有下列情形之一者，得不予公開。但應通
知得標廠商(施行細則第 35 條)：

1. 符合採購法第 104 條第 1 項第 2 款之採購。

2. 以轉售或供製造成品以供轉售之採購，其底價涉及
商業機密者。

3. 採用複數決標方式，尚有相關之未決標部分。但於
相關部分決標後，應予公開。

4. 其他經上級機關認定者。

第三節 開標前準備事項

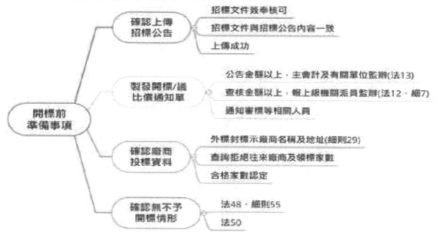

一、確認上傳招標公告

✓ 招標文件簽奉核可。

✓ 確認招標文件投標須知等與招標公告內容一致。

✓ 確認上傳成功。

二、製發開標/議比價通知單

✓ 公告金額以上之採購，除有特殊情形者外，應由其主(會)計及有關單位會同監辦。(採購法第 13 條)

✓ 機關辦理查核金額以上之採購，應於等標期或截止收件日 5 日前檢送採購預算資料、招標文件及相關文件，報請上級機關派員監辦。(採購法第 12 條、施行細則第 7 條)。

✓ 公告後儘速通知承辦審標等相關人員開標資訊。

三、確認投標廠商資料

(一) 確認廠商是否於截止投標期限內投遞投標文件，逾期投標者，計入開標前不合格廠商家數。

(二) 投標廠商外標封確認，信封上或容器外應標示廠商名稱及地址，若投標外標封有缺漏者，計入開標前不合格廠商家數。(施行細則第 29 條)

(三) 政府電子採購網查詢拒絕往來廠商及領標家數(網頁操作步驟如五)。

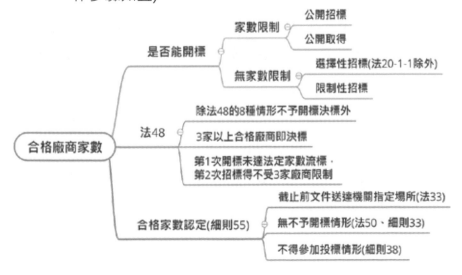

(四) 合格廠商家數認定

    1. 公開招標及公開取得第 1 次開標，依採購法第 48 條規定，開標前須達法定家數才能開標。

    2. 合格廠商家數認定可參照施行細則第 55 條規定，無前開法條規定情形，且非採購法第 101 條第 1 項各款規定所刊登之拒絕往來廠商，即可計入開標前合格廠商家數。

四、確認無不予開標情形(採購法 48 條)

    (一)變更或補充招標文件內容者。

    (二)發現有足以影響採購公正之違法或不當行為者。

    (三)依採購法第 82 條規定暫緩開標者。

    (四)依採購法第 84 條規定暫停採購程序者。

    (五)依採購法第 85 條規定由招標機關另為適法之處置者。

    (六)因應突發事故者。

    (七)採購計畫變更或取銷採購者。

    (八)經主管機關認定之特殊情形。

五、查詢政府電子採購網拒絕往來廠商及領標家數之步驟：

    (一) 查詢拒絕往來廠商【可不用登錄政府電子採購網】

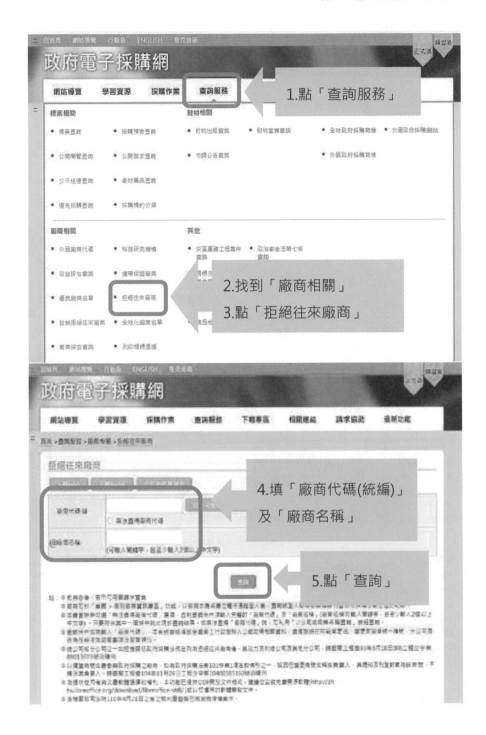

(二) 查詢電子領標廠商家數【須登錄政府電子採購網】

1.點選「政府採購」

4.找到您的案件
5.點選「檢視」

標案個資

點選
2.「領標管理」
3.「領標家數查詢」

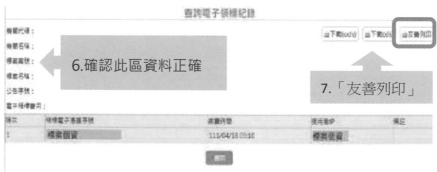

查詢電子領標紀錄

6.確認此區資料正確

7.「友善列印」

標案個資

第四節 開標作業

一、辦理開標人員之分工(施行細則第 50 條)：

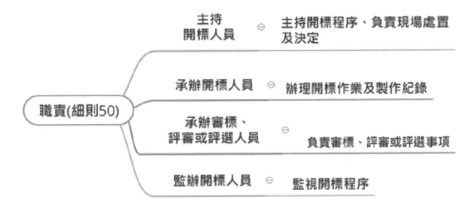

職責(細則50)
- 主持開標人員 ⊖ 主持開標程序、負責現場處置及決定
- 承辦開標人員 ⊖ 辦理開標作業及製作紀錄
- 承辦審標、評審或評選人員 ⊖ 負責審標、評審或評選事項
- 監辦開標人員 ⊖ 監視開標程序

二、標場環境布置及準備：

✓ 通知事項之公告張貼，如廠商進場人數、避免喧嘩、關手機等。

✓ 名牌製作及座位安排。

✓ 開標文具組準備是否齊全。

✓ 廠商簽到表。

✓ 底價是否依相關規定核定完成。

✓ 確認有無採購法第 48 條第 1 項各款不予開標情事。

✓ 廠商投標文件攜至現場並檢視投標封套是否密封。

✓ 檢視廠商是否逾期投標。

✓ 查詢電子領標情形。

✓ 查詢投標廠商是否為拒絕往來廠商。

✓ 準備投標須知及招標公告供現場使用。

✓ 檢視監辦及會辦人員是否到場，監辦人員未到場者，應具備書面監辦或不派員之核定公文。

三、開標主持人開標宣布注意事項：

　　　　開標主持人再次確認採購案件承辦人於開標前依注意事項準備妥當後，依照招標文件公告之開標時間及地點進行開標作業(採購法第 45 條)，並宣讀投標廠商之名稱或代號、家數、標價及其他招標文件規定等相關事項(施行細則第 48 條)，常見開標情形舉例如下：

(一) 流標(採購法第 48 條第 2 項)

情境：
機關辦理公開招標最低標決標之採購，預算金額為 500 萬元，第 1 次開標時，僅有 A、B 兩家廠商投標。

★依公告時間開標並宣讀案號、案名

大家好，今天是○○○年○○月○○日○○點○○分，進行「案號○○○案名○○○」第 1 次開標。

★宣讀招標方式及依據法條

本案預算金額為 500 萬元，為公告金額以上未達查核金額之財物採購，依照採購法第 19 條規定採公開招標方式辦理。

★宣讀投標廠商家數

截至截止投標期限，計有兩家，分別為 A、B 廠商。

★宣讀開標前合格廠商家數

審查後，A、B 兩家廠商均為非拒絕往來廠商，標單外封亦符合施行細則第 29 條規定，均屬合格廠商。

★宣布開標結果

1.本案未達法定(三家)家數宣布流標。

2.以書面通知投標廠商開標結果,投標廠商簽名領回未開封投標標封,並續行下次招標公告。

✿溫馨提醒:記得將廠商投標信封複印,備存於採購原卷中,保存下來可供未來稽核及相關查證使用。

不剪開直接給廠商
簽收領回

(二) 公開招標不分段開標(採購法第 48 條第 1 項，且無第 1
項下列各款情形)

情境：
機關辦理公開招標最低標決標之採購，預算金額為 500 萬
元，第 1 次開標時，計有 A、B、C 三家廠商投標。

★依公告時間開標並宣讀案號、案名
大家好，今天是○○○年○○月○○日○○點○○分，進行
「案號○○○案名○○○」第 1 次開標。

★宣讀招標方式及依據法條
本案預算金額為 500 萬元，為公告金額以上未達查核金額之
財物採購，依照採購法第 19 條規定採公開招標方式辦理。

★宣讀投標廠商家數
截至截止投標期限，計有兩家，分別為 A、B 及 C 廠商。

★宣讀開標前合格廠商家數
經查詢及審查結果，三家廠商皆非拒絕往來廠商，標單外封
也符合施行細則第 29 條規定，且皆於截止期限前送達，三家
廠商皆屬合格廠商且已達法定家數，接下來進行開標作業。

★開標程序詳後專章介紹
宣讀完前置作業後，即可剪開標封，
進行後續審標作業。

✿溫馨提醒：下刀的時候要留意，
　　　　　　小心不要剪到標封內的
　　　　　　廠商投標文件。

不分段開標-不用分封

(三) 公開招標分段開標(採購法第 42 條第 1 項)

情境：
機關辦理公開招標最低標決標之採購，預算金額為 500 萬元，採資格、規格、價格 3 段分段開標方式辦理，第 1 次開標時，計有 A、B、C 三家廠商投標。

★依公告時間開標並宣讀案號、案名

大家好，今天是○○○年○○月○○日○○點○○分，進行「案號○○○案名○○○」第 1 次開標。

★宣讀招標方式及依據法條

本案預算金額為 500 萬元，為公告金額以上未達查核金額之財物採購，依照採購法第 19 條規定採公開招標方式辦理。另依採購法第 42 條第 1 項規定，本案採一次投標分段開標方式進行，第 1 段為資格標、第 2 段規格標，第 3 段為價格標，後續階段之邀標由本機關另行通知。

★宣讀投標廠商家數

截至截止投標期限，投標廠商計有三家，分別為 A、B 及 C 廠商。

★宣讀開標前合格廠商家數

經查詢及審查結果，三家廠商皆非拒絕往來廠商，標單外封也符合施行細則第 29 條規定，且皆於截止期限前送達，三家廠商皆屬合格廠商且已達法定家數，接下來進行開標作業。

★開標程序詳後專章介紹

宣讀完前置作業後，即可剪開標封，進行後續審標作業。
注意一次投標分段開標，剪開外標封後，僅能剪開資格封，
切勿誤解之意義為開(剪開)價格封。(政府採購錯誤行為態樣
八(一))。

✿溫馨提醒：下刀的時候要留意，小心不要剪到標封內的廠
　　　　　商投標文件。

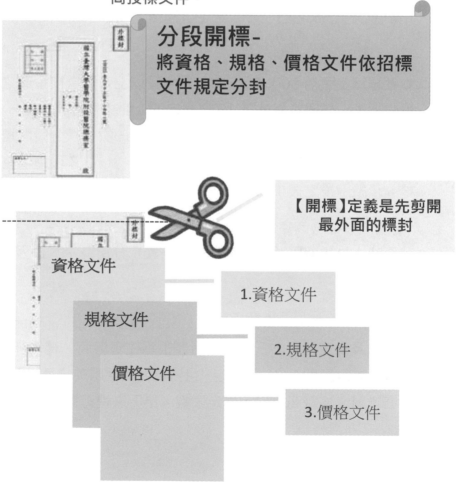

分段開標-
將資格、規格、價格文件依招標
文件規定分封

【開標】定義是先剪開
最外面的標封

資格文件

規格文件

價格文件

1.資格文件

2.規格文件

3.價格文件

(四) 選擇性招標分段開標(採購法第 42 條第 1 項)

情境：
機關辦理選擇性招標之財物採購，預算金額為 500 萬元，採選擇性招標方式辦理，第 1 次開標時，計有 A、B、C 三家廠商投標。

★依公告時間開標並宣讀案號、案名
大家好，今天是○○○年○○月○○日○○點○○分，進行「案號○○○案名○○○」第 1 次開標。

★宣讀招標方式及依據法條
本案預算金額為 500 萬元，為公告金額以上未達查核金額之財物採購，依照採購法第 20 條規定採選擇性招標方式辦理。另依採購法第 42 條第 1 項規定，本案採一次頭標分段開標方式進行，第 1 階段為資格標，第 2 階段為規格標、價格標。

★宣讀投標廠商家數
截至截止投標期限，投標廠商計有三家，分別為 A、B 及 C 廠商。

★宣讀開標前合格廠商家數
經查詢及審查結果，三家廠商皆非拒絕往來廠商，標單外封也符合施行細則第 29 條規定，且皆於截止期限前送達，三家廠商皆屬合格廠商且已達法定家數，接下來進行開標作業。

★開標程序詳後專章介紹
宣讀完前置作業後，即可剪開標封，進行後續審標作業。
✿溫馨提醒：下刀的時候要留意，小心不要剪到標封內的廠商投標文件。

(五) 限制性招標未經公告程序議比價處置(施行細則第 19 條)

> 情境：
> 機關辦理未經公告之限制性招標之財物採購，預算金額為 500 萬元，機關辦理第 1 次議比價，邀 A 廠商投標。

依公告時間開標並宣讀案號、案名

大家好，今天是○○○年○○月○○日○○點○○分，進行「案號○○○案名○○○」第 1 次開標。

宣讀招標方式及依據法條

本案預算金額為新台幣 500 萬元，為公告金額以上未達查核金額之財物採購，依照採購法第 22 條第 O 項第 O 款規定採未經公告程序，限制性招標方式辦理議價。

宣讀投標廠商家數

截至截止投標期限，投標廠商為 A 廠商。
(如未訂有投標期限截止者，本程序免宣讀)。

宣讀開標/議價前合格廠商家數

(訂有截止投標期限者)經查詢及審查結果，A 廠商非拒絕往來廠商名單，標單外封也符合施行細則第 29 條規定，且於截止期限前送達，屬合格廠商，接下來進行開標作業。
(未訂截止投標期限者)經查詢及審查結果，A 廠商非拒絕往來廠商名單，屬合格廠商，接下來進行議價作業。

開標程序詳後專章介紹

宣讀完前置作業後，即可剪開標封，進行後續審標作業。

✿溫馨提醒：下刀的時候要留意，小心不要剪到標封內的廠商投標文件。

四、監辦作業

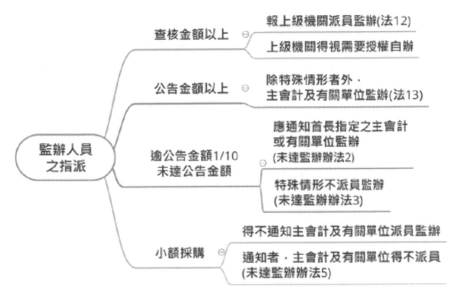

(一) 監辦事項及方式

    1. 監辦採購事項，係指對於開標、比價、議價、決標及驗收是否符合政府採購法規定程序之審查，不包括涉及廠商資格、規格、商業條款、底價訂定、決標條件及驗收方法等採購之實質或技術事項之審查。(「機關主會計及有關單位會同監辦採購辦法」第 4 條第 2 項)

    2. 監辦人員之指派，依採購級距報請上級機關或通知機關首長或其授權人員指定之主(會)計或有關單位派員監辦；小額採購，主會計及有關單位得不派員監辦。

    3. 監辦方式，可分為實地監辦及書面監辦兩類，並以實地監辦為原則。採書面監辦者，公告金額以上之採購，應經機關首長或其授權人員核准(「機關主會

計及有單位會同監辦採購辦法」第 4 條)，未達公告金額之採購則免經機關首長或其授權人員核准(「中央機關未達公告金額採購監辦辦法」第 6 條)。

4. 採購案若有「廠商提出異議或申訴」、「廠商申請調解、提付仲裁或提起訴訟」、「採購稽核小組或施工查核小組認定採購有重大異常情形」時，機關首長或其授權人員不得核准主會計及有關單位不派員監辦。(「機關主會計及有關單位會同監辦採購辦法」第 6 條)

(二) 監辦注意事項

1. 無監辦者，紀錄應載明其符合之特殊情形。(「機關主會計及有關單位會同監辦採購辦法」第 7 條第 1 項)

2. 監辦人員對採購不符合採購法規定程序而提出意見，辦理採購之主持人或主驗人如不接受，應納入紀錄，報機關首長或其授權人員決定之。但不接受上級機關監辦人員意見者，應報上級機關核准。(施行細則第 11 條)

3. 監辦人員於完成監辦後，應於紀錄簽名或蓋章，並得於各相關人員均簽名或蓋章後為之。(「機關主會計及有關單位會同監辦採購辦法」第 7 條第 1 項)

4. 採書面審核監辦者，紀錄應由各相關人員均簽名後再併同有關文件送監辦人員，監辦人員應於紀錄上載明「書面審核監辦」字樣。(「機關主會計及有關單位會同監辦採購辦法」第 7 條第 3、4 項)

標場實例見招拆招

○案例見招 1：

機關辦理公開招標最低標之採購，於原訂開標時間辦理開標作業，如採購承辦人臨時請假未出席開標現場，應如何處理？

●機關拆招：

一、 如採購承辦人臨時請假，可由其他採購承辦人代為辦理開標作業。

二、 值得注意的一點是，採購法第 95 條及「採購專業人員資格考試訓練發證及管理辦法」第 2 條規定意旨，採購宜由採購專業人員為之；如公告金額以上之採購，應由採購專業人員為之。故機關辦理採購，其採購承辦人以具採購專業之人員擔任為宜。

參考法條與釋例：

一、 採購法第 95 條規定：「機關辦理採購宜由採購專業人員為之。但一定金額之採購，應由採購專業人員為之。前項採購專業人員之資格、考試、訓練、發證、管理辦法及一定金額，由主管機關會商相關機關定之。」

二、 「採購專業人員資格考試訓練發證及管理辦法」第 2 條規定：「(第 1 項)機關辦理採購，其訂定招標文件、招標、決標、訂約、履約管理、驗收及爭議處理，宜由採購專業人員承辦或經採購專業人員審核、協辦或會辦。但一定金額之採購，應由採購專業人員承辦或經採購專業人員審核、協辦或會辦。...(第 3 項)第 1 項所定一定金額為公告金額以上。但駐國外機構為新臺幣 300 萬元以上。」

○案例見招 2：

機關辦理公開招標最低標之採購，第 1 次開標，開標前經審查合格廠商計有 A、B、C 三家廠商，開標主持人及監辦單位均已到開標現場，其中 A 廠商未出席開標現場，應如何處理？

●機關拆招：

一、依採購法第 48 條第 1 項規定，除有該項所列之情形不予開標決標外，有三家以上合格廠商投標，機關即應依招標文件所定時間開標決標。

二、依採購法第 60 條及施行細則第 83 條第 1 項規定，廠商未依開標時間到場視同放棄說明、減價、比減價格、協商、更改原報內容或重新報價，並不影響廠商資格及開標程序之進行。

三、依採購法第 52 條第 3 項規定，若未到場之投標廠商為決標對象，機關得不通知其到場並宣布決標，並應將開標結果通知各投標廠商。

四、A 廠商未出席開標現場並無影響開標程序或違反法令規定，倘 A 廠商未得標，機關應依施行細則第 83 條第 2 項規定發還其押標金。

參考法條與釋例：

一、採購法第 48 條第 1 項規定。

二、採購法第 60 條規定：「機關辦理採購依第 51 條、第 53 條、第 54 條或第 57 條規定，通知廠商說明、減價、比減價格、協商、更改原報內容或重新報價，廠商未依通知期限辦理者，視同放棄。」

三、採購法第 52 條第 3 項規定：「決標時得不通知投標廠商到場，其結果應通知各投標廠商。」

四、施行細則第 83 條第 1 項規定：「廠商依本法第 60 條規定視同放棄說明、減價、比減價格、協商、更改原報內容或重新報價，其不影響該廠商成為合於招標文件規定之廠商者，仍得以該廠商為決標對象。」

五、施行細則第 83 條第 2 項規定：「本法第 60 條規定視同放棄而未決標予該廠商者，仍應發還押標金。」

○**案例見招 3：**

機關辦理公開招標最低標之採購，於原訂開標時間辦理開標作業，如開標主持人因故無法主持時，應如何處理?

●**機關拆招：**

一、依施行細則第 50 條第 2 項規定：「主持開標人員，由機關首長或其授權人員指派適當人員擔任」，經機關首長或其授權人指派之開標主持人，如因故無法主持，且未事先簽准由代理人代為主持者，應暫停開標，俟機關首長或其授權人員改派其他開標主持人後，續行開標程序。

二、另為避免開標主持人因故無法主持，需重新簽請改派其他開標主持人之情形，建議機關於簽派開標主持人時，一併敘明無法主持時，得由代理人主持，或通案於分層負責明細表增列開標主持人及其代理等相關規定。

📃參考法條與釋例：

施行細則第 50 條第 2 項。

○案例見招 4：

機關辦理公開招標最低標之採購，第 1 次開標，已達開標時間，開標主持人發現監辦人員尚未出席開標現場，應如何處理?

●機關拆招：

一、 依採購法第 13 條第 1 項規定：「機關辦理公告金額以上採購之開標、議比價等，除有特殊狀況外，應由主(會)計及有關單位會同監辦。」所謂特殊情形，係指公告金額以上之採購，主(會)計及有關單位須符合「機關主會計及有關單位會同監辦採購辦法」第 5 條情形，並經機關首長或其授權人員核准者，始得不派員監辦。

二、 工程會 91.11.20 第 09100492650 號函略以：「可否照常進行採購程序，應由貴公所依本法第 6 條及第 48 條規定本於權責自行核處」，故公告金額以上採購，如監辦單位未經簽准不派員且未到場，其已違反採購法第 13 條相關規定，機關應本於權責自行核處。

三、 倘監辦人員未經簽准無故未出席開標現場，視同違反採購法第 13 條相關規定，為完備採購法之相關程序，建議開標主持人宜依採購法第 48 條第 1 項第 2 款規定宣布不予開標。

📖參考法條與釋例：

一、 採購法第 13 條第 1 項規定：「機關辦理公告金額以上採購之開標、比價、議價、決標及驗收，除有特殊情形者外，應由其主(會)計及有關單位會同監辦。」

二、 「機關主會計及有關單位會同監辦採購辦法」第 5 條規定：「本法第 13 條第 1 項所稱特殊情形，指合於下列情形之一，且經機關首長或其授權人員核准者，得不派員監辦…。」

三、 工程會 91.11.20 第 09100492650 號函。

四、 「中央機關未達公告金額採購監辦辦法」第 3、4、5 條規定。

○案例見招 5：

機關辦理公開招標最低標之採購，於開標前，採購承辦人員通知主(會)計及有關單位派員監辦，惟主(會)計及有關單位對於機關預算款項來源尚有疑義，故不派員辦理監辦，應如何處理?

●機關拆招：

一、 依工程會 94.5.9 第 0940003184 號函意旨，主(會)計及有關單位對於機關預算款項來源尚有疑義，並非「機關主會計及有關單位會同監辦採購辦法」第 5 條規定得不派員監辦之任一情形，且機關預算款項來源係為各議會審核通過之預算，故主(會)計及有關單位仍應依採購法第 13 條第 1 項規定須派員會同監辦。

二、 依「機關主會計及有關單位會同監辦採購辦法」第 4 條及第 7 條規定，倘監辦人員對於採購配合款尚未全部繳入，致對決標及訂約金額之決定、單價調整可能影響決標評比合理性等有所疑慮時，得提出意見並納入紀錄，報請機關首長或其授權人核定。

參考法條與釋例：

一、 「機關主會計及有關單位會同監辦採購辦法」第 4、5、7 條規定。

二、 工程會 94.5.9 第 0940003184 號函。

○案例見招 6：

機關辦理公開招標最低標之採購，於開標前，採購承辦人發現 A 廠商有 2 個投標標封，經查明後發現其中 1 個標封係他廠商冒名投遞，請問應如何處理？

●機關拆招：

一、 施行細則第 33 條第 1 項規定略以，同一廠商針對同一採購之投標，僅以一標為限；如於開標前發現有違反者，所投之標應不予開標，開標後發現有違反者，則所投之標應不予接受，合先敘明。

二、 本案如機關可明確認定其中 1 個標封非 A 廠商所投遞之文件，而係他廠商冒用 A 廠商名義投標(冒名投標)，意圖使 A 廠商所投之標違反採購法一標不兩投之規定，則無施行細則第 33 條規定之適用，機關應判定 A 廠商仍為合格標。

三、 另機關如掌握冒名投標之相關犯罪事證，建議移送檢調單位查處。

📖參考法條與釋例：

一、 施行細則第 33 條第 1 項規定：「同一投標廠商就同一採購之投標，以一標為限；其有違反者，依下列方式處理：一、開標前發現者，所投之標應不予開標。二、開標後發現者，所投之標應不予接受。」

二、 工程會 94.4.18 第 09400111520 號函略以：「如可認定其中一件標單封非屬該廠商之投標文件，而係其他廠商冒用該廠商名義，則無施行細則第 33 條之適用。」

○案例見招 7：

機關辦理公開招標最低標決標之採購，甲採購承辦人因其直屬長官指示：「本案受限於經費核銷，請務必於月底前決標」，甲遂儘速至政府電子採購網刊登招標公告，但仍掛心會沒有廠商來投標，故以電子郵件方式通知 A 廠商記得要到政府電子採購網領標及投標，請問甲之作為是否妥適?

●機關拆招：

一、 依採購法第 18 條第 2 項及第 6 條第 1、2 項規定略以，公開招標，係以公告方式邀請不特定廠商投標，另機關辦理採購，應以維護公共利益及公平合理為原則，對廠商不得為無正當理由之差別待遇，且辦理採購人員於不違反本法規定之範圍內，得基於公共利益、採購效益或專業判斷之考量，為適當之採購決定。

二、 甲採購承辦人應於不違反採購法規定之範圍內，為適當之採購決定，卻因掛心沒有廠商來投標，以電子郵件方式通知 A 廠商(特定廠商)記得要到政府採購網領標及投標，實屬已違反採購法核心精神：公共利益及公平合理原則，各採購承辦人應引以為鑑並避免之。

📖參考法條與釋例：

一、 採購法第 18 條第 2 項規定：「本法所稱公開招標，指以公告方式邀請不特定廠商投標。」

二、 採購法第 6 條第 1、2 項規定：「機關辦理採購，應以維護公共利益及公平合理為原則，對廠商不得為無正當理由之差別待遇。辦理採購人員於不違反本法規定之範圍內，得基於公共利益、採購效益或專業判斷之考量，為適當之採購決定。」

○案例見招8:

機關辦理公告金額以上採限制性招標公開評選方式之委託資訊服務案,計有 A、B、C 三家廠商投標,評選結果為兩家優勝廠商,其優勝序位依序為 A 廠商及 B 廠商,機關訂定底價時,僅參考最優勝廠商 A 廠商之報價即可?還是需要參考所有優勝廠商 A 及 B 廠商之報價?

●機關拆招:

一、 依採購法第 46 條及施行細則第 54 條第 3 項規定:「機關於議價前訂定底價,底價以圖說、規範、契約並考量成本、市場行情及政府機關決標資料逐項編列,並參考優先議價 A 廠商之報價或估價單,經機關首長或其授權人員核定。另依「機關委託資訊服務廠商評選及計費辦法」第 12 條第 2 項後段規定,倘 A 廠商之標價合理且在預算金額以內,無減價之需要者,機關得依其標價訂定底價,照價決標。」

二、 機關洽 A 廠商議價,如仍超底價無法決標後,續洽優勝序位第 2 之 B 廠商辦理議價時,機關除參考上述底價訂定原則及 B 廠商之報價或估價單外,仍應參考 A 廠商之最低標價,訂定底價。

三、 另工程會 101.2.23 第 10100063880 號函說明二略以:「機關如刻意訂定偏低之底價,以阻止非屬意之廠商投得標,對於屬意之廠商卻又訂定較高之底價,以利其得標,涉及違反採購法規定,請勿採行。」及「政府採購行為錯誤態樣」十、(十七):「未更改招標文件內容而重行訂定之底價,除有正當理由外(例如匯率大幅波動影響底價之訂定),較廢標前合格廠商之最低標價為高」,建議機關訂定底價時,應

參酌相關函釋及「政府採購行為錯誤態樣」,力求避免上開情形發生。

🗐參考法條與釋例:
一、 採購法第46條第2項第3款規定:「前項底價之訂定時機,依下列規定辦理:...三、限制性招標應於議價或比價前定之。」
二、 施行細則第54條第3項規定:「限制性招標之議價,訂定底價前應先參考廠商之報價或估價單。」
三、 「機關委託資訊服務廠商評選及計費辦法」第12條第2項規定:「機關依前項第2款訂定之底價,適用本法第46條規定。議價廠商之標價合理且在預算金額以內,無減價之需要者,機關得依其標價訂定底價,照價決標。」

○案例見招9:

機關辦理公開招標最低標決標之採購,於截止投標後,採購承辦人發現A廠商之投標標封未填寫廠商地址,應如何處理?

●機關拆招:
A廠商未依施行細則第29條第2項規定,於投標文件外標封書寫廠商地址,機關應判定其為不合格廠商,並於開標前不列入合格廠商家數之計算。

🗐參考法條與釋例:
施行細則第29條第2項規定:「信封上或容器外應標示廠商名稱及地址。其交寄或付郵所在地,機關不得予以限制」。

〇案例見招 10：

機關辦理限制性招標公開評選方式之採購，第 1 次開標，計有 A 廠商一家投標，於開標時，開標主持人宣布本案未達三家廠商投標而流標，A 廠商當場向開標主持人提出抗議，並表示本案並非公開招標，雖僅有一家廠商投標，但機關仍應續行開標程序，請問 A 廠商抗議是否有理?

●機關拆招：

一、依工程會 91.7.24 第 09100312010 號函訂定修正之「機關辦理採購之廠商家數規定一覽表」項次十一規定，以限制性招標公開評選方式辦理之採購案，尚無廠商家數限制，如僅一家廠商投標，機關亦得辦理開標。通說上有廠商投標，如無不正當理由，開標主持人應續行開標程序。

二、開標主持人如基於公共利益或專業判斷之考量，仍應有正當之理由，方得為不續行開標程序之採購決定。爰為提升機關採購效率，雖僅一家廠商投標，建議續行開標程序。

參考法條與釋例：

工程會 91.7.24 第 09100312010 號函訂定修正之「機關辦理採購之廠商家數規定一覽表」。

〇案例見招 11：

機關取最有利標精神辦理公開取得企劃書，擇最符合需要者議價之採購，於招標文件已明定以固定費用決標，請問機關得否不訂定底價?是否仍需辦理議價?

●機關拆招：

一、依採購法第 47 條及施行細則 54 條之 1 規定，機關得不訂底價，並於招標文件預先載明契約金額或相關費率作為決

標條件。

二、依工程會 99.4.14 第 0990145930 號函訂定發布之「機關辦理最有利標採固定費用或費率之參考作業方式」，依招標文件所載明之固定費用辦理議價程序者，可不訂定底價，但議價程序不得免除(無須議減價格，仍可議定其他內容)，並依照原固定費用決標(如果廠商於投標文件自願減價，依自願減價之金額決標)。機關得洽擇最符合需要廠商議定價格以外之內容，但不得更改原招標文件規定，或降低廠商投標文件承諾之內容。故機關得就招標文件已明定固定費用之採購案召開議價會議，如無議定其他內容，可逕行製作紀錄並宣布結果。

三、如於招標文件規定採固定費用或費率決標，且依上開議價程序辦理議價者，建議機關另於招標文件規定投標廠商報價超過該費用或費率者為不合格標，以提升採購效率。

參考法條與釋例：

一、採購法第 47 條第 1 項規定：「機關辦理下列採購，得不訂底價。但應於招標文件內敘明理由及決標條件與原則：一、訂定底價確有困難之特殊或複雜案件。二、以最有利標決標之採購。三、小額採購。」

二、施行細則第 54 條之 1 規定：「機關辦理採購，依本法第 47 條第 1 項第 1 款及第 2 款規定不訂底價者，得於招標文件預先載明契約金額或相關費率作為決標條件。」

三、工程會 99.4.14 第 0990145930 號函釋：「機關辦理最有利標採固定費用或費率之參考作業方式：叁、未達公告金額取最有利標精神，擇最符合需要之廠商議價，可比照上開作業方式辦理。」

○案例見招 12：

機關依未達辦法第 2 條第 1 項第 2 款規定辦理限制性招標之採購，經採購承辦人逕洽 A 廠商辦理議價後，A 廠商表示本案採購標的之價格是公定牌價，已無議價空間，請問是否仍須訂定底價？

●機關拆招：

依採購法第 46 條前段規定：「機關辦理採購，除本法另有規定外，應訂定底價」，因本案非屬採購法第 47 條第 1 項第 1 款規定所列得不訂底價之適用情形，雖然 A 廠商表示其採購標的價格有其公定標準，已無議價空間，機關仍應訂定底價，其底價之訂定得參考公定標準。

📖參考法條與釋例：

一、採購法第 46 條規定：「機關辦理採購，除本法另有規定外，應訂定底價。底價應依圖說、規範、契約並考量成本、市場行情及政府機關決標資料逐項編列，由機關首長或其授權人員核定。」

二、採購法第 47 條第 1 項規定：「機關辦理下列採購，得不訂底價。但應於招標文件內敘明理由及決標條件與原則：一、訂定底價確有困難之特殊或複雜案件。二、以最有利標決標之採購。三、小額採購。」

○案例見招 13：

機關辦理公開招標最低標決標之採購，第 2 次開標，計有 A、B 兩家廠商投標，開標後審查時發現僅 B 廠商符合招標文件規定，且其投標標價高於底價，經洽 B 廠商減價，於第 3 次減價時，書面表示願以底價承做，爰機關宣布決標予 B 廠商並同時宣布

底價，B 廠商卻要求要看核定底價表以資確認，應如何處理?

●機關拆招：

一、依施行細則第 53 條及採購法第 34 條第 1 項第 3 款規定略以，機關訂定底價，底價於開標後至決標前，仍應保密，決標後除有施行細則第 35 條所列特殊情形外，應予公開。

二、B 廠商於第 3 次減價時書面表示願以底價承做，開標現場有監辦單位會同辦理，開標主持人宣布決標予 B 廠商並同時宣布底價，決標後，機關至政府採購網公告決標及底價，已視同依法完成底價公開程序。

三、另底價核定表屬機關內部文書，機關本於權責得限制公開或不予提供，且開標主持人已依法完成底價公開程序，當無須另將底價表予 B 廠商確認。

📑參考法條與釋例：

一、施行細則第 53 條規定：「機關訂定底價，應由規劃、設計、需求或使用單位提出預估金額及其分析後，由承辦採購單位簽報機關首長或其授權人員核定。但重複性採購或未達公告金額之採購，得由承辦採購單位逕行簽報核定。」

二、採購法第 34 條第 1 項第 3 款規定：「底價於開標後至決標前，仍應保密，決標後除有特殊情形外，應予公開。但機關依實際需要，得於招標文件中公告底價。」

三、施行細則第 35 條規定：「底價於決標後有下列情形之一者，得不予公開。但應通知得標廠商：一、符合本法第 104 條第 1 項第 2 款之採購。二、以轉售或供製造成品以供轉售之採購，其底價涉及商業機密者。三、採用複數決標方式，尚有相關之未決標部分。但於相關部分決標後，應予公開。

四、其他經上級機關認定者。」

○案例見招 14：

機關以公開取得書面報價單並採最低標決標方式辦理預算 50 萬元之採購，經首長核准於第 1 次公開取得結果未能取得三家以上廠商之書面報價時，改採限制性招標。另機關於公告及招標文件明定開標時間，並於開標前訂定底價。

案經第 1 次公開取得無廠商投標流標，第 2 次公開取得結果，僅 A 廠商投標，經資、規格審查結果，均合於招標文件規定，請問辦理價格程序前，機關是否需參考 A 廠商報價重新訂定底價？

●機關拆招：

一、依採購法第 49 條採公開取得三家以上廠商之書面報價或企劃書者，其底價應依施行細則第 54 條第 4 項於進行比價或議價前定之。故訂有開標時間，並當場辦理審標、決標之採購時，應於開標前訂妥底價。

二、參考未達辦法第 3 條後段規定及工程會 110.10.4 第 1100017637 號函說明四，本案因屬第 2 次公告，無三家廠商投標始得開標之限制，公告結果僅一家廠商投標，或經審標結果僅一家廠商符合招標文件規定，其底價訂定適用施行細則第 54 條第 4 項規定，無須重新訂定底價。

📖參考法條與釋例：

一、未達辦法第 3 條：「機關依前條第 1 項第 3 款規定辦理第 1 次公告結果，未能取得三家以上廠商之書面報價或企劃書者，得經機關首長或其授權人員核准，改採限制性招標。其辦理第 2 次公告者，得不受三家廠商之限制。」

二、施行細則第 54 條：「...(第 4 項)依本法第 49 條採公開取得三家以上廠商之書面報價或企劃書者，其底價應於進行比

價或議價前定之。」

三、工程會 110.10.4 第 1100017637 號函說明四:「...其第 2 次以上公告僅一家廠商投標,或經審標結果僅一家廠商符合招標文件規定,其底價訂定適用施行細則第 54 條第 4 項規定。」

○案例見招 15:

機關辦理公開招標最低標決標之採購,於招標文件規定不允許投標廠商提出替代方案,計有 A、B 兩家廠商投標,開標後審標時發現 A 廠商就同一採購標的提供 2 種樣品並分別檢附 1 張報價單,併裝載於同一投標標封,而 B 廠商來電表示因其出席代表在海外,故要求以電話方式參與比減價格程序,應如何處理?

●機關拆招:

一、依採購法第 33 條第 1 項規定:「...同一投標廠商就同一採購之投標,以一標為限」,及同條第 1 項第 2 款規定:「開標後發現者,所投之標應不予接受。」故本案依採購法第 50 條第 1 項第 1 款規定:「未依招標文件之規定投標」,機關應判定 A 廠商為不合格標。

二、施行細則第 72 條第 1 項規定:「機關依本法第 53 條第 1 項及第 54 條規定辦理減價及比減價格,參與之廠商應書明減價後之標價。」及工程會 89.1.5 第 88022893 號函釋說明三略以:「機關洽廠商減價,不應允許廠商以電話或口頭方式減價,其他方式請依採購案件之特性及實際需要自行斟酌」,本案依上述規定,機關應不允許 B 廠商以電話方式參與比減價格程序,且 B 廠商無法派員至開標現場減價,將視同其放棄減價權利。

📖 參考法條與釋例：

一、 工程會 89.1.5 第 88022893 號函。

二、 施行細則第 33 條第 1 項及第 3 項規定。

〇案例見招 16：

> 機關辦理公開取得書面報價單並採最低標決標方式之採購，預算金額 50 萬元，經首長核准於第 1 次公開取得結果未能取得三家以上廠商之書面報價時，改採限制性招標。另機關於公告及招標文件明定開標時間，並於開標前訂定底價。
>
> 第 1 次公開取得結果，共計 A、B 兩家廠商投標，經資、規格審查結果，僅 A 廠商合於招標文件規定，請問辦理價格程序前，機關是否須參考 A 廠商報價重新訂定價?

● 機關拆招：

一、 機關以公開取得書面報價單方式辦理未達公告金額之採購案，為提高採購效率，得依未達辦法第 3 條規定：「經機關首長或其授權人員同意核准，於第 1 次公告未能取得三家以上之廠商書面報價，改採限制性招標，並得依第 4 條第 1 項規定，於公告或招標文件中訂明開標時間、地點，當場辦理審標、決標，並適用採購法之開標及監辦程序。」

二、 依採購法第 49 條採公開取得三家以上廠商之書面報價或企劃書者，其底價應依施行細則第 54 條第 4 項於進行比價或議價前定之。故訂有開標時間，並當場辦理審標、決標之採購時，應於開標前訂妥底價。惟改採限制性招標辦理時，其底價訂定，另有施行細則第 54 條第 2 項、第 3 項規定之適用。

三、 本案第 1 次公告結果僅 A、B 兩家廠商投標，因招標業前

經首長核准，改以限制性招標辦理，爰進行開標。復經審標結果，僅 A 廠商合格，其價格程序屬限制性招標之議價。依施行細則第 54 條第 3 項規定，機關與 A 廠商進行限制性議價前，應先參考 A 廠商之報價，重定底價。

參考法條與釋例：

一、未達辦法第 3 條：「機關依前條第 1 項第 3 款規定辦理第 1 次公告結果，未能取得三家以上廠商之書面報價或企劃書者，得經機關首長或其授權人員核准，改採限制性招標。其辦理第 2 次公告者，得不受三家廠商之限制。」

二、未達辦法第 4 條第 1 項：「...其於擇定符合需要者進行比價或議價前之程序，除公告或招標文件已訂明開標時間地點者外，不適用本法開標及監辦程序。」

三、採購法第 46 條第 2 項：「前項底價之訂定時機，依下列規定辦理：一、公開招標應於開標前定之。二、選擇性招標應於資格審查後之下一階段開標前定之。三、限制性招標應於議價或比價前定之。」

四、施行細則第 54 條：「...(第 2 項)限制性招標之比價，其底價應於辦理比價之開標前定之。(第 3 項)限制性招標之議價，訂定底價前應先參考廠商之報價或估價單。(第 4 項)依本法第 49 條採公開取得三家以上廠商之書面報價或企劃書者，其底價應於進行比價或議價前定之。」

○案例見招 17：

> 機關辦理公開取得書面報價單最低標決標之採購，經機關首長核准於第 1 次公開取得結果未能取得三家以上廠商之書面報價時，改採限制性招標。另機關於招標公告及招標文件明定開標時間，並於開標前訂定底價。
>
> 第 1 次公開取得結果，計有 A、B、C 三家廠商投標，開標後審標時發現僅 A、B 兩家廠商合於招標文件規定，請問機關是否須參考 A、B 兩家廠商之報價重新訂定底價?

●機關拆招：

一、 機關以公開取得書面報價單方式辦理未達公告金額之採購案，為提高採購效率，得依未達辦法第 3 條規定：「經機關首長或其授權人員同意核准，於第 1 次公告未能取得三家以上之廠商書面報價，改採限制性招標，並得依第 4 條第 1 項規定，於公告或招標文件中訂明開標時間、地點，當場辦理審標、決標，並適用採購法之開標及監辦程序。」

二、 依工程會 110.10.4 第 1100017637 號函釋略以：「機關如依採購法第 49 條、未達辦法第 2 條第 1 項第 3 款及同條第 3 項規定辦理採購且採最低標決標者，其底價訂定適用施行細則第 54 條第 4 項規定，底價應於進行比價或議價前定之。」

三、 本案已於開標前訂定底價，於洽廠商議、比價前，採購標的之成本、市場行情如未有巨大改變，尚符合前開(應於比價或議價前訂定底價)規定，故機關無須參考 A、B 兩家廠商之報價重新訂定底價。

📖參考法條與釋例：

一、 採購法第 49 條規定：「未達公告金額之採購，其金額逾公

告金額 10 分之 1 者，除第 22 條第 1 項各款情形外，仍應公開取得三家以上廠商之書面報價或企劃書。」

二、未達辦法第 2 條：「(第 1 項第 3 款)未達公告金額採購之招標，其金額逾公告金額 10 分之 1 者，得以下列方式之一辦理：三、依本法第 49 條之規定，將公開徵求廠商提供書面報價或企劃書之公告，公開於主管機關之資訊網路或刊登於政府採購公報，以取得三家以上廠商之書面報價或企劃書，擇符合需要者辦理比價或議價。(第 3 項)第 1 項第 3 款規定情形，機關得於公告或招標文件中訂明開標時間地點，並於開標後當場審查，逕行辦理決標。」

○案例見招 18：

機關辦理公開招標最低標決標之採購，甲採購承辦人發現某採購案於政府電子採購網上之招標公告頁面所顯示之預算金額與招標文件載明之預算金額不一致時，應如何處理?

●機關拆招：

甲採購承辦人於發現某採購案於政府電子採購網上之招標公告頁面所顯示之預算金額與招標文件載明之預算金額不一致時應儘速上網辦理更正公告，否則將符合「政府採購錯誤行為樣態」六、(八)公告內容與招標文件內容不一致之情形。倘若甲採購承辦人發現前開情形時已為截止投標前 5 日，辦理更正公告時應延長等標期。

📑參考法條與釋例：

「政府採購錯誤行為樣態」六、(八)。

○案例見招 19：

機關辦理公開招標最低標決標之採購，第 1 次開標，計有 A、B、C 三家廠商投標，於開標前，採購承辦人甲清點投標標封數量，確認有三家不同廠商所投遞之標封後，即於原訂開標時間辦理開標程序，請問是否妥適?

● 機關拆招：

一、依採購法第 48 條規定略以，有三家以上合格廠商投標，即應依招標文件所定時間開標決標，有關合格廠商家數之計算，應依施行細則第 55 條規定辦理。

二、本題採購承辦人甲應於開標前確認 A、B、C 三家廠商是否為合格廠商，且合格廠商家數是否達三家以上之法定家數，確認無誤後，方可續行開標程序，若合格廠商家數未達三家，則機關應宣布流標。

📖 參考法條與釋例：

一、採購法第 48 條規定：「機關依本法規定辦理招標，除有下列情形之一不予開標決標外，有三家以上合格廠商投標，即應依招標文件所定時間開標決標...。」

二、施行細則第 55 條規定：「本法第 48 條第 1 項所稱三家以上合格廠商投標，指機關辦理公開招標，有三家以上廠商投標，且符合下列規定者：一、依本法第 33 條規定將投標文件送達於招標機關或其指定之場所。二、無本法第 50 條第 1 項規定不予開標之情形。三、無第 33 條第 1 項及第 2 項規定不予開標之情形。四、無第 38 條第 1 項規定不得參加投標之情形。」

○案例見招 20：

機關辦理公開招標最低標決標之採購，於 111 年 3 月 1 日至政府電子採購網刊登第 1 次招標公告，並設定截止投標期限為 111 年 3 月 20 日下午 5 時整，對上開招標案有興趣之 A 廠商於 111 年 3 月 5 日對招標文件內容(如資格、規格、履約期限…等)提出疑議，應如何處理?

●機關拆招：

一、依工程會 110.9.2 第 1100017731 號函略以：「機關如有變更或補充招標文件內容，應於更正公告或招標文件規定廠商就變更內容請求釋疑之期限，其期限至少自更正公告刊登日起算至更正公告後剩餘等標期之 4 分之 1 日止；至機關最後釋疑之次日起算至截止投標日或資格審查截止收件日之日數，亦不得少於更正公告後剩餘等標期之 4 分之 1。」

二、依題意，機關應計算釋疑後，仍尚有原等標期之 4 分之 1 日(5 天)，倘若機關估算內部行政作業流程所需時間，並於 111 年 3 月 17 日函復 A 廠商，辦理更正公告之等標期應延長至 111 年 3 月 22 日以後。

📖參考法條與釋例：

一、工程會 110.9.2 第 1100017731 號函。

二、施行細則第 43 條第 3 項規定：「機關最後釋疑之次日起算至截止投標日或資格審查截止收件日之日數，不得少於原等標期之 4 分之 1，其未滿 1 日者以 1 日計；前述日數有不足者，截止日至少應延後至補足不足之日數。」

O案例見招 21：

機關於等標期間發現政府電子採購網上之招標公告刊載時間與招標文件內容不一致時，應如何處置?

●機關拆招：

一、 機關於等標期間或截止投標後發現招標公告內容與招標文件不一致時(如招標文件載明開標時間 110 年 8 月 4 日上午 10 時，招標公告開標時間為 110 年 8 月 4 日上午 11 時)，機關可依採購法第 48 條第 1 項第 1 款「變更或補充招標文件內容」不予開標並重新公告。

二、 機關變更或補充招標公告並評估變更內容是否係屬重大變更，如是，應視需要延長等標期限。依工程會 88.10.14 第 8816392 號函釋要求更正公告必須就變更補充事項或其摘要予以敘明。

三、 考量開標時間涉及廠商出席主張權益，建議更正後應視需要延長等標期。

📖參考法條與釋例：

一、 「政府採購錯誤行為態樣」六、(八)公告內容與招標文件之內容不一致。

二、 「招標期限標準」第 7 條：「(第 1 款)機關於等標期截止前變更或補充招標文件內容者，應視需要延長等標期。(第 2 款)前項變更或補充，其非屬重大改變，且於原定截止日前 5 日公告或書面通知各廠商者，得免延長等標期。」

三、 工程會 88.10.14 第 8816392 號函釋：「政府採購公告資訊之刊登內容，依『政府採購公告及公報發行辦法』之規定辦理。其說明二將各機關常有之漏項或不符項目中(四)招標之變更或補充公告未公告『變更補充事項或其摘要』；未列

示是否有提供變更或補充文件、其領取地點、方式、售價及購買文件之付款方式。」

○案例見招 22：

機關辦理公開招標最低標決標之採購，於招標文件規定限期內，廠商提出請求釋疑，機關釋疑結果且評估無須更動招標文件，嗣後機關申購單位因無廠商投標擬修改招標規格時，應如何處置？

●機關拆招：

一、依採購法第 43 條第 1 項規定：「機關於招標文件規定廠商得請求釋疑之期限，至少應有等標期之 4 分之 1；其不足 1 日者以 1 日計…」，如廠商於釋疑期限內提請釋疑，機關應依將釋疑結回函復廠商，並依第 3 項規定：「機關最後釋疑之次日起算至截止投標日或資格審查截止收件日之日數，不得少於原等標期之 4 分之 1…前述日數有不足者，截止日至少應延後至補足不足之日數。」如日數不足者補足日數，續行招標作業。

二、依採購法第 41 條第 2 項規定：「如廠商請求釋疑逾越招標文件規定期限者，機關得不予受理，並以書面通知廠商。」

三、機關因無廠商投標擬修改招標規格，依採購法 41 條第 2 項規定：「…其涉及變更或補充招標文件內容者…應另行公告，並視需要延長等標期。機關自行變更或補充招標文件內容者，亦同。」故機關於修正規格後應另行公告並視需要延長等標期。

📑參考法條與釋例：

一、採購法第 43 條。

二、採購法第 41 條。

○案例見招 23：

機關辦理公開招標最低標決標之採購，甲採購承辦人發現某採購案招標公告缺漏某個電子附件，故於截止投標期限前 2 日，辦理更正公告並延長等標期，但於更正公告前已投標之 A 廠商向採購承辦人表示要撤回其先前所投之標封並重新投標，應如何處理？

●機關拆招：

依工程會 96.3.2 第 09600064690 號函釋說明二略以「...機關依政府採購法第 41 條第 2 項規定自行變更或補充招標文件內容，如該變更或補充將影響廠商投標文件內容者，機關得於該採購案之更正公告及延長等標期間，允許更正公告刊登日以前已投標或已將投標文件交郵遞之廠商，撤回其報價或更正有關之內容。」故機關應允許更正公告前已投標之 A 廠商於延長後之等標期間內撤回其報價或更正有關之內容。

📄參考法條與釋例：

一、採購法第 41 條。

二、工程會 110.3.2 第 09600064690 號函。

○案例見招 24：

機關辦理公開招標最低標決標之採購，計有 A、B、C 三家廠商投標，於開標前發現 B 廠商於投標所檢附之標封上公司名稱欄位書寫總公司名稱，地址欄位則書寫其分公司地址，請問 B 廠商是否符合招標文件規定並為合格廠商?機關是否得續行開標程序？

●機關拆招：

一、依工程會 89.5.18 第 89013679 號函略以:「二、公司為社

團法人，其人格屬於單一，公司固得設立分公司，但該分公司仍為公司整體人格之一部分…其效力及於總公司。」及依「公文程式條例」第 13 條及「民事訴訟法」第 136 條第 1 項規定略以：「機關致送人民之公文書，得準用民事訴訟法有關送達之規定」、「送達於應受送達人之住居所、事務所或營業所行之…」，故 B 廠商於投標標封上以其分公司之地址為送達地址，依前述送達相關之規定，B 廠商於投標所檢附之標封上公司名稱欄位書寫總公司名稱，地址欄位則書寫為其分公司地址，此等情形難謂不合於招標文件規定。

二、B 廠商投標檢附之標封尚符合招標文件規定，機關應判定其為合格廠商並續行開標程序。

參考法條與釋例：

一、工程會 89.5.18 第 89013679 號函：「二、公司為社團法人，其人格屬於單一，公司固得設立分公司，但該分公司仍為公司整體人格之一部分，並無獨立之權利能力；本案國華產物保險股份有限公司桃園分公司之交易行為，其效力及於總公司。」

二、「公文程式條例」第 13 條及「民事訴訟法」第 136 條第 1 項規定略以：「機關致送人民之公文書，得準用民事訴訟法有關送達之規定」、「送達於應受送達人之住居所、事務所或營業所行之…」。

○案例見招 25：

機關辦理公開招標最低標決標之採購，第 2 次開標，計有 A 廠商一家投標，開標後審標時發現其廠商基本資格不符合招標文件規定，機關據以辦理廢標程序，於第 3 次公告招標時，請問是否須重行訂定底價？

●機關拆招：

一、依採購法第 46 條規定略以，機關應於開標前訂定底價，底價應依圖說、規範、契約並考量成本、市場行情及政府機關決標資料逐項編列，並依施行細則第 52、53 條規定訂定底價，簽請機關首長或其授權人員核定。

二、依工程會 88.12.17 第 8820876 號函略以：「機關廢標後重行招標，如招標之圖說、規範、契約並考量成本、市場行情等有所改變，應依採購法第 46 條規定重行訂定底價；如未有上開情形，而原訂底價尚在保密之中，是否重訂底價，由機關首長或其授權人員決定。」

三、考量市場行情變化不大，重行招標時間相距不遠時，建議機關得考量市場行情變化不大另簽原核定底價予以沿用。倘若原核定底價經簽准予以沿用後，發現市場行情產生巨大變化，採購承辦人需重新訂定底價陳核時，務必於簽文說明欄位載明詳細原因並重新陳核。

📖參考法條與釋例：

一、採購法第 46 條規定：「機關辦理採購，除本法另有規定外，應訂定底價。底價應依圖說、規範、契約並考量成本、市場行情及政府機關決標資料逐項編列，由機關首長或其授權人員核定。前項底價之訂定時機，依下列規定辦理：一、公開招標應於開標前定之。二、選擇性招標應於資格審查

後之下一階段開標前定之。三、限制性招標應於議價或比價前定之。」

二、施行細則第 52 條規定:「機關訂定底價,得基於技術、品質、功能、履約地、商業條款、評分或使用效益等差異,訂定不同之底價。」

三、施行細則第 53 條規定:「機關訂定底價,應由規劃、設計、需求或使用單位提出預估金額及其分析後,由承辦採購單位簽報機關首長或其授權人員核定。但重複性採購或未達公告金額之採購,得由承辦採購單位逕行簽報核定。」

四、工程會 88.12.17 第 8820876 號函釋:「機關廢標後重行招標,如招標之圖說、規範、契約、成本、市場行情等有所改變,應依採購法第 46 條規定重行訂定底價;如未有上開情形,而原訂底價尚在保密之中,是否重訂底價,由機關首長或其授權人員決定。」

○案例見招 26:

機關辦理公開招標最低標決標之採購,於截止投標期限前,已投標之 A 廠商口頭向採購承辦人要求撤回其先前所投之標封並重新投標,應如何處理?

●機關拆招:

機關原則上不可讓已投標之 A 廠商撤回其先前所投之標封並重新投標,例外情形為機關辦理更正公告自行變更或補充招標文件內容,其影響廠商投標文件內容者,機關得於該採購案之更正公告及延長等標期間,允許更正公告刊登日以前已投標或已將投標文件交郵遞之 A 廠商,撤回其報價或更正有關之內容。

🗐參考法條與釋例:

一、 工程會 89.5.25 第 89013455 號函:「已投遞或親自送達之投標文件,不應於開標前同意廠商領回。」

二、 工程會 96.3.2 第 09600064690 號函釋:「機關自行變更或補充招標文件內容,如該變更或補充將影響廠商投標文件內容者,機關得於該採購案之更正公告及延長等標期間,允許更正公告刊登日以前已投標或已將投標文件交郵遞之廠商,撤回其報價或更正有關之內容。」

○案例見招 27:

機關辦理公開招標最低標決標之採購,於投標截止期限後,A 廠商才將投標文件投遞至招標機關,應如何處理?

●機關拆招:

一、 建議機關收受 A 廠商投遞之投標標封時,於該廠商之投標標封上載明機關收件日期及時間,以茲確認其所投之標是否符合施行細則第 55 條:「本法第 48 條第 1 項所稱三家以上合格廠商投標,指機關辦理公開招標,有三家以上廠商投標,且符合下列規定者:(第 1 款)依本法第 33 條規定將投標文件送達於招標機關或其指定之場所」規定。

二、 至 A 廠商於投標截止期限後才將投標文件投遞至招標機關一節,機關應於開標紀錄上載明該廠商為開標前不合格廠商,不合格原因為投標廠商未依採購法第 33 條第 1 項及招標文件規定投標。

📑參考法條與釋例:

採購法第 33 條規定:「(第 1 項)廠商之投標文件,應以書面密封,於投標截止期限前,以郵遞或專人送達招標機關或其指定之場所。(第 2 項)前項投標文件,廠商得以電子資料傳輸方式遞送。但

以招標文件已有訂明者為限,並應於規定期限前遞送正式文件。
(第 3 項)機關得於招標文件中規定允許廠商於開標前補正非契約
必要之點之文件。」

〇案例見招 28:

**機關辦理公開招標最低標決標之採購,於投標截止期限前,已投
標之 A 廠商向採購承辦人要求補正其投標文件,應如何處理?**

●機關拆招:

一、 機關應檢視招標文件是否允許補正非契約必要文件,並確
認契約必要之點內容(可參考施行細則第 32 條及招標文件
所載契約應包含之內容)。

二、 如於招標文件規定不允許補正非契約必要文件,機關應拒
絕 A 廠商之要求。

三、 如於招標文件規定允許補正非契約必要文件,機關應確認
A 廠商欲補正之投標文件為非契約必要之點,開標前始得
同意該廠商要求。

📃參考法條與釋例:

一、 採購法第 33 條第 3 項規定:「機關得於招標文件中規定允
許廠商於開標前補正非契約必要之點之文件。」

二、 施行細則第 32 條規定:「本法第 33 條第 3 項所稱非契約
必要之點,包括下列事項:一、原招標文件已標示得更改
或補充之項目。二、不列入標價評比之選購項目。三、參
考性質之事項。四、其他於契約成立無影響之事項。」

○案例見招 29：

機關辦理公開招標最低標決標之採購，於尚未截止投標且收到 A 廠商之投標標封前，該廠商先以傳真表示已寄出之投標文件不全，向採購承辦人請求撤回其已寄出之投標文件，應如何處理?

●機關拆招：

一、依「民法」第 95 條第 1 項：「非對話而為意思表示者，其意思表示，以通知達到相對人時，發生效力。但撤回之通知，同時或先時到達者，不在此限。」規定，如 A 廠商之傳真通知(須蓋廠商大小章)同時或先於其已寄出之投標文件送達機關，視同該廠商已撤回其已寄出之投標文件，機關應不受理其投標文件。

二、A 廠商以傳真表示撤回其已寄出之投標文件後，該廠商將不計入投標廠商家數，且應退還其已寄出之投標文件。

三、除有前開但書規定之情形外，A 廠商原則上並無向採購承辦人撤回其已寄出之投標文件之權利。

參考法條與釋例：

108 年 5 月 22 日採購法修正部分條文對照表，針對第 31 條第 2 項各款之修正說明略以，按「民法」第 95 條第 1 項規定。

○案例見招 30：

A 地方政府未依採購法第 13 條第 2 項另訂監辦辦法，現 A 地方政府辦理公開取得書面報價單最低標決標之採購，甲採購承辦人通知主計單位派員監辦，主計書面回復，本案係屬重複性採購，已有監辦前例，故本次不派員監辦。請問主計單位回復本次不派員監辦是否符合採購法相關規定?

●機關拆招：

一、依採購法第 13 條第 2 項規定，本案 A 地方政府未另訂監
辦辦法，應依同條第 1 項規定，除屬「機關主會計及有關
單位會同監辦採購辦法」第 5 條所列之特殊情形者，且經
機關首長或其授權人員核准者，得不派員監辦外，應由主
計及有關單位會同監辦。

二、另依工程會 91.10.3 第 09100422170 號函釋略以，上揭辦
法第 5 條所列「得不派員監辦」特殊情形之核准，機關應
以逐案簽辦為原則。故本案 A 地方政府主計單位以書面回
復其採購單位不派員監辦一事，倘未經機關首長或其授權
人員核准，已違反該辦法第 5 條規定。

📑參考法條與釋例：

一、採購法第 13 條第 2 項規定：「未達公告金額採購之監辦，
依其屬中央或地方，由主管機關、直轄市或縣(市)政府另定
之。未另定者，比照前項規定辦理。」

二、「機關主會計及有關單位會同監辦採購辦法」第 5 條規定：
「本法第 13 條第 1 項所稱特殊情形，指合於下列情形之一，
且經機關首長或其授權人員核准者，得不派員監辦…」。

三、工程會 91.10.3 第 09100422170 號函：「如未依政府採購
法(以下簡稱本法)第 13 條第 2 項另定監辦規定者，旨揭採
購之監辦，應比照同條第 1 項規定辦理。「機關主會計及有
關單位會同監辦採購辦法」第 5 條「得不派員監辦」之核
准，應以逐案簽辦為原則，以免濫用或違反同辦法第 6 條
規定。」

○案例見招 31：

機關辦理公開取得書面報價單最低標決標之採購，於投標截止期限前，A 廠商電話詢問採購承辦人，其總公司及分公司否分別投標前開採購案，應如何處理？

●機關拆招：

一、依工程會 89.5.18(89)工程企字第 89013679 號函釋略以：「分公司仍為公司整體人格之一部分，並無獨立之權利能力；…分公司之交易行為，其效力及於總公司」，是以分公司投標效力及於總公司(法人主體)，本案 A 廠商之分公司可以單獨投標機關辦理之採購。

二、依施行細則第 33 條第 1 項規定：「…同一投標廠商就同一採購之投標，以一標為限」暨同條第 1 項第 2 款規定：「開標後發現者，所投之標應不予接受。」是以倘 A 廠商之總公司及分公司分別投標上開採購案，將視為同一法人主體行為，屬「一標兩投」之情形，開標主持人應依採購法第 50 條第 1 項第 1 款規定：「未依招標文件之規定投標。」判定 A 廠商總公司及分公司兩家廠商所投之標均為不合格標。

📋參考法條與釋例：

一、工程會 89.5.18 第 89013679 號函：「…分公司仍為公司整體人格之一部分，並無獨立之權利能力；…分公司之交易行為，其效力及於總公司」。

二、施行細則第 33 條第 1 項及同條第 1 項第 2 款規定。

〇案例見招 32：

機關辦理公開取得廠商書面報價單並採最低標決標之財物採購，於 1 月 4 日上午完成刊登政府採購公報，等標期 7 日，截止投標日至 1 月 10 日止。機關於 1 月 4 日下午 3 點發現漏上傳附件資料(該資料不影響廠商投標意願)，即上網更正公告，請問機關是否需延長等標期?

●機關拆招：

一、依「招標期限標準」第 7 條規定：「機關於等標期截止前變更或補充招標文件內容者，應視需要延長等標期。其變更或補充，非屬重大改變者，且於原定截止日前 5 日公告或書面通知各廠商者，得免延長等標期。」

二、另依工程會 107.2.13 第 10700047490 號函釋意旨，本案更正上傳之附件，未影響廠商投標意願，非屬重大改變，且本案於當日下午即上網更正公告，符合原定截至日前 5 日公告，機關得無需延長等標期。

📖參考法條與釋例：

工程會 107.2.13 第 10700047490 號函略以：「『招標期限標準』第 7 條第 2 項：『前項變更或補充，其非屬重大改變，且於原定截止日前 5 日公告或書面通知各廠商者，得免延長等標期。』前揭『重大改變』，由招標機關依是否影響廠商投標意願之原則判斷之·如未涉及廠商資格之放寬或招標標的數量之明顯變更者，非屬重大改變…。」

memo

第二章
審標

　　誰負責審標？曾有某機關人員分享其機關案例，早年係由採購單位承辦人電話通知需求（使用／請購單位）的請購人來審標，多年來好像也都各有分工、相安無事，直至某案係請購人請其他人員代為審標且蓋的是請購人的章，事後發生規格綁標狀況而遭受調查，請購人指稱非自己審標而對審標內容完全不知情不願承擔審標結果，後續引發審標責任歸屬問題。

　　建議機關內部宜由辦理開標的採購單位以開會通知單發給審標及監辦單位，還有，您以為請購人就一定是審標的人嗎？各個機關內部組織分工大有不同，審標也宜名正言順，採購法雖未有明定誰必須審標，一般實務來講，多是以機關提出需求的使用單位來審標，比較合理。你可能會想再進一步詢問，若是有兩個以上的使用單位呢？舉例來說，像機關內部都會領用的事務性用品，或是醫療院所，紗布、棉棒、手套、縫合線等多單位均會使用到的共通性醫材，也有可能是管理或彙整單位例如秘書室、行政室、事務科、手術室等提出請購，而由該等單位代表審標，若是能列入通案簽准或分層負責表更好，建議機關人員能建立審標指派機制，而案件較少的機關，逐案簽派並無不可，是故建議至少要有單位主管指派人員審標，以明確責任歸屬。

　　本章分為資格及規格文件審查與價格文件的審查重點與注意事項。提醒審標的人啊，依採購法第 51 條規定：「機關應依招標文件規定之條件，審查廠商投標文件，對其內容有疑義時，得通知投標廠商提出說明。（第 1 項）前項審查結果應通知投標廠商，對不合格之廠商，並應敘明其原因。（第 2 項）」審標完請簽你自個兒的名或蓋你的職章，不要以為代理別人來審標，就簽別人的名或蓋別人章，這樣，若不小心案子出了事被調查過程，

明明是你在審標而開標紀錄上卻簽拔郎ㄟ名,你以為你就沒事,錯了,法律人就會恐嚇你,小心還多了一條刑事責任的偽造文書罪哩!別傻了呀!

　　此外,若財物及勞務案件性質包含工程施作,建議宜請工程單位也要來,講白了,都在同一條船上,工程專業單位也應給予使用單位協助。至於審標過程如有認知上不同,例如發現廠商不符招標規格,反而引起其質疑機關規格訂定不清,我曾有過以採購法第48條第1項第1項宣布不予決標,廠商當場對我說:「對!對!對!你這樣才是對的!」我只有苦笑,謝謝廠商的體諒!

第一節 資格及規格文件審查

一、押標金

　　(一)押標金收取原則(採購法第 30 條)

　　　　　機關辦理招標，除下列四種情形之一外，應於招標文件規定投標廠商須繳納押標金：

　　　　1.勞務採購。

　　　　2.未達公告金額之工程、財物採購。

　　　　3.以議價方式辦理之採購。

　　　　4.依市場交易慣例或採購案特性，無收取押標金、保證金之必要或可能。

　　(二)押標金及保證金繳納種類

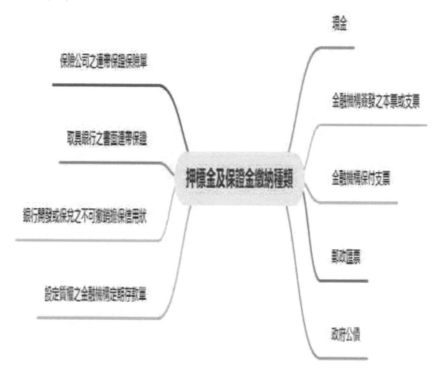

(採購法第 30 條、「押標金保證金暨其他擔保作業辦法」第 7 條)

(三)押標金及保證金收取種類與額度

種類	定義	額度
押標金	作為投標廠商，願意遵守投標須知規定而向招標機關所繳交的擔保金之用。	一定金額，以不逾預算金額或預估採購總額之 5%為原則；一定比率，以不逾標價之 5%為原則。但不得逾新臺幣 5,000 萬元。(採單價決標之採購，應為一定金額)
履約保證金	保證廠商依契約規定履約之用。	一定金額，以不逾預算金額或預估採購總額之 10%為原則；一定比率，以不逾契約金額之 10%為原則。(採單價決標之採購，應為一定金額)
保固保證金	保證廠商履行保固責任之用。	一定金額，以不逾預算金額或預估採購總金額之 3%為原則；一定比率，以不逾契約金額之 3%為原則。
預付款還款保證	保證廠商返還預先支領而尚未扣抵之預付款之用。	得依廠商已履約部分所占進度或契約金額之比率遞減，或於驗收合格後一次發還，由機關視案件性質及實際需要，於招標文件中訂明。
差額保證金	保證廠商標價偏低不會有降低品質、不能誠信履約或其他特殊情形之用。	1.總標價偏低者，擔保金額為總標價與底價之80%之差額，或為總標價與採購法第 54 條評審委員會建議金額之80%之差額。 2.部分標價偏低者，擔保金額為該部分標價與該部分底價之70%之差額。該部分無底價者，以該部分之預算金額或評審委員會之建議金額代之。

(「押標金保證金暨其他擔保作業辦法」第 9 條、第 15 條、第 22 條、第 25 條及第 30 條)

(四)押標金支票

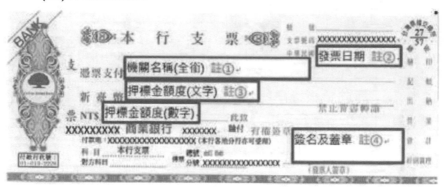

※審查重點：

註①：押標金或保證金以金融機構本票、支票、保付支票或郵政匯票繳納者，應為即期並以機關為受款人。開標現場若遇到投標廠商所檢附押標金支票之抬頭為空白，意即未填寫受款人者，即係以執票之機關為受款人。

註②：押標金或保證金以金融機構本票、支票、保付支票或郵政匯票繳納者，應為即期票。發票人應於票據記載實際發票日，另執票人得立即向金融機構提示付款，則該支票稱為「即期支票」或「即期票」。

註③：押標金額度不得低於投標須知規定之一定金額或標價之一定比率。

註④：應由發票金融機構之有權簽章人員簽名或蓋章。若係為廠商負責人簽名及蓋章或空白者，機關應判定投標廠商所檢附之押標金支票為不合格。

(五)開標時審查投標廠商線上繳納押標金之步驟

    1.為利投標廠商以電子化方式繳納押標金，工程會自108 年 7 月 1 日起啟用政府電子採購網「線上繳納押標金」服務，機關應參照工程會投標須知範本載明如下：「政府電子採購網線上繳納。(距截止投標期限不足 5 分鐘時，將無法使用本方式繳納押標金，請投標廠商提早作業)」。

    2.機關開標時遇投標廠商採用線上繳納押標金時，應至政府電子採購網以標案案號查詢線上繳納押標金之投標廠商，其審查繳納押標金之方式及步驟如下：

二、投標廠商聲明書

項次	註① 聲明事項	是(打V)	否(打V)
一	本廠商之營業項目不符合公司法或商業登記法規定，無法於得標後作為簽約廠商，合法履行契約。		
二	本廠商有違反政府採購法（以下簡稱採購法）施行細則第 33 條之情形。		
三	本廠商是採購法第 38 條規定之政黨或與政黨具關係企業關係之廠商。		
四	本廠商之負責人或合夥人是採購法第 39 條第 2 項所稱同時為規劃、設計、施工或供應廠商之負責人或合夥人。		
五	本廠商是採購法第 39 條第 3 項所稱與規劃、設計、施工或供應廠商同時為關係企業或同一其他廠商之關係企業。		
六	本廠商已有或將有採購法第 59 條第 1 項所稱支付他人佣金、比例金、仲介費、後謝金或其他不正利益為條件，促成採購契約之成立之情形。		
七	本廠商、共同投標廠商或分包廠商是採購法第 103 條第 1 項及採購法施行細則第 38 條第 1 項所規定之不得參加投標或作為決標對象或分包廠商之廠商。【投標廠商應於投標當日遞送投標文件前至工程會網站 web.pcc.gov.tw 查詢自己(包括總公司及各分〔註②〕投標廠商、分包廠商是否為採購法第 103 條第 1 項之拒絕往來廠		
八	本廠商就本採購案，係屬公職人員利益衝突迴避法第 2 條及第 3 條所稱公職人員或其關係人。		
九	本廠商是依法辦理公司或商業登記且合於中小企業發展條例關於中小企業認定標準之中小企業。(依該認定〔註②〕條，所稱中小企業，指依法辦理公司登記或商業登記，實收資本額在新臺幣 1 億元以下，或經常僱用員工數未滿 200 人之事業。) (答「否」者，請於下列空格填寫得標後預計分包予中小企業之項目及金額，可自備附件填寫) 項目----金額-------項目-------金額------合計金額----------		
十	本廠商目前在中華民國境內員工總人數逾 100 人。(依採購法第 98 條及其施行細則第 107 條、108 條規定，得標廠商其於國內員工總人數逾 100 人者，應於履約期間僱用身心障礙者及原住民各不低於總人數百分之一，僱用不足者，除應繳納代金，並不得僱用外籍勞工取代僱用不足額部分。) (答「是」者，請填目前總人數計----人；其中屬於身心障礙人士計----人，原住民計---人。)		
十一	本廠商屬大〔註④〕、第三地區含陸資成分廠商或經濟部投資審議委員會公告之陸資者，不得從事經濟部投資審議委員會公告之「具敏感性或國安(含資安)疑慮之業務範疇」。【上開業務範疇及陸資資訊服務業清單公開於經濟部投資審議委員會網站 http://www.moeaic.gov.tw/】【請查察招標文件規定本採購是否屬經濟部投資審議委員會公告「具敏感性或國安（含		

	資安）疑慮之業務範疇」之資訊服務採購】		
十二	本廠商屬大陸地區 ~~註⑤~~ 第三地區含陸資成分廠商或在臺陸資廠商，不得從事影響國家安全之採購。【請查察招標文件規定本採購是否屬影響國家安全之採購】		
十三	本廠商是原住民個人或政府立案之原住民團體。 ~~註③~~ (含「否」者，請於下列空格填寫得標後預計分包予原住民個人或政府立案之原住民團體之項目及金額，可自備附件填寫。如無，得填寫「0」) 項目------金額------項目------金額------合計金額---------		
附註	1. 第一項至第七項答「是」或未答者，不得參加投標；其投標者，不得作為決標對象；聲明書內容有誤者，不得作為決標對象。 2. 本採購如非屬依採購法以公告程序辦理或同法第105條辦理之情形者，第八項答「是」或未答者，不得參加投標；其投標者，不得作為決標對象；聲明書內容有誤者，不得作為決標對象【違反公職人員利益衝突迴避法第14條第1項規定者，依同法第18條第1項處罰】。如屬依採購法以公告程序辦理或同法第105條辦理之情形者，答「是」、「否」或未答者，均可。 3. 第九項、第十項、第十三項未填者，機關得洽廠商澄清。 4. 本採購如屬經濟部投資審議委員會公告「具敏感性或國安(含資安)疑慮之業務範疇」之資訊服務採購，第十一項答「是」或未答者，不得參加投標；其投標者，不得作為決標對象；如非屬上開採購，答「是」、「否」或未答者，均可。 5. 本採購如屬影響國家安全之採購，第十二項答「是」或未答者，不得參加投標；其投標者，不得作為決標對象；如非屬上開採購，答「是」、「否」或未答者，均可。 6. 本聲明書填妥後附於投標文件遞送。 7. 本採購如屬依採購法以公告程序辦理或同法第105條辦理之情形者，且本廠商就本採購案，係屬公職人員利益衝突迴避法第2條及第3條所稱公職人員或其關係人者，請填「公職人員利益衝突迴避法第14條第2項公職人員及關係人身分關係揭露表」，如未揭露者依公職人員利益衝突迴避法第18條第3項處罰。		
	投標廠商名稱：		
	投標廠商章及負責人章： 日期：		

(111.5.2版)

※審查重點：

　　註①：第一至第七項欄位勾選「是」或未勾選者，資格審查不合格。

　　註②：第八項欄位勾選「是」或未勾選者，資格審查不合格。
　　　　　屬依採購法以公告程序辦理或同法第105條辦理之情形

　　者，答「是」、「否」或未答者，資格審查合格。

註③：第九項、第十項、第十三項欄位未填寫，機關得洽廠商
　　　澄清。採購案屬影響國家安全之採購，欄位勾選「是」
　　　或未勾選者，資格審查不合格；採購案不屬影響國家安
　　　全之採購，欄位勾選「是」或未勾選者，資格審查合格。

註④：第十一項欄位採購案屬經濟部投資審議委員會公告「具
　　　敏感性或國安(含資安)疑慮之業務範疇」之資訊服務採
　　　購，欄位勾選「是」或未勾選者，資格審查不合格。

註⑤：第十二項欄位採購案屬影響國家安全之採購，欄位勾選
　　　「是」或未勾選者，資格審查不合格；採購案不屬影響
　　　國家安全之採購，未勾選「是」或未勾選者，資格審查
　　　合格。

公職人員利益衝突迴避法第 14 條第 2 項公職人員及關係人身分關係

揭露表【事前揭露】：本表由公職人員或關係人填寫二等親關係

> 範例案情：
> ○○○機關辦理公開招標最低標決標之採購，A 廠商之負責
> 人為該機關採購單位組長甲之小姨子乙。則 A 廠商投標時須
> 檢附事前揭露表。

事前揭露表由投標廠商填寫

表 1：

參與交易或補助案件名稱：XXXXXXX 案	案號： XX（無案號者免填）
本案補助或交易對象係公職人員或其關係人：	
□公職人員（勾選此項者，無需填寫表 2） 　姓名：＿＿＿＿＿服務機關團體：＿＿＿＿＿＿＿職稱：	
■公職人員之關係人（勾選此項者，請繼續填寫表 2）	

72

表2：

公職人員：			
姓名： 甲　服務機關團體：○○○機關　職稱：採購組長			

關係人（屬自然人者）：姓名_
關係人（屬營利事業、非營利之法人或非法人團體）：
　　　名稱 A 統一編號 XXXXX　　或管理人姓名　乙

關係人與公職人員間係第 3 條第 1 項各款之關係			
□第 1 款	公職人員之配偶或共同生活之家屬		
□第 2 款	公職人員之二親等以內親屬	稱謂：	
□第 3 款	公職人員或其配偶信託財產之受託人	受託人名稱：	
■第 4 款（請填寫 abc 欄位）	a.請勾選關係人係屬下列何者： ■營利事業 □非營利法人 □非法人團體	b.請勾選係以下何者擔任職務： □公職人員本人 □公職人員之配偶或共同生活之家屬。姓名：_____ ■公職人員二親等以內親屬。 　親屬稱謂： 小姨子 (填寫親屬稱謂例如：兒媳、女婿、兄嫂、弟媳、連襟、妯娌) 　姓名： 乙	c.請勾選擔任職務名稱： ■負責人 □董事 □獨立董事 □監察人 □經理人 □相類似職務：
□第 5 款	經公職人員進用之機要人員	機要人員之服務機關：_____ 職稱：_____	
□第 6 款	各級民意代表之助理	助理之服務機關：_____ 職稱：_____	

填表人簽名或蓋章： 乙(簽名)　　乙(蓋章)
（填表人屬營利事業、非營利之法人或非法人團體者，請一併由該「事業法人團體」及「負責人」蓋章）
　　備註：填表日期：XXX 年 X 月XX 日
　　此致機關：○○○機關

範例案情：

○○○機關辦理公開招標最低標決標之採購，投標廠商 A 公司之負責人為該機關承辦採購單位組長甲之小姨子乙。現 A 公司投標時漏未檢附事前揭露表。開標後，決標予 A 公司，該公司須填寫【事前揭露】表交予○○○機關，另○○○機關須填寫【事後公開】表，俟兩造均填寫完成後，○○○機關應於決標後 30 日內上網公告於○○○機關網站，上網公告期間應自公告日起公告 3 年。

事後公開表

由機關團體填寫(與交易或補助案之公職人揭露表範本【A.事前揭露】一併公開)

表 1：

本案屬公職人員利益衝突迴避法第 14 條第 1 項之交易行為		
交易機關	○○○機關	
交易名稱	XXXXXXX 案	案號　XX（無案號者免填）
交易時間	XXX 年 X 月 XX 日	
交易對象	XXXXX	
交易金額（新台幣）	X,XXX,XXX 元	
交易屬第 14 條第 1 項但書第 1 款或第 2 款	■第 1 款：依政府採購法以公告程序或同法第 105 條辦理之採購。 法令依據：政府採購法第 XX 條第 X 項第 X 款 □第 2 款：依法令規定經由公平競爭方式，以公告程序辦理之採購、標售、標租或招標設定用益物權。 法令依據　政府採購法第 XX 條第 X 項第 X 款	

三、基本資格

(一)依據「投標廠商資格與特殊或巨額採購認定標準」(以下簡稱資格標準)第 3 條、第 4 條規定,機關得依案件特性及實際需要訂定與「提供招標標的」及與「履約能力」有關之基本資格。

與「提供招標標的」有關之基本資格	
基本資格	**投標時應檢附之證明文件**
登記或設立證明	公司登記或商業登記證明文件等。 (營利事業登記證及營業登記證自 98 年 4 月 13 日起停止使用,不再作為證明文件。)
納稅證明	營業稅或所得稅。
依法加入工業或商業團體證明	會員證。
與「履約能力」有關之基本資格	
基本資格	**投標時應檢附之證明文件**
具製造、供應或承做能力證明	曾完成與招標標的類似之製造、供應或承做之文件等。
具如期履約能力證明	迄投標日止,正履行中之所有契約尚未完成部分之總量說明等。
廠商或其受雇人、從業人員具專門技能證明	政府機關或其授權機構核發之專業、專技或特許證書、執照、考試及格證書、合格證書、檢定證明或其他類似之文件。
具維修、維護或售後服務能力證明	維修人員經專業訓練之證明、設立或具有或承諾於得標後一定期間內建立自有或特約維修站或場所之證明等。
信用證明	票據交換機構或受理查詢之金融機構於截止投標日之前半年內所出具之非拒絕往來戶及最近 3 年內無退票紀錄證明等。
其他法令規定或經主管機關認定	依各該法規或主管機關認定。

註:依政府機關組織法律組成之非公司組織事業機構,依法令免申請核發許可登記證明文件、公司登記或商業登記證明文件、承攬或營業手冊、繳稅證明文件或加入商業團體者,參加投標時,得免繳驗該等證明文件(資格標準第 16 條)。

1.登記或設立證明–公司及分公司資料查詢結果

列印日期:111

經濟部商工登記公示資料查詢服務········統一編號·

經濟部商工登記公示資料查詢服務

Line　複製連結

公司基本資料

註①

統一編號
公司狀況　　　　　　核准設立
股權狀況　　　　　　僑外資

公司名稱　　　　　　年　月　日 發文號　　　　變更名稱　(前名稱:
　　　　　　　　　　　　　　　　　　　　　　　)

章程所訂外文公司名稱
資本總額(元)
實收資本額(元)
每股金額(元)
已發行股份總數(股)　　　　　　　　　　　　註②
代表人姓名
公司所在地
登記機關
核准設立日期　　　　　年　月　日
最後核准變更日期　　　年　月　日
複數表決權特別股　　無
對於特定事項具否決權　無
特別股
特別股股東被選為董事、監察人之禁止或限制或當選一定名額之權利　　無　註③

	F108031 醫療器材批發業
所營事業資料	F208031 醫療器材零售業
	F401010 國際貿易業
	ZZ99999 除許可業務外，得經營法令非禁止或限制之業務
	F107080 環境用藥批發業
	F207080 環境用藥零售業
	F401021 電信管制射頻器材輸入業
	F108021 西藥批發業

※審查重點：

上圖為經濟部商業司「全國商工行政服務入口網」(網址：http：//gcis.nat.gov.tw)，商工查詢服務/查詢公司登記資料/公司及分公司基本資料查詢結果。(廠商得以列印公開於目的事業主管機關網站之資料代之)。

註①②③：核對公司名稱與投標標封廠商名稱資料、統一編號與查詢拒絕往來廠商統一編號是否一致，公司狀況為核准設立及所營事業資料之行業別或營業項目與招標文件規定是否相符。

2.登記或設立證明-公司及分公司資料查詢(外國公司)

經濟部商工登記公示資料查詢服務-------統一編號

列印日期:111

經濟部商工登記公示資料查詢服務

外國公司登記基本資料

註①

統一編號

公司狀況
核准登記
公司法第4條規定：外國公司，於法令限制內，與中華民國公司有同一之權利能力。
公司法第371條規定：外國公司非經辦理分公司登記，不得以外國公司名義在中華民國境內經營業務。

公司名稱

在中華民國境內營運資金　　　　　　註②

在中華民國境內負責人

分公司所在地

登記機關　　　經濟部商業司

核准登記日期　　　年　月　日

最後核准變更日期　　年　月　日　　　　　　　　　　註③

所營事業資料
F202010 飼料零售業
F208040 化粧品零售業
F213030 電腦及事務性機器設備零售業
F218010 資訊軟體零售業
F401010 國際貿易業
I301010 資訊軟體服務業
I301030 電子資訊供應服務業
I401010 一般廣告服務業
IZ06010 理貨包裝業
I103060 管理顧問業
JZ99050 仲介服務業
F108031 醫療器材批發業
F113050 電腦及事務性機器設備批發業
F208031 醫療器材零售業
G801010 倉儲業
ZZ99999 除許可業務外，得經營法令非禁止或限制之業務

列印日期:111

經濟部商工登記公示資料查詢服務

經濟部商工登記公示資料查詢服務⋯⋯⋯統一編號

Line　　複製連結

分公司資料

註④

分公司統一編號
分公司狀況　　　核准設立
分公司名稱　　　台灣分公司
分公司經理姓名
分公司所在地
登記機關　　　　經濟部商業司
核准設立日期　　　年　月　日
最後核准變更日期　年　月　日
總(本)公司統一編號
總(本)公司名稱

※審查重點：

註①④：核對公司名稱與外標封廠商名稱資料、統一編號與查詢
　　　　拒絕往來廠商統一編號是否一致，公司狀況為核准設立
　　　　或核准登記。

註 ②：確認在中華民國境內負責人與投標文件載明之負責人是
　　　　否一致。

註 ③：確認所營事業資料之行業別或營業項目與招標文件規定
　　　　是否相符。

 開審決大白話

3.登記或設立證明-公司設立登記表(P1)

共 4 頁第 1 頁

（公司印章）	（代表公司負責人印章）	**股份有限公司設立登記表**

公司章 　　負責人章

公司預查編號

公司統一編號　　註①

公司聯絡電話（　　　）

僑外投資事業 □是 □否　　公開發行 □是 □否

陸　　資 □是 □否　　預定開業日期

閉鎖性股份有限公司股東人數 _____ 人

複數表決權特別股 □有 □無

對於特定事項具否決權特別股 □有 □無

特別股股東被選為董事、監察人之禁止或限制 □有 □無
或當選一定名額之權利

印章請用油性印泥蓋章，並勿超出框格。

一、公司名稱	中文	註②	股份有限公司
	（章程所訂）外文		
二、（郵遞區號）公司所在地（含鄉鎮市區村里）		（　　　）	
三、代表公司負責人		註③	四、每股金額(阿拉伯數字)　　　　　　元
五、資本總額(阿拉伯數字)			元
六、實收資本總額(阿拉伯數字)			元
七、股份總數		股　八、已發行股份總數	1.普通股　　　股
			2.特別股　　　股
九、董事人數任期		人自　年　月　日至　年　月　日（含獨立董事　人）	
十、□監察人人數任期 或 □審計委員會		人自　年　月　日至　年　月　日　本公司設置審計委員會由全體獨立董事組成替代監察人	
十一、公司章程訂定日期		年　月　日	

※核准登記日期文號　　　　　　　　　　　　　　　　　　※欄號

公務記載蓋章欄

（一）申請表一式二份，於核辦後一份存核辦單位，一份送還申請公司收執。
（二）為配合電腦作業，請打字或電腦以黑色列印填寫清楚，數字部份請採用阿拉伯數字，並請勿折疊、挖補、淦貼或塗改。
（三）凡各欄如公司統一編號、核准登記日期文號、欄號等，申請人請勿填寫。
（四）違反公司法代作資金導致公司資本不實，公司負責人最高可處五年以下有期徒刑。
（五）本公司設所在業，請於所在地加填郵遞區號。
（六）第十欄位請依公司事項內容，於「監察人人數任期」前註記，並填寫人數任期；或於「審計委員會」前註記，監察人之人數任期免填。
（七）閉鎖性股份有限公司應填列股東人數，以技術或勞務出資者應填列章程載明之核給股數與抵充金額（勞務出資僅適用 閉鎖性股份有限公司）。

註④

80

4.登記或設立證明-公司設立登記表(P2)

共 4 頁第 2 頁

股份有限公司設立登記表

註:欄位不足請自行複製。未使用之欄位可自行刪除。若本頁不足使用,請複製全頁後自行增減欄位。

十二、股本明細		1. 現金	股、	元
(股本若為4、5、6之併購者,請加填第十二欄)	資產增加	2. 財產	股、	元
		3. 技術	股、	元
	併購	4. 合併新設	股、	元
		5. 分割新設	股、	元
		6. 股份轉換	股、	元
		7. 勞務	股、	元
	其他			元
				元

十三、被併購公司資料明細		被併購公司	
併購種類	併購基準日	統一編號	公司名稱
	年 月 日		
	年 月 日		註⑤

	所 營 事 業	
編號	代 碼	營 業 項 目 說 明

註⑥

公務記載蓋章欄

※審查重點:

註①②:確實核對公司名稱與投標廠商名稱、公司統一編號與查詢拒絕往來廠商統一編號是否一致。

註 ③ :確認代表公司負責人與投標文件負責人是否一致。

註④⑥:確認公務記載蓋章欄是否具縣市主管機關戳章及核准登記日期文號。

註 ⑤ :審查所營事業營業項目與招標文件規定是否相符。

5.登記或設立證明-公司變更登記表

（公司印章）	（代表公司負責人印章）	股份有限公司變更登記表

註①

變更確認打 　公司章　　變更確認打　負責人章

變更核准文號
公司統一編號
公司聯絡電話　（　　）
僑外投資事業 □是 □否 公開發行 □是 □否
陸資 □是 □否
閉鎖性股份有限公司股東人數 _____ 人
複數表決權特別股 □有 □無
對於特定事項具否決權特別股 □有 □無
特別股股東被選為董事、監察人之禁止或限制 □有 □無
或當選一定名額之權利
原名稱 _____ 股份有限公司

印章請用油性印泥蓋章，並勿超出框格。

一、公司名稱（變更後）	中文	註②	股份有限公司
	（章程所訂）外文		
二、（郵遞區號）公司所在地（含辦公室樓層）	（　　）		
三、代表公司負責人	註③	四、每股金額(阿拉伯數字)	元
五、資本總額(阿拉伯數字)			元
六、實收資本總額(阿拉伯數字)			元
七、股份總數	股	八、已發行股份總數 1.普通股	股
		2.特別股	股
九、董事人數任期	人 自 年 月 日至 年 月 日 (含獨立董事 人)		
十、□監察人人數任期 或 □審計委員會	人 自 年 月 日至 年 月 日 本公司設置審計委員會由全體獨立董事組成替代監察人		
十一、公司章程修正（訂定）日期	年 月 日		

※變更登記日期文號 _____　※檔號 ____

公務記載蓋章欄

(一)申請表一式二份，於核辦後一份存核辦單位，一份送還申請公司收執。
(二)為配合電腦作業，請打字或電腦以黑色列印填寫清楚，數字部份請採用阿拉伯數字，並請勿折疊、挖補、浮貼或塗改。 註④
(三)※各欄如變更登記日期文號、檔號等，申請人勿填寫。
(四)違反公司法代表公司業務金額導致資本不實，公司負責人最高可處五年以下有期徒刑。
(五)為配合郵政作業，請於所在地加填郵遞區號。
(六)第十欄依公司章程內容，於「監察人人數任期」前註記■，並填寫人數任期；或於「審計委員會」前註記■，監察人之人數任期免填。
(七)閉鎖性股份有限公司應填列股東人數，以技術或勞務出資者應填列章程載明之給予股數與抵充金額（勞務出資僅適用閉鎖性股份有限公司）。

82

※審查重點：

註①②：確實核對公司名稱與投標廠商名稱、公司統一編號與
查詢拒絕往來廠商統一編號是否一致。

註 ③ ：確認代表公司負責人與投標文件載明之負責人是否一
致。

註 ④ ：確認公務記載蓋章欄是否具縣市主管機關戳章及核准
登記日期文號。

開審決大白話

6.登記或設立證明-縣市主管機關核准變更登記公函

OO 政府　　函

機關地址：
承辦人姓名：
電話：
傳真：

註①

受文者：　　　　　　　　　公司

發文日期：中華民國　年　月　日
發文字號：府產業商字第　　　號
速別：普通件
密等及解密條件：普通
附件：規費收據暨變更登記表1份

註②

主旨：貴公司（統一編號：　　　　　）申請公司遷址變更登記，准予登記。並請詳閱說明欄相關事項，以保障公司權益，請查照。

說明：
一、依公司法辦理臺端貴公司　年　月　日補正申請書。　註③
二、處分相對人名稱：　　　　　　　公司（代表人姓名：　）
　　、身分證照號碼：　　　）、公司所在地：
三、貴公司之營業場所（　市　　　　　）及營業項目「E605010電腦設備安裝業、F113050電腦及事務性機器設備批發業、F118010資訊軟體批發業、F213030電腦及事務性機器設備零售業、F218010資訊軟體零售業」（現場限作辦公室使用），經本府「營業場所協助查詢服務機構」協助查詢結果：（一）都市發展局回復意見：第1至5項符合規定，僅限4樓使用，現場僅限辦公室使用。（二）建築管理工程處回復意見：依「　市一定規模以下建築物免辦理變更使用執照管理辦法」得免辦理變更建物使用執照，惟營業場所現場用途限作辦公室使用，不得專為貯藏、展示或作為製造、加工、批發、零售場所使用，且現場不得貯存機具。
四、檢附規費收據暨變更登記表1份，請查收。
五、原公司地址：
六、對本行政處分如有不服，請依訴願法第14條及第58條規定，自行政處分書達到之次日起30日內，填具訴願書，向本府遞送（以實際收受訴願書之日期為準，而非投郵日），並將副本抄送經濟部（地址：
七、公司營業項目：E605010電腦設備安裝業、F113050電腦及事務性機器設備批發業、F118010資訊軟體批發業、F213030電腦及事務性機器設備零售業、F218010資訊軟體零售業、I103060管理顧問業、I301010資訊軟體服務業、I301020資料處理服務業、ZZ99999除許可業務外，得經營法令非禁止或限制之業務。

正本：
副本：

註④

84

※審查重點：

註①②③：確實核對受文者與投標廠商名稱、統一編號與查詢拒
　　　　　絕往來廠商統一編號是否一致，代表人姓名與投標文
　　　　　件載明之負責人是否一致。

註　④　：公司營業項目內容與招標文件規定是否相符。

開審決大白話

7.納稅證明-營業人銷售額與稅額申報書收執聯

營業人銷售額與稅額申報書（401）

86

※審查重點：

註　①　：確認為營業人銷售額與稅額申報書第二聯收執聯。

註②④⑤：核對營業人名稱與投標標封廠商名稱資料、統一編號與查詢拒絕往來廠商統一編號是否一致，負責人姓名與其他投標文件載明之負責人是否一致，確認具核收機關及人員戳章(或營業稅網路申報收件章)。

註　③　：以截止投標日為準，所屬年月份為最近一期或前一期。(按月申報之營業人，應於次月15日前；按期申報之營業人，應於次期開始15日內。例如：截止投標日為111年3月1日，最近一期為110年11-12月，前一期為110年9-10月)。

8. 納稅證明-營業稅額繳款書收執聯

第1頁／共1頁

| 國稅 註③ | 註② | 營 業 稅 繳 款 書 所屬年月份： 年 月 | 註① | 列印日期： 收執聯：本聯經收款蓋章後，交納稅 義務人收執作納稅憑證。 |

營業人名稱：			營利事業統一編號：	
營業地址：			稅籍編號：	
負責人姓名：		營業人電話：	繳納期限： 年 月 日	

| 項目 | 本稅 | | 應納稅額合計 | 便利商店蓋章或 收款公庫及經收人員蓋章 |
| 公庫計算 | 逾期加徵滯納金 | 逾滯納期加計利息 | 總計(元) | 註④ |

說明：
一、繳款前請核對各項填報資料，資料如有不符，請修正資料後再重新列印繳款書，不得直接於繳款書上修改，以避免納稅資料與條碼讀取內容不符，致生爭議。
二、按月申報之營業人，應於次月 15 日前繳納本月份應納稅額。按期申報之營業人，應於次期開始 15 日內繳納本期應納稅額。
三、納稅義務人逾限繳納（如逾例假日則順延）納稅者，每逾 3 日按滯納本稅加徵 1%滯納金至 30 日止，逾 30 日仍未繳納，且未申請復查者，依法移送強制執行，應納本稅於滯納期滿(30 日)之次日起依各年度 1 月 1 日郵政儲金 1 年期定期儲 金固定利率，按日加計利息，一併徵收。對加徵滯納金如有不服，應於滯納期滿(30 日)之翌日起 30 日內，申請復查。對本稅逾滯納期加計利息如有不服，應於滯納期滿(30 日)次日(處分生效日)之翌日起 30 日內，申請復查。
四、繳款書之代號與填報之申報書代號相同。
五、繳納方式：
　(一)臨櫃繳納：請至代收稅款金融機構繳納(郵局不代收)，稅額 3 萬元以下案件，可至統一、全家、萊爾富、來來(OK)等便利商店繳納。
　(二)晶片金融卡網路轉繳繳納：請至網路繳稅服務網站(網址：https://paytax.nat.gov.tw)進行繳納。
　※至便利商店或以晶片金融卡繳納者，繳納截止日開放至繳納期限屆滿後 3 日 24 時前，繳納期限屆滿後 3 日內繳納者，仍屬逾期繳納案

| 國 稅 | (稽徵機關名稱) 營業稅繳款書 所屬年月份： 年 月 (代號〔401〕一般稅額計算－專營應稅營業人使用) | | | 證明聯：本聯經收款蓋章後，交納稅 義務人持向稽徵機關申報。 |

營業人名稱：			統一編號：	
營業地址：			稅籍編號：	
負責人姓名：			繳納期限：	

| 項目 | 本稅 | | 應納稅額合計 | 便利商店蓋章或 收款公庫及經收人員蓋章 |
| 公庫計算 | 本稅逾期 天 加徵滯納金 % | 本稅逾滯納期 天 加計利息 | 總計(元) | |

※審查重點：

註 ① ：確認為營業稅繳款書收據聯。

註②④：核對營業人名稱與投標廠商名稱、統一編號與查詢拒絕往來廠商統一編號是否一致，負責人姓名與投標文件載明之負責人是否一致，確認具便利商店蓋章或收款公庫及經收人員核章。

註 ③ ：以截止投標日為準，所屬年月份為最近一期或前一期。

9 納稅證明-新設立公函

檔　號：
保存年限：

財政部○○國稅局　函

郵寄地址：　　　　　　　　註①　　　　　　機關地址：
　　　　　　　　　　　　　　　　　　　　　承辦人姓名：
　　　　　　　　　　　　　　　　　　　　　電話：
　　　　　　　　　　　　　　　　　　　　　傳真：

受文者：　　　　　公司（負責人：
　　　　　營業地址：
　　　　　　　　　　　　　）

發文日期：中華民國　年　月　日
發文字號：　區國稅
速別：普通件
密等及解密條件或保密期限：普通
附件：

主旨：貴公司（商號）（有限合夥）　年　月　日依加值型及非加值
　　　型營業稅法（以下簡稱營業稅法）第28條及稅籍登記規則第3
　　　條規定，申請稅籍設立登記一案，稅務部分准予辦理，請查
　　　照。

說明：
　一、茲核定營業稅有關事項如下：　　　　　　　　　　　　註②
　（一）貴公司（商號）（有限合夥）營業人統一編號為　　　　，稅
　　　籍編號為　　　　，主要行業代號　　　，中文名稱：其
　　　他藥品及醫療用品批發，營業地址：

　（二）核定為按一般稅額計算自動報繳使用統一發票之營業人。
　二、另有下列應行辦理事項，請依規定辦理：
　（一）使用帳簿：請依照稅捐稽徵機關管理營利事業會計帳簿憑

※審查重點：
新設立且未屆第一期營業稅繳納期限者，得以營業稅主管稽徵機
關核發之核准設立登記公函及申領統一發票購票證相關文件代
之(核定使用統一發票者)。
註①②：確實核對受文者與投標廠商名稱、統一編號與查詢拒絕
　　　　往來廠商統一編號是否一致。

10.納稅證明-統一發票購

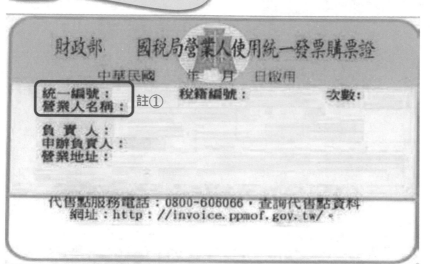

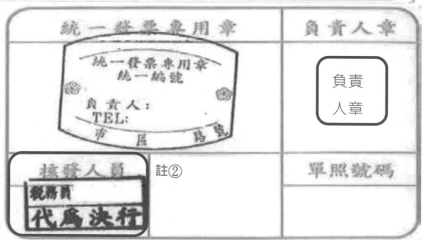

※審查重點：

上下圖為統一發票購票證正、反面。

註①：確實核對營業人名稱與投標廠商名稱、統一編號與查詢拒
　　　絕往來廠商統一編號是否一致。

註②：確認購票證背面具有主管機關核發人員戳章。

11.信用證明-第一類票據信用資料查覆單

第一類票據信用資料查覆單

茲將下列戶號(帳號)票據信用資料查覆如下，請　查照　　　　　　　　　　　　　　　　　　　　　註①

查詢日：110年　月　日　　　　　　　　　　　　　　查覆資料截止日：110年　月　日
戶名：　　　　　　公司　　　　　　　　　　　　　　戶號：
開戶行代號：　　　　　　　　　　　　　　　　　　　負責人戶號：
帳號：

查　覆　結　果　　　　　　　　　　　　　　　　　　　　　　　　　　　註②

一、退票與清償註記總數資訊(未清償註記提供最近三年內之退票未辦理清償註記者;已清償註記提供最近六個月內已辦理退票清償註記者)

退票理由	已清償註記		未清償註記	
	張數	金額	張數	金額
1.存款不足	0	0	0	0
2.發票人簽章不符	0	0	0	0
3.擅自指定金融業者為本票之擔當付款人	0	0	0	0
4.本票提示期限經過前撤銷付款委託	0	0	0	0

二、拒絕往來資訊
　　無拒絕往來紀錄。　　　　　　　註③

三、經通報終止為其本票擔當付款人資訊
　　未經通報終止為其本票擔當付款人。

四、開戶總數資訊
　　已在台灣地區全體金融票業者開立支票存款戶共 001 戶。

五、其他重大資訊
　　無。

六、關係戶資訊
　　無。

說明：
(1) 查覆單列印之戶號後有(*)註記者，係指該戶號經邏輯驗算為不合邏輯之資料。
(2) 查覆單列印之負責人戶號欄位空白者，係指該查詢申請單所填載之負責人，並非本所檔案中所建立該被查詢公司之負責人，如需所填載負責人票信資料者，請以負責人個人名義申請辦理。但查詢者提供被查詢公司之負責人相關資料，並經查證正確更改本所檔案資料後，該欄位即印查詢申請單所填載之負責人身分證統一編號。
(3) 因建檔及註記作業時差，本查覆單「查覆結果」欄之資料，其中第一、六兩項資訊，除有關清償註記資訊提供至查詢日之前一營業日外，其餘提供至資料截止日，另掛項資訊提供至查詢日。
(4) 不具法人人格之行號、團體，應以其負責人個人名義申請票據信用資料查詢。
(5) 本查覆單「查覆結果」欄之資料，第六項關係戶資訊如有戶名及戶號時，其詳細票信資料請另向本所查詢。
(6) 本查覆單不得為竄改、複製、發布或其他不當使用。
(7) 本查覆單以由票據交換所或受理查詢金融機構出具，始可作為證明之文件。

資料來源：台灣票據交換所

註④　　單位章　　　　註⑤

※審查重點：

註①：查詢日須為截止投標日之前半年內(例如：截止投標日為
111 年 3 月 25 日，查詢日須為 110 年 9 月 26 日之後)。
核對戶名(廠商名稱)及戶號(統一編號)是否正確，與查詢
拒絕往來廠商統一編號是否一致(不具法人人格之廠商，
應以其負責人個人戶方式申請票據信用資料查詢)。

註②：查覆結果「退票與清償註記總數資訊（未清償註記提供最
近三年內之退票未辦理清償註記者；已清償註記提供最近
六個月內已辦理退票清償註記者）」，如有退票但已辦妥清
償註記者，視同無退票紀錄。

註③：拒絕往來資訊是否為無拒絕往來紀錄。

註④：資料來源須為票據交換機構(台灣票據交換所)。

註⑤：須具有受理查詢之金融機構戳章。

四、特定資格

(一)依據資格標準第13條規定，機關辦理特殊或巨額採購，得視採購案件之特性及實際需要擇定投標廠商特定資格，評估可能符合特定資格之廠商家數，及檢討有無不當限制競爭。

特定資格	投標時應檢附之證明文件
具有相當經驗或實績	截止投標日前 5 年內，完成與招標標的同性質或相當之工程、財物或勞務契約，其單次契約金額或數量不低於招標標的預算金額或數量之 5 分之 2，或累計金額或數量不低於招標標的預算金額或數量。(單次≥5 分之 2；累計≥金額或數量)
具有相當人力	現有與招標標的有關之專業或一般人力證明。
具有相當財力	實收資本額≥預算 10 分之 1，或經會計師簽證或審計機關審定之財務報告及其所附報表： （一）權益≥預算金額 12 分之 1。 （二）流動資產≥流動負債。 （三）總負債金額≤權益 4 倍。
具有相當設備	與招標標的同性質或相當之工程、財物或勞務所需之自有設備。其尚無自有者，得以租賃、租賃承諾證明或採購中或得標後承諾採購證明代之。
符合國際或國家品質管理之驗證文件	ISO(註①)及 CNS(註②)證明。 (工程會 101.2.13 第 10000461290 號函)
其他經主管機關認定	依實際個案認定。

註①：國際品質管理之驗證文件，例如，ISO9001(品質管理系統)、ISO13485(醫療器材品質管理系統)及 ISO/TS16949(全球汽車業品質管理系統)等。

註②：國家品質管理之驗證文件，例如，CNS12681(品質管理系統要求)、CNS15013(醫療器材品質管理系統)及 CNS14790(全球汽車業品質管理系統)等。

(二)巨額採購之特定資格審查案例：

1.具有相當實績案例：

機關以限制性招標公開評選方式，辦理預算金額 3,000 萬元清潔勞務採購案，於招標文件訂定廠商特定資格：「投標時須檢附截止投標日前 5 年內，完成與招標標的同性質或相當之勞務契約，單次契約金額或數量不低於預算金額或數量之 5 分之 2，或累計金額或數量不低於預算金額或數量，得含採購機關出具之驗收證明」。111 年 3 月 3 日截止投標後，計有 A、B、C 三家廠商投標，各投標廠商檢附之特定資格證明文件分列如下，機關應如何審查？

A 廠商：檢附甲機關 106 年 1 月 30 日驗收合格紀錄(契約金額 2,000 萬元)。

B 廠商：檢附乙機關 107 年 5 月 20 日驗收合格紀錄(契約金額 1,000 萬元)及 109 年 5 月 25 日勞務契約書(契約金額 1,200 萬元)及部分驗收紀錄(完成金額 800 萬元)。

C 廠商：檢附丙機關 108 年 1 月 31 日驗收結算證明書(契約金額 1,500 萬元)。

審查重點：

　　本案截止投標日為 111 年 3 月 3 日，故投標廠商須提供截止投標前 5 年(106 年 3 月 4 日之後)完成勞務契約證明。其單次契約金額或數量不低於 1,200 萬元(預算金額 3,000 萬元*2/5=1,200 萬元)；或累計金額或數量不低於 3,000 萬元或數量。

廠商	審查結果	理由說明
A	不合格	所附甲機關 106 年 1 月 30 日驗收合格紀錄已逾截止投標日前 5 年。
B	不合格	所附乙機關 107 年 5 月 20 日驗收合格紀錄其完成履約之契約金額 1,000 萬元低於單次契約金額規定。 所附乙機關 109 年 5 月 25 日勞務契約書契約金額 1,200 萬元，但完成履約金額 800 萬元低於單次契約金額規定。 2 案累計完成金額為 1,800 萬元低於預算金額。
C	合格	所附丙機關 108 年 1 月 31 日驗收結算證明書(契約金額 1,500 萬元) 符合單次契約金額規定。

2.具有相當財力案例：

> 機關以公開招標方式辦理預算金額1億2,000萬元財
> 物採購案，於招標文件訂定廠商特定資格：「投標時
> 須檢附財力證明：實收資本額不低於預算金額之 10
> 分之 1，或經會計師簽證之上一會計年度或最近一年
> 度財務報告及其所附報表，其內容為：1.權益不低於
> 預算金額 12 分之 1；2.流動資產不低於流動負債；
> 3.總負債金額不超過權益 4 倍。」，請問機關如何審
> 查廠商檢附之財力證明？

審查重點：

　　機關預算金額 1 億 2,000 萬元，廠商投標時應檢附
財力證明應符合下列規定：

　　(1) 實收資本額不低於 1,200 萬元：

　　　　12,000 萬元*1/10=1,200 萬元。

　　(2) 權益不低於 1,000 萬元：

　　　　12,000 萬元*1/12=1,000 萬元。

　　(3)總負債金額不超過權益 4 倍：4,000 萬元。

✿溫馨提醒：有關訂定廠商經驗或實績、財力證明所訂期
　　　　　間、數量、金額或比例，機關不得限縮，但得
　　　　　視採購之性質及需要予以放寬。

五、規格文件

　　規格審查為投標內容符合採購功用或效能需求之重要
依據，實務中多由申購(或使用)單位人員到場進行規格審查
。標場上各廠商皆為競爭者，標場動靜可能牽動最終結果，
亦往往為廠商間相互關注或較量的一環。因申購單位也多

非採購專業人員，對於採購法規或程序也較為陌生，此時採購承辦人須以謹慎態度提供協助，如審查時主動提供公告規格相關文件或設備以利對照、查證，在審查過程中，申購單位如發現廠商文件內容有不明確、不一致，甚至矛盾等情形，採購承辦人可提醒開標主持人協助於標場上洽個別廠商說明或釐清，避免廠商間相互猜測，造成標場秩序混亂致程序無法進行或洩漏個別廠商投標內容。倘若申購單位無法到場審查或審查時間需費時長久，須將投標文件送至申購單位或離開標場處審查，亦須注意及提醒對廠商文件須為保密。

(一)規格文件是否符合招標文件規定

　　1.依招標文件所列規格，審標人員應逐項檢視並核對廠商投標規格文件(如：型錄、許可文件或原廠技術支援等)是否符合招標文件規定。如發現廠商投標文件內容有不明確、不一致或明顯打字或書寫錯誤之情形者，得通知投標廠商提出說明，以確認其正確內容，如為明顯打字或書寫錯誤，與標價無關，機關得允許廠商更正；審查結果應通知投標廠商，對規格審查不合格之廠商，應向其敘明原因(採購法第 51 條及施行細則第 60 條)。

　　2.如招標文件規定訂有測試品測試，藉以判斷採購標的是否達到需求效能，有關測試品測試一節，茲提供以下 3 點建議：

　　　(1)測試品與投標內容是否相符，數量是否符合招標文件規定。

　　　(2)測試品於測試時之環境、方法、或技術、操作人

員、測試次數、時間及判斷標準(依據招標公告標準)等,宜具公平性及一致性。且測試期間仍屬審標過程,建議全程攝(錄)影測試過程。

(3)測試結果不符合需求規格時,得洽請個別廠商說明或釐清。測試結果以數據或圖樣(照片)之書面資料為宜,並有測試人員簽章及記載測試日期;測試結果報告提供予採購承辦人留存作為審標結果之依據。

(二)同等品審查

1.機關辦理採購,依功能或效益訂定招標文件,在目的及效果上均不得限制競爭。招標文件不得要求或提及特定之商標或商名、專利、設計或型式、特定來源地、生產者或供應者。如無法以精確之方式說明招標需求,機關得於在招標文件內註明「或同等品」字樣,避免產生限制競爭之虞。(採購法第 26 條)

2.何謂「同等品」?即經機關審查認定,其功能、效益、標準或特性不低於招標文件規範內容。機關得視需求規定審查時機:(1)廠商於投標文件內預先提出。(2)得標廠商得於使用同等品前,依契約規定向機關提出。

3.機關辦理同等品審查方式(擇一)(1)自行審查(2)開會審查(3)委託審查。(採購法第 26 條執行注意事項)

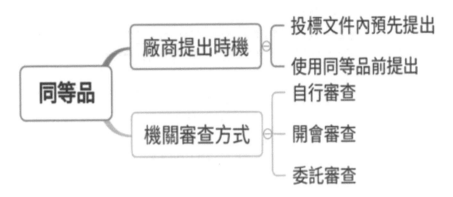

第二節 價格文件審查

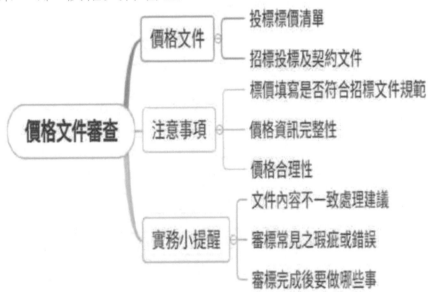

　　廠商間之價格競爭，為整個採購法「市場競爭」機制之體現，與價格有關之文件為「投標標價清單」、「招標投標及契約文件(下稱契約三用文件)」，及其相關審查重點說明如下：

一、價格文件及審查重點

(一)投標標價清單-投標標價清單範本(工程會 104.7.22 版)

投標標價清單範本

本清單應依下列規定填寫：

一、由投標廠商填寫後投標。其中項目、標的名稱、規格及數量各欄得由招標機關先行填寫供廠商投標。本清單可由廠商自行影印加頁填寫。

二、本清單所標示之總價，應包括招標文件所規定之所有應由廠商得標後辦理之履約事項之價金，不論該等事項是否已於本清單明確標示。

三、有下列情形者，應分項填寫本清單：(1)招標文件規定之主要部分；(2)招標文件規定應分項標示價格之項目；(3)訂定底價確有困難而不訂底價之特殊或複雜案件；(4)以最有利標決標；(5)分包；(6)分批付款；(7)分批供應；(8)維修用零配件；(9)維護修理費用；(10)不含於總標價內之機關保留選購權項目(註明不含於總標價內)；(11)不含於總標價內之廠商建議選購項目(註明不含於總標價內)。

四、投標標的產地(敘明國家或地區)：

五、續前項，屬進口者，其出口國家或地區：

六、標價條件：依招標文件之規定。

七、契約價金受款人名稱：

八、契約價金受款人地址：

註①

項目	標的名稱、規格及型號	數量	單價	本項總價	生產/製造/供應者	地址

總標價：

註②

新臺幣	億	仟萬	佰萬	拾萬	萬	仟	佰	拾	元	整

註：投標文件所載總標價之文字與號碼不符時，以文字為準。如以文字為數次表示之總標價不一致時，以最低額為準。

(招標文件允許以外幣報價者，上述新臺幣幣別得予調整)

※審查重點：

註①：確認項目、標的名稱、規格及型號、數量、單價、該項總價、生產/製造/供應者及地址等是否填寫完整，與規格文件是否一致。

註②：總標價金額是否正確清晰、完整，有無塗改後未蓋章之情形，如有該情形，得洽廠商說明，惟注意價格無法更正(亦請留意如招標文件載明廠商投標價格高於預算金額時，為不合格標)。

(二)契約三用文件範本 (工程會 104.7.22 版)

招標投標及契約文件範本

本文件為機關或機構(以下簡稱機關)依政府採購法(以下簡稱本法)招標、廠商投標及機關決標後簽訂契約三用文件。招標時由機關使用招標欄位並備齊招標文件後依規定招標;投標時由廠商使用投標欄位並備齊投標文件後依規定投標;決標後由機關使用決標欄位並附其必要之招標、投標及決標文件依規定簽章後即完成與得標廠商之簽約手續,不必再經將標廠商簽名或蓋章,並以機關蓋章之日為簽約日。

本文件為公開招標、選擇性招標之規格標與價格標及限制性招標之通用文件。以公開評選、篩選、徵求或其他方式辦理者,得參酌使用。

招標機關招標如下(以下各項由招標機關填寫並簽署招標)

一、採購案號:
二、招標機關名稱:
三、招標機關地址:
四、招標機關聯絡人(或單位):　　　　　電話:　　　　　傳真:
五、招標標的名稱及數量摘要:
六、收受投標文件場所之地址:
七、收受投標文件之截止期限:民國　年　月　日　午　時　分止。
八、其他事項如附件。
招標機關蓋章:
日期:民國　　年　　月　　日

投標廠商投標如下(以下各項由投標廠商填寫並簽署後投標) 註①

一、投標廠商名稱:
二、投標廠商地址:
三、投標廠商負責人:
四、投標廠商聯絡人:　　　　　電話:　　　　　傳真:
五、投標廠商營業登記統一編號(無者免填):
六、投標總標價: 註②

新臺幣	億	仟萬	佰萬	拾萬	萬	仟	佰	拾	元	整

註:投標文件所載總標價之文字與號碼不符時,以文字為準。如以文字為數次表示之總標價不一致時,以最低額為準。
(招標文件允許以外幣報價或以單價決標者,請自行調整)

七、其他事項如附件。

投標廠商章及負責人章 (外國廠商則由有權人簽署) : 註③

日期:中華民國　　　年　　　月　　　日

招標機關決標簽約如下(以下各項由招標機關填寫並簽署後完成簽約)

一、契約編號(無者免填):
二、決標標的名稱及數量摘要:
三、履約期限:
四、契約金額:

新臺幣	億	仟萬	佰萬	拾萬	萬	仟	佰	拾	元	整

(招標文件允許以外幣報價或以單價決標者,請自行調整)

五、其他事項如附件。
招標機關蓋章:
日期:中華民國　　　年　　　月　　　日

※審查重點:

註①:廠商名稱、地址、負責人及營業登記統一編號等資料是否

完整與投標文件是否一致。

註②：投標總標價是否清楚、完整，與投標標價清單總標價是否一致。

註③：確認具投標投標廠商章及負責人章或簽署。

二、價格文件審查注意事項

(一)標價填寫是否符合招標文件規定

依招標文件規定審查投標價格文件，確實核對投標總價金額(如為外幣報價，依決標前一辦公日臺灣銀行外匯交易收盤即期賣出匯率折算總價)有無高於公告預算(如招標文件載明廠商投標價格高於預算金額時，為不合格標)後，記載於開標紀錄表。

(二)標價完整性

審查「投標標價清單」及「契約三用文件」之總標價完整性。價格文件所記載之金額，其文字與號碼不符時，以文字為準。依施行細則第 60 條規定，機關審查廠商投標文件內容有不明確、不一致或明顯打字或書寫錯誤之情形者，得通知廠商說明，確認其正確內容。如與標價有關，不允許修改標價內容。

(三)標價合理性

最低標有無總標價或部分標價偏低，顯不合理，有降低品質、不能誠信履約之虞或其他特殊情形，如有，機關應依採購法第 58 條規定辦理。

三、審查實務小提醒

(一)投標文件內容不一致時，機關處理建議

態　樣	審查要點及處理
資格文件 不一致	得通知廠商說明，如文件內容明顯打字或書寫錯誤，與標價無關，機關得允許廠商更正。(採購法第 51 條及施行細則第 60 條)
規格文件 不一致	
總標價 不一致	總標價之文字與號碼不符時，以文字為準。以文字為數次表示之總標價不一致時，以最低額為準。
標價內容 未填寫	投標標價清單及契約三用文件總標價金額均未填寫，為不合格標。若有其一文件標價金額未填寫，機關得洽廠商說明。(注意：不允許廠商更正標價)
標價(或修改後)漏章或未簽署	契約三用文件如廠商漏蓋投標廠商章或負責人章，則為不合格。
其他	依據招標文件規定判斷廠商是否合格，例如： 1.投標標價高於預算金額：(如招標文件載明廠商投標價格高於預算金額時，為不合格標)於分段開標(資格規格審查合格後)及不分段開標，機關發現廠商投標總價高於預算金額時，依採購法第 50 條第 1 項第 2 款規定：「投標文件內容不符合招標文件之規定」判定為不合格標。 1.電子領標憑證或收據：確認憑證號碼有無重複或漏附領標憑證，廠商如無法於開標當場提出領標憑證，機關得洽廠商說明，由機關確認其說明是否合理。 2.出席代表授權書：非負責人親自出席，廠商代表需須提供具投標廠商章及負責人章之授權書。

(二)審標過程常見之瑕疵或錯誤

1. 未依招標文件規定，逐項審查投標文件。(例如：對某廠商僅審查部分內容)

2. 不必公開審標卻公開審標，導致洩漏個別廠商投標資料。

3. 未留意投標文件有無相互矛盾或隱藏不合於招標文件規定，例如：規格文件中文譯本內容與原廠文件不一致。

4. 誤以為公開招標方式辦理，於審標階段合於招標文件規定之投標廠商必須有三家，方可進行價格程序。

5. 誤以為開標當日必須完成審標作業。(審標時間無規定開標當日須完成審查)

6. 分段開標(如資格標、規格標及價格標)審標程序錯亂，誤以為先完成價格審查後，再進行資格及規格審查。(施行細則第 64 條之 2)

7. 分段開標，未開標之投標文件未發還廠商。(施行細則第 57 條第 2 項)

8. 審標結果，未以書面通知各投標廠商。(施行細則第 61 條)

(三)審標完成後要做哪些事

1. 填寫於開標紀錄表並宣布審標結果，再續行價格程序。

2. 審查結果應盡速通知投標廠商，最遲不得逾決標或廢標日 10 日，對不合格之廠商，並應敘明其原因。(採購法第 51 條、施行細則第 61 條)

標場實例見招拆招

○案例見招 1：

機關辦理公開招標最低標決標之採購，計有 A、B 兩家廠商投標，A 廠商於開標現場向開標主持人質疑 B 廠商到場人數逾招標文件規定最多 2 人之出席人數，應如何處理？

●機關拆招：

一、 建議機關應於招標文件載明參加開標之每一投標廠商出席人數，並於開標現場依招標文件規定確認每一投標廠商之出席人數。另依施行細則第 48 條第 2 項規定：「前項開標，應允許投標廠商之負責人或其代理人或授權代表出席。但機關得限制出席人數。」爰就本案而言，機關只能允許 B 廠商最多只能有 2 人進入開標現場參與開標，其餘人員於標場外等候。

二、 建議開標主持人於開標前先確認開標現場每家廠商到場人數，並向各廠商說明應依招標文件規定，遵守投標須知規定之人數限制，每家廠商於開標現場僅留下招標文件規定之開標人數。開標現場宜區分廠商座位區，保持適當距離，避免廠商間互相交談引起質疑。

參考法條與釋例：

施行細則第 48 條第 2 項規定：「前項開標，應允許投標廠商之負責人或其代理人或授權代表出席。但機關得限制出席人數。」

○案例見招 2：

機關辦理公開招標最低標決標之採購，第 1 次公告，計有 A、B、C 三家廠商投標，其中 A 廠商未依開標時間到達開標現場，開標後，於開標主持人審標過程中，A 廠商才到達開標現場，請問機關可否讓 A 廠商進入開標現場參與開標？

●機關拆招：

一、 本案已於招標文件訂明開標時間及地點，爰假若已屆原訂開標時間而投標廠商仍未到場時，機關仍應依招標公告所訂時間如期開標。

二、 於開標後，審標過程中，A 廠商才到開標現場，開標主持人應先洽該廠商代表確認其身份，確認其為 A 廠商代表後，則建議機關允許該廠商進場參與開標。

三、 於開標後，審標過程中，如有須洽廠商澄清說明事項，機關應依序洽請廠商說明，惟如該廠商未到場參與開標者，則視同放棄說明、減價、比減價格、協商、更改原報內容或重新報價，其不影響該廠商成為合於招標文件規定之廠商者，仍得以該廠商為決標對象。

四、 另為避免開標過程中任一階段，遲到之廠商進入開標現場引起其他廠商質疑，建議於招標文件依工程會 96.11.19 第 09600446460 號函說明二略以：「...請廠商於招標文件所定開標時間派員到指定之開標場所，以備依本法第 51 條、第 53 條、第 54 條或第 57 條辦理時提出說明、減價、比減價格、協商、更改原報內容或重新報價，未派員到場依通知期限辦理者，視同放棄」增列相關文字，以臻明確。

參考法條與釋例：

一、 施行細則第 48 條第 2 項規定：「前項開標，應允許投標廠

商之負責人或其代理人或授權代表出席。但機關得限制出席人數。」

二、 工程會 96.11.19 第 09600446460 號函說明:「採購法(以下簡稱本法)第 60 條規定:『機關辦理採購依第 51 條、第 53 條、第 54 條或第 57 條規定,通知廠商說明、減價、比減價格、協商、更改原報內容或重新報價,廠商未依通知期限辦理者,視同放棄。』所詢於招標文件預為載明『建議廠商派員到場接受機關之通知,廠商若未到場者,視同放棄』,建議改為『請廠商於招標文件所定開標時間派員到指定之開標場所,以備依本法第 51 條、第 53 條、第 54 條或第 57 條辦理時提出說明、減價、比減價格、協商、更改原報內容或重新報價,未派員到場依通知期限辦理者,視同放棄。』」

○案例見招 3:

機關辦理公開招標最低標決標之採購,開標後審查時發現 A 廠商之投標文件漏未檢附投標標價清單、投標廠商聲明書或採購契約文件暨合約書,應如何處理?

●機關拆招:

開標後發現 A 廠商漏未檢附投標標價清單、投標廠商聲明書或採購契約文件暨合約書,應依採購法第 50 條第 1 項第 1 款規定:「未依招標文件之規定投標」判定 A 廠商為不合格。

🗐參考法條與釋例:

採購法第 50 條規定:「投標廠商有下列情形之一,經機關於開標前發現者,其所投之標應不予開標;於開標後發現者,應不決標予該廠商:一、未依招標文件之規定投標。」

開審決大白話

○案例見招 4：

機關辦理公開招標最低標決標之採購，開標後於開標現場發現 A 廠商有錄音、錄影之情形，應如何處理？

●機關拆招：

一、 於開標現場，應確認廠商是否確實有錄音、錄影行為等情形，如確認 A 廠商有前開情形，應依採購法第 57 條第 1 項第 1 款規定：「開標、投標、審標程序及內容均應予保密。」向 A 廠商說明開標過程中，機關須對廠商之投標資料及未決標前之底價進行保密。故開標過程中，有對廠商投標文件盡保密之義務，縱使 A 廠商主張不會拍攝到其他廠商之投標文件，但機關辦理開標、審標、比價、議價、決標等作業，如涉及廠商投標文件內容，除法令另有規定外，應保守秘密，不得允許廠商自行錄音或錄影。

二、 另為避免投標廠商於開標現場有錄音或錄影之情形發生，若於開標現場過程中再制止廠商錄音或錄影等行為，恐影響開標現場秩序，因此建議開標主持人可於進行開標前先行告知各廠商於開標過程中請勿錄音或錄影。

📋參考法條與釋例：

一、 採購法第 34 條第 4 項之規定：「機關對於廠商投標文件，除供公務上使用或法令另有規定外，應保守秘密。」

二、 採購法第 57 條第 1 項之規定略以：「....開標、投標、審標程序及內容均應予保密。」

三、 工程會 106.11.8 第 10600325100 號函：四第(二)款：「按採購法第 34 條第 4 項規定：「機關對於廠商投標文件，除供公務上使用或法令另有規定外，應保守秘密。」

○案例見招 5：

機關辦理公開招標最低標決標之採購，開標後審查時發現 A 廠商將押標金以現金檢附於投標標封內，應如何處理？

●機關拆招：

一、 本案開標後審查時發現 A 廠商將押標金以現金檢附於投標標封內

　　，機關應依採購法第 50 條第 1 項第 1 款規定：「未依招標文件規定投標。」判定其為不合格。

二、 A 廠商倘若想以現金繳納押標金者，應至招標文件指定之收受處所繳納或匯撥至指定金融機構帳號，不得將現金併同投標文件檢送，A 廠商如將現金併同投標文件檢送，則屬「未依招標文件之規定投標」，判定其為不合格標。

📑參考法條與釋例：

一、 「押標金保證金暨其他擔保作業辦法」第 6 條第 1 項規定：「招標文件規定廠商須繳納押標金者，應一併載明廠商應於截止投標期限前繳納至指定之收受處所或金融機構帳號。除現金外，廠商並得將其押標金附於投標文件內遞送。」及第 11 條之規定：「招標文件規定廠商須繳納押標金者，應一併載明廠商應於截止投標期限前繳納至指定之收受處所或金融機構帳號。」

二、 採購法第 50 條第 1 項第 1 款規定：「投標廠商有下列情形之一，經機關於開標前發現者，其所投之標應不予開標；於開標後發現者，應不決標予該廠商：一、未依招標文件之規定投標…。」

○案例見招 6：

機關辦理公開招標最低標決標之採購，計有A、B兩家廠商投標，開標後，兩家廠商經比減程序，A 廠商減價後進入底價，開標主持人宣布決標後，才接獲收發人員通知遺漏 C 廠商之投標文件，應如何處理？

● 機關拆招：

一、 於決標後，方接獲收發人員通知，本案尚有 C 投標廠商標封遺漏在收發室，開標主持人應先確認該廠商投標標封是否有書明投標廠商名稱及地址，且係於截止投標期限前完成遞件，並儘速查明該投標廠商是否為非拒絕往來廠商，若該廠商符合施行細則第 55 條規定之要件，應列入本案合格廠商家數。開標主持人應通知所有合格之投標廠商及監辦人員重回開標現場，補行該廠商漏開之標封，完成審標程序。如現場人員均已離席，則建議開標主持人另訂開標日期及時間並通知所有合格之投標廠商及監辦人員。

二、 機關重行開標程序，如 C 廠商經資格及規格審查結果均為合格，則機關應更正原決標之結果。

🗐 參考法條與釋例：

一、 採購法第 33 條規定：「(第 1 項)廠商之投標文件，應以書面密封，於投標截止期限前，以郵遞或專人送達招標機關或其指定之場所。(第 2 項)前項投標文件，廠商得以電子資料傳輸方式遞送。但以招標文件已有訂明者為限，並應於規定期限前遞送正式文件。」

二、 施行細則第 55 條規定：「本法第 48 條第 1 項所稱三家以上合格廠商投標，指機關辦理公開招標，有三家以上廠商投標，且符合下列規定者：一、依本法第 33 條規定將投標

文件送達於招標機關或其指定之場所...。」

三、 採購法第84條第1項規定:「廠商提出異議或申訴者,『招標機關評估其事由,認其異議或申訴有理由者,應自行撤銷、變更原處理結果,或暫停採購程序之進行』。但為應緊急情況或公共利益之必要,或其事由無影響採購之虞者,不在此限。」及施行細則第105條之1:「招標機關處理異議為不受理之決定時,『仍得評估其事由,於認其異議有理由時,自行撤銷或變更原處理結果或暫停採購程序之進行。』」

○案例見招7:

機關辦理公開招標最低標決標之採購,開標後審標時發現 A 廠商並未檢附押標金支票或任何押標金繳納收據,經詢問 A 廠商結果,表示係以現金繳納押標金,應如何處理?

●機關拆招:

一、 本案開標後,剪開標封後發現 A 廠商漏未檢附押標金相關資料,經詢問 A 廠商,其表示以現金繳納至機關指定之收受處所或金融機構帳號,可請廠商提供繳納證明,或詢問出納單位,此筆金額是否有繳納相關紀錄,如確認 A 廠商有繳納,則判定其資格合格,續行審標程序。

二、 依採購法第30條規定:「機關辦理招標,應於招標文件中規定投標廠商須繳納押標金...押標金及保證金應由廠商以現金、金融機構簽發之本票或支票、保付支票、郵政匯票、政府公債、設定質權之金融機構定期存款單、銀行開發或保兌之不可撤銷擔保信用狀繳納,或取具銀行之書面連帶保證、保險公司之連帶保證保險單為之。」

📖 參考法條與釋例：

採購法第 30 條。

○ 案例見招 8：

機關辦理公開招標最低標決標之採購，開標後審查時發現 A 廠商檢附之押標金支票受款人欄位空白，應如何處理？

● 機關拆招：

於開標現場，發現 A 廠商所檢附押標金支票受款人欄位空白，機關依「押標金保證金暨其他擔保作業辦法」第 7 條規定：「押標金或保證金以金融機構本票、支票、保付支票或郵政匯票繳納者，應為即期並以機關為受款人。未填寫受款人者，以執票之機關為受款人。」及工程會 90.8.24 第 90032047 號令增訂：「未填寫受款人者，以執票之機關為受款人。」爰該廠商投標之押標金支票仍屬有效，應判定為合格。

📖 參考法條及釋例：

一、 「押標金保證金暨其他擔保作業辦法」第 7 條第 1 項規定：「押標金或保證金以金融機構本票、支票、保付支票或郵政匯票繳納者，應為即期並以機關為受款人。未填寫受款人者，以執票之機關為受款人。」

二、 採購法第 30 條第 2 項規定：「押標金及保證金應由廠商以現金、金融機構簽發之本票或支票、保付支票、郵政匯票、政府公債、設定質權之金融機構定期存款單、銀行開發或保兌之不可撤銷擔保信用狀繳納，或取具銀行之書面連帶保證、保險公司之連帶保證保險單為之。」

三、 工程會 90.8.24 第 90032047 號令增訂：「未填寫受款人者，以執票之機關為受款人。」

○案例見招 9：

機關辦理公開招標最低標決標之採購，於本案投標須知規定投標廠商須繳納押標金 10 萬元，開標後審標時發現 A 廠商所檢附之金融機構開立之押標金支票金額為 15 萬元，應如何處理？

●機關拆招：

一、 剪開標封後，發現 A 廠商所檢附之押標金支票金額為 15 萬元，依本案投標須知規定押標金金額為 10 萬元，該廠商所繳納之押標金支票金額超過本案投標須知規定金額，因該廠商所繳納押標金金額足額，故為合格。如機關於本案投標須知規定，押標金與履約保證金金額相同，應依「押標金保證金暨其他擔保作業辦法」第 14 條第 1 項規定：「得標廠商以其原繳納之押標金轉為履約保證金者，押標金金額如超出招標文件規定之履約保證金金額，超出之部分應發還得標廠商。」亦即有溢繳部分，應發還得標廠商。

二、 又如 A 廠商經比(減)價後，非本案決標對象，機關應依採購法第 31 條第 1 項「機關對於廠商所繳納之押標金，應於決標後無息發還未得標之廠商。廢標時，亦同。」之規定辦理。

參考法條及釋例：

一、 採購法第 31 條規定：「(第 1 項)機關對於廠商所繳納之押標金，應於決標後無息發還未得標之廠商。廢標時，亦同。」

二、 「押標金保證金暨其他擔保作業辦法」第 14 條規定：「(第 1 項)得標廠商以其原繳納之押標金轉為履約保證金者，押標金金額如超出招標文件規定之履約保證金金額，超出之部分應發還得標廠商。」

○案例見招 10：

機關辦理公開招標最低標決標之採購，開標後審標時發現 A 廠商檢附之押標金支票為某某農會所開立，請問該廠商所檢附之押標金支票是否有效？

●機關拆招：

一、 開標後審查時發現 A 廠商所檢附押標金支票係為農會開立之支票，依「押標金保證金暨其他擔保作業辦法」第 2 條第 1 項第 1 款所稱金融機構定義範圍為農會信用部(非農會)，爰機關應依採購法第 50 條第 1 項第 1 款規定：「一、未依招標文件之規定投標。」判定該投標廠商不合格。

二、 實務上開標現場偶有發生投標廠商以農會開立之支票檢附於投標文件內遞送，然機關未即時發現該押標金支票非農會信用部開立，即直接判定合格，建議機關開標後如發現有廠商檢附農會開立之押標金支票，開標主持人應查明該農會是否為「押標金保證金暨其他擔保作業辦法」所認定之金融機構。

📄參考法條及釋例：

一、 採購法第 50 條規定：「投標廠商有下列情形之一，經機關於開標前發現者，其所投之標應不予開標；於開標後發現者，應不決標予該廠商：一、未依招標文件之規定投標。二、投標文件內容不符合招標文件之規定。」

二、 「押標金保證金暨其他擔保作業辦法」第 2 條第 1 項第 1 款規定：「金融機構：指經中央目的事業主管機關核准得辦理本票、支票或定期存款單之銀行、信用合作社、農會信用部、漁會信用部及中華郵政股份有限公司。」

三、 財政部 70.10.29 第 23050 號函：「為配合農會信用業務需

要，並便利農民會員融通資金，農會信用部得辦理會員支票戶之透支業務。」

○案例見招 11：

機關辦理公開招標最低標決標之採購，開標後審標時發現 A 廠商之投標廠商聲明書欄位未勾選且未蓋上投標廠商章及負責人章，應如何處理？

●機關拆招：

一、 本案開標後審查時發現 A 廠商之投標廠商聲明書欄位未勾選且未蓋投標廠商章及負責人章，機關應依採購法第 50 條第 1 項第 1 款規定：「未依招標文件規定投標。」及投標廠商聲明書附註 6：「本聲明書填妥後附於投標文件遞送。」判定其為資格不合格。

二、 另工程會 98.1.23 第 09700533210 號函說明四：「機關於辦理審標時，如發現廠商於該聲明事項答「是」或未答者，其所投之標，不予開標、決標。」

📋參考法條與釋例：

一、 採購法第 50 條第 1 項第 1 款規定：「投標廠商有下列情形之一，經機關於開標前發現者，其所投之標應不予開標；於開標後發現者，應不決標予該廠商：一、未依招標文件之規定投標...。」

二、 工程會 98.1.23 第 09700533210 號函說明四：「機關於辦理審標時，如發現廠商於該聲明事項答「是」或未答者，其所投之標，不予開標、決標。」

○案例見招 12：

機關辦理公開招標最低標決標之採購，計有 A、B 兩家廠商投標，開標後，審查時發現 A 廠商所檢附投標文件內之投標廠商聲明書第 8 點「本廠商就本採購案，係屬公職人員利益衝突迴避法第 2 條及第 3 條所稱公職人員或其關係人。」於「是」欄位打 V，但未提出事前揭露表，應如何處理？

● 機關拆招：

一、 開標後審查時發現 A 廠商所檢附投標廠商聲明書其中第 8 點於「是」欄位打 V，應先與 A 廠商出席代表確認投標廠商聲明書第 8 點勾選「是」的原因，與本機關有關係人身份為何？確認身份後，應請 A 廠商依「公職人員利益衝突迴避法」第 2 條及第 3 條規定：「本法所稱公職人員，其範圍如下：...三、政務人員...」填寫「公職人員利益衝突迴避法第 14 條第 2 項公職人員及關係人身分關係揭露表」事前申請表，並請本案相關關係人迴避，再續行開標程序。倘若 A 廠商係為決標對象，決標後，機關須上網至公職人員及關係人身分公開揭露專區刊登公告。

二、 決標後發現若 A 廠商就本採購案，係屬「公職人員利益衝突迴避法」第 2 條及第 3 條所稱公職人員或其關係人者，卻漏未填寫或提供「公職人員利益衝突迴避法第 14 條第 2 項公職人員及關係人身分關係揭露表」，機關應依「公職人員利益衝突迴避法」第 18 條第 1 項處罰，並依同法第 21 條規定：「依本法裁處罰鍰確定者，由處分機關刊登政府公報，並公開於電腦網路」刊登政府公報。

📋 參考法條及釋例：

一、 工程會 88.11.24 第 8819023 號函。

二、 「公職人員利益衝突迴避法」第 2 條規定：「...十一、其他各級政府機關（構）、公營事業機構、各級公立學校、軍警院校、矯正學校及附屬機構辦理工務、建築管理、城鄉計畫、政風、會計、審計、採購業務之主管人員...。」

三、 「公職人員利益衝突迴避法」第 3 條規定：「本法所定公職人員之關係人，其範圍如下：一、公職人員之配偶或共同生活之家屬。二、公職人員之二親等以內親屬...。」

四、 「公職人員利益衝突迴避法」第 14 條規定：「公職人員或其關係人，不得與公職人員服務或受其監督之機關團體為補助、買賣、租賃、承攬或其他具有對價之交易行為。但有下列情形之一者，不在此限：一、依政府採購法以公告程序或同法第 105 條辦理之採購。二、依法令規定經由公平競爭方式，以公告程序辦理之採購、標售、標租或招標設定用益物權。三、基於法定身分依法令規定申請之補助；或對公職人員之關係人依法令規定以公開公平方式辦理之補助，或禁止其補助反不利於公共利益且經補助法令主管機關核定同意之補助。」

五、 「公職人員利益衝突迴避法」第 18 條。

六、 「公職人員利益衝突迴避法」第 21 條。

○案例見招 13：

機關辦理公開招標最低標決標之採購，計有 A、B 兩家廠商投標，開標後審查時確認 A 廠商之投標廠商聲明書第 8 點「本廠商就本採購案，係屬「公職人員利益衝突迴避法」第 2 條及第 3 條所稱公職人員或其關係人。」於「否」欄位打 Ｖ，經比減價後，A 廠商為底價以內最低標，遂決標予 A 廠商，決標次日機關接獲 B 廠商檢舉函，指稱 A 廠商負責人係為機關首長二等親，應如何處理？

●機關拆招：

一、 機關接獲 B 廠商檢舉函後，應先確認 A 廠商業務代表是否確實為機關首長二等親，若經查證屬實，則依採購法第 50 條第 2 項及第 84 條第 1 項規定辦理撤銷決標。

二、 機關除撤銷 A 廠商原決標結果外，應依採購法第 31 條第 2 項第 1 款規定：「一、以虛偽不實之文件投標。」不予發還其所繳納之押標金。另參酌採購法第 101 條第 1 項第 4 款規定：「四、以虛偽不實之文件投標、訂約或履約，情節重大者。」，機關應評估情節是否重大並召開工作小組審議是否將其刊登為拒絕往來廠商。

參考法條及釋例：

一、 採購法第 50 條第 2 項規定：「決標或簽約後發現得標廠商於決標前有第一項情形者，應撤銷決標、終止契約或解除契約，並得追償損失。但撤銷決標、終止契約或解除契約反不符公共利益，並經上級機關核准者，不在此限。」

二、 採購法第 84 條第 1 項規定：「廠商提出異議或申訴者，招標機關評估其事由，認其異議或申訴有理由者，應自行撤銷、變更原處理結果，或暫停採購程序之進行。但為應緊

急情況或公共利益之必要，或其事由無影響採購之虞者，不在此限。」

三、 採購法第 31 條第 2 項第 1 款規定：「一、以虛偽不實之文件投標。」

四、 採購法第 101 條第 1 項第 4 款規定：「四、以虛偽不實之文件投標、訂約或履約，情節重大者。」

五、 「公職人員利益衝突迴避法」第 18 條。

○案例見招 14：

機關辦理公開招標最低標決標之採購，開標後審標時發現 A 廠商檢附兩張投標標價清單，且投標總標價金額相同，應如何處理？

●機關拆招：

本案開標後審查時發現 A 廠商檢附 2 張投標標價清單，即應依採購法第 51 條第 1 項及施行細則第 60 條第 1 項規定審查廠商投標文件，確認 A 廠商所檢附之 2 張投標標價清單投標價格是否相同，如確定 2 張投標標價清單投標價格相同，因不影響 A 廠商報價之意思表示，僅為重複檢附相同之投標文件，爰判定其合格。

參考法條與釋例：

一、 採購法第 51 條第 1 項規定：「機關應依招標文件規定之條件，審查廠商投標文件，對其內容有疑義時，得通知投標廠商提出說明。」

二、 施行細則第 60 條第 1 項規定：「機關審查廠商投標文件，發現其內容有不明確、不一致或明顯打字或書寫錯誤之情形者，得通知投標廠商提出說明，以確認其正確之內容。」

○案例見招 15：

機關辦理公開招標最低標決標之採購，開標後審標時發現 A 廠商並未檢附押標金支票或任何押標金繳納收據，經詢問 A 廠商結果，表示係採線上繳納押標金之方式繳納，應如何處理？

●機關拆招：

一、 為利廠商以電子化方式繳納押標金，工程會 108.6.11 第 1080100518 號函釋公告將自 108 年 7 月 1 日起啟用政府電子採購網「線上繳納押標金」服務。

二、 開標後，若 A 廠商表示是使用線上繳納押標金方式繳納時，開標主持人應登入政府電子採購網，利用「政府採購>開標管理>押標金作業>已繳納押標金查詢」功能，查詢 A 廠商線上繳納押標金成功紀錄。若經查證後，確認該廠商確實已完成押標金之繳納，則判定為合格。

📖參考法條及釋例：

一、 工程會 108.6.11 第 1080100518 號函說明三略以：「...本會業與台灣票據交換所合作，由政府電子採購網介接該所「金融業即時代收服務繳費平臺」(eFCS)，提供「線上繳納押標金」服務（下稱本服務，說明簡報如附件一），提供廠商於政府電子採購網線上即時繳納押標金；機關開標時可線上查詢及審查廠商繳納押標金情形之功能，以節省廠商及機關之人力與時間，並可減少錯誤...。」

二、 工程會 108.12.27 第 1080031564 號函說明二：「廠商利用本服務線上即時繳納押標金成功後，機關可登入政府電子採購網，利用「政府採購>開標管理>押標金作業>已繳納押標金查詢」功能，查詢廠商線上繳納押標金成功紀錄。」

○案例見招 16：

機關辦理公開招標最低標決標之採購，於該案招標文件並未允許投標廠商提出替代方案或同等品，開標後審標時發現 A 廠商檢附二種規格型錄，應如何處理？

●機關拆招：

開標審標時發現 A 廠商附有 2 種規格型錄文件，因本案於招標文件並未規定允許投標廠商提出替代方案或同等品，應依工程會 89.1.5 第 88022893 號函說明二：「招標文件未規定允許廠商提出替代方案者，如同一投標廠商就同一採購提供 2 種樣品並分報 2 種價格，違反本法施行細則第 33 條第 1 項之規定。」判定 A 廠商係屬未依招標文件之規定投標之情形，違反施行細則第 33 條第 1 項及採購法第 50 條第 1 項第 1 款情形，判定 A 廠商為不合格。

📖參考法條與釋例：

一、 工程會 89.1.5 第 88022893 號函說明二：「招標文件未規定允許廠商提出替代方案者，如同一投標廠商就同一採購提供二種樣品並分報二種價格，違反本法施行細則第 33 條第 1 項之規定。」

二、 採購法第 50 條第 1 項第 1 款規定：「未依招標文件規定投標。」

三、 施行細則第 33 條第 1 項規定：「同一投標廠商就同一採購之投標，以一標為限；其有違反者，依下列方式處理：一、開標前發現者，所投之標應不予開標。二、開標後發現者，所投之標應不予接受。」

○案例見招 17：

> 機關辦理公開招標最低標決標之採購，A 廠商於截止投標期限前 2 天致電採購承辦人表示其已完成投標，但標封內不小心檢附到未填寫之投標標價清單，採購承辦人允許其於截止投標期限前補正投標標價清單，開標後審查時發現 A 廠商檢附 2 張投標標價清單，發現其中 1 張投標標價清單內容完全空白，應如何處理？

● 機關拆招：

一、 本案開標後審查時發現 A 廠商檢附 2 張投標標價清單，其中 1 張為內容空白，在確認 A 廠商係於截止投標期限前完成補正投標標價清單後，該廠商符合施行細則第 33 條第 1 項前段：「同一投標廠商就同一採購之投標，以一標為限…」規定，判定其為合格標。

二、 依採購法第 51 條第 1 項及施行細則第 60 條規定審查廠商投標文件，縱使 A 廠商檢附 2 張投標標價清單，其中 1 張為內容空白，尚不影響其投標之報價內容，爰判定其合格。

📖參考法條與釋例：

一、 施行細則第 33 條規定：「同一投標廠商就同一採購之投標，以一標為限；其有違反者，依下列方式處理：一、開標前發現者，所投之標應不予開標。二、開標後發現者，所投之標應不予接受。」

二、 採購法第 51 條第 1 項規定：「機關應依招標文件規定之條件，審查廠商投標文件，對其內容有疑義時，得通知投標廠商提出說明。」

三、 施行細則第 60 條規定：「(第 1 項)機關審查廠商投標文件，發現其內容有不明確、不一致或明顯打字或書寫錯誤之情形者，得通知投標廠商提出說明，以確認其正確之內容。(第

2 項)前項文件內明顯打字或書寫錯誤，與標價無關，機關得允許廠商更正。」

○案例見招 18：

機關辦理公開招標最低標決標之採購，於開標後審標時發現有 A 廠商之投標標價清單及相關投標文件之負責人蓋章處均為該公司總經理印章，請問 A 廠商檢附之投標文件是否有效?

●機關拆招：

依據「公司法」第 8 條規定，公司負責人在無限公司、兩合公司為執行業務或代表公司之股東；在有限公司、股份有限公司為董事，另「公司法」第 31 條規定，經理人之職權，除章程規定外，並得依契約之訂定。經理人在公司章程或契約規定授權範圍內，有為簽名之權。故本案 A 廠商之公司負責人得以公司總經理代之，所檢附之投標文件為有效。

參考法條與釋例：

一、「公司法」第 8 條第 1 項規定略以：「...公司負責人在無限公司、兩合公司為執行業務或代表公司之股東；在有限公司、股份有限公司為董事。」同條第 2 項：「公司之經理人、清算人或...，在執行職務範圍內，亦為公司負責人。」

二、「公司法」第 31 條第 1 項規定：「經理人之職權，除章程規定外，並得依契約之訂定。」同條第 2 項：「經理人在公司章程或契約規定授權範圍內，有為公司管理事務及簽名之權。」

○案例見招 19：

機關辦理公開招標最低標決標之採購，計有 A、B 兩家廠商投標開標後，審標人員審標時，A 廠商於現場聲明異議指出 B 廠商檢附之投標資料與本案招標公告之規格不符，要求開標主持人公開 B 廠商檢附之投標資料，並判其不合格，應如何處理？

●機關拆招：

一、 開標後，審標人員審標過程中，若遇廠商質疑競標廠商所投標之規格文件，開標主持人應加以制止，維持開標現場秩序，並尊重審標人員之專業判斷，避免干擾審標人員進行規格審查作業。

二、 對於 A 廠商向開標主持人要求公開 B 廠商投標資料之情事，因係屬政府採購錯誤態樣行為序號九、審標程序(三)「不必公開審標卻公開審標，致洩漏個別廠商資料。」開標主持人須當場拒絕 A 廠商之要求，若開標主持人允許 A 廠商查看 B 廠商之投標文件，則違反政府採購錯誤態樣行為序號九、審標程序(十)「允許投標廠商查看其他廠商之投標文件。」因此開標主持人應予以拒絕，若 A 廠商仍有疑議，請依採購法第 75 條規定以書面向機關提出異議。

▤參考法條與釋例：

一、 政府採購錯誤態樣行為序號九、審標程序(三)「不必公開審標卻公開審標，致洩漏個別廠商資料。」及(十)「允許投標廠商查看其他廠商之投標文件。」

二、 採購法第 34 條第 4 項規定：「機關對於廠商投標文件，除供公務上使用或法令另有規定外，應保守秘密。」

三、 採購法第 75 條第 1 項第 3 款規定：「三、對採購之過程、結果提出異議者，為接獲機關通知或機關公告之次日起 10

日。其過程或結果未經通知或公告者,為知悉或可得而知悉之次日起 10 日。但至遲不得逾決標日之次日起 15 日。」

○案例見招 20:

機關辦理公開招標最低標決標之採購,於開標後審標時發現 A 廠商檢附經濟部商業司網站查詢列印 OO 公司核准設立證明文件,決標後 A 廠商另提出縣市政府核准變更公司負責人之公函正本,請問 A 廠商是否仍為得標廠商?

●機關拆招:

依工程會 88.10.26 第 8816585 號函釋意旨,決標後,A 廠商變更公司負責人,致原投標證明文件影本與得標後所提正本之部分內容(負責人)不相符,如該廠商對外關係仍屬同一法律主體,且無採購法第 50 條第 1 項各款之情形者,該廠商仍具有得標資格,故本案 A 廠商仍為得標廠商。

📖參考法條與釋例:

工程會 88.10.26 第 8816585 號函釋得標廠商之得標資格疑義:「首揭工程得標廠商因於投標前申辦公司變更登記,致原投標證明文件影本與得標後所提正本之部分內容(負責人及營業所在地)不盡相符乙節,如該公司對外關係仍屬同一法律主體,且無採購法第 50 條第 1 項各款之情形者,該廠商仍具有得標資格。」

○案例見招 21：

機關辦理公開招標最低標決標之採購，僅 A 廠商投標，該案招標文件允許得標廠商於履約交貨時提出替代方案或同等品，開標後審標時發現 A 廠商於投標文件檢附與招標規格相符之同等品，機關得否直接判定 A 廠商合格？

● 機關拆招：

一、 本案係屬公告金額以上之公開招標採購案，依採購法第 26 條第 3 項略以：「...但無法以精確之方式說明招標要求，而已在招標文件內註明諸如「或同等品」字樣者，不在此限。」及「政府採購法第 26 條執行注意事項」第 1 項：「本注意事項適用於公開招標、選擇性招標及其他不以特定廠商之技術規格為邀標標的之限制性招標。」之規定辦理採購公告。

二、 本案已於招標文件規定允許廠商於履約交貨時提出替代方案或同等品，依施行細則第 25 條及「採購法第 26 條執行注意事項」第 10 項規定：「(一)招標文件註明「或同等品」字樣，並規定廠商如欲提出同等品者，應於投標文件內預先提出。其經審查非同等品者，為不合格之廠商。(二)招標文件註明「或同等品」字樣，並規定得標廠商如欲提出同等品者，得於使用同等品前，向機關提出，及機關審查同等品所需時間。」爰本案 A 廠商於投標時或決標後，使用同等品前提出同等品之相關資料，皆屬合格。

📖 參考法條與釋例：

一、採購法第 26 條第 3 項規定略以：「...但無法以精確之方式說明招標要求，而已在招標文件內註明諸如「或同等品」字樣者，不在此限。」

二、 施行細則第 25 條規定:「(第 1 項)本法第 26 條第 3 項所稱同等品,指經機關審查認定,其功能、效益、標準或特性不低於招標文件所要求或提及者。(第 2 項)招標文件允許投標廠商提出同等品,並規定應於投標文件內預先提出者,廠商應於投標文件內敘明同等品之廠牌、價格及功能、效益、標準或特性等相關資料,以供審查。(第 3 項)招標文件允許投標廠商提出同等品,未規定應於投標文件內預先提出者,得標廠商得於使用同等品前,依契約規定向機關提出同等品之廠牌、價格及功能、效益、標準或特性等相關資料,以供審查。」

三、 「政府採購法第 26 條執行注意事項」第 1 項規定:「本注意事項適用於公開招標、選擇性招標及其他不以特定廠商之技術規格為邀標標的之限制性招標。」

四、 「政府採購法第 26 條執行注意事項」第 10 項規定:「(一)招標文件註明「或同等品」字樣,並規定廠商如欲提出同等品者,應於投標文件內預先提出。其經審查非同等品者,為不合格之廠商。(二)招標文件註明「或同等品」字樣,並規定得標廠商如欲提出同等品者,得於使用同等品前,向機關提出,及機關審查同等品所需時間。」

○案例見招 22：

機關辦理公開招標最低標決標之採購，於招標文件載明廠商須檢
附電子領標憑證或收據。第 1 次招標公告截止投標後，計有 A、
B 兩家廠商投標，因未達採購法法定家數三家，故予以流標，第
2 次招標公告截止投標後，僅 A 廠商投標，於開標後審標時發現
A 廠商投標檢附第 1 次電子領標憑證，請問 A 廠商是否符合招
標文件規定？

●機關拆招：

一、依工程會 88.8.20 第 8811623 號函及 95.12.15 第
　　09500486090 號函釋意旨，機關招標因未達採購法法定家
　　數三家流標，再行公開招標時(僅變更截止投標期限、開標
　　日期及時間，其他內容並無變更)，A 廠商第 1 次投標標函
　　得延至以下 1 次招標公告時投標之用，其於第 2 次投標檢
　　附第 1 次電子領標憑證，除機關招標文件另有規定外，建
　　議從寬認定，廠商投標檢附第 1 次電子領標憑證尚屬符合
　　招標文件規定。

二、倘若機關希望投標廠商須檢附當次招標公告之電子領標憑
　　證，建議於投標須知明訂「電子領標廠商之投標標封須附
　　上該標案當次招標公告之領標電子憑據書面明細，或於開
　　標後依機關通知再行提出。」等條款文字。

三、有關機關審查電子領標憑證，可依工程會 109.6.15 第
　　10900135801 號函暨審計部 109.6.4 台審部五字第
　　1095000723 號函及附件「審計部查核政府採購案件涉有
　　重大異常關聯情形態樣表」規定，有關該表項次七「投標
　　廠商家數多於實際領標廠商家數」，建議機關訂定招標文件
　　及審標作業時查察投標廠商有無該項之情形及處置措施。

📑參考法條與釋例：

一、工程會 88.8.20 第 8811623 號函略以：「機關辦理採購，因未達法定家數而再行公開招標時,如僅變更截止投標期限、開標日期及時間，其他內容並無變更，廠商得援用前次送達之投標資料投標，但投標文件及押標金之有效期應作必要之調整。機關如允許廠商將原投標文件保留於機關以備重行招標時作為下次投標文件之用，亦應規定該等廠商須提出書面文件確認之，...。」

二、工程會 95.12.15 第 09500486090 號函釋說明二略以：「...因未達法定家數而再行公開招標時，如僅變更截止投標期限、開標日期及時間，其他內容並無變更，廠商得援用前次送達之投標資料投標，...。」；說明三：「查政府採購法令並無關於招標機關須於招標文件規定投標廠商提出領標繳費憑據之規定，廠商於第 2 次招標投標時僅檢附第 1 次電子領標憑據，資格是否符合，請依據招標文件規定，並參考說明二之意見辦理。」

○**案例見招 23：**

機關辦理公開招標最低標決標之採購，於開標後審標時發現 A 廠商檢附核准設立證明文件，惟該廠商出席代表於開標現場口頭表示公司目前因故暫停營業中，請問 A 廠商資格是否合格?

●**機關拆招：**

依工程會 98.4.2 第 09800095140 號函釋意旨，暫停營業廠商其法人格並未變動，得否參與機關採購案，屬廠商之權限，機關除招標文件另有禁止規定者外，暫停營業廠商得依機關招標文件規定投標；其投標文件內容如符合招標文件之規定者，並得為決標對象，惟應於決標後依規定申請復業始得訂約，機關並得通知廠商限期完成復業，如未於前開期限前完成復業者，機關得撤銷決標，沒收履約保證金，並依採購法第 101 條規定辦理廠商停權相關事宜。故本案 A 廠商如檢附證明文件符合招標文件規定，則廠商資格為合格。

📄**參考法條與釋例：**

一、工程會 98.4.2 第 09800095140 號函釋說明二：「...暫停營業廠商得否參與機關採購案投標及有無違反公司法等相關法令規定等疑義，經本會函請經濟部釋疑略以(經濟部 98.3.9 第 09800529370 號函影本供參)：(一)按「公司之登記及認許辦法」第 10 條第 1 項規定，公司可於停業中隨時申請復業，既使未申請復業而營業，依「公司法」之規定亦屬處罰之情形。(二)暫停營業之公司可否參與投標行為，公司法並無限制規定。(三)暫停營業之公司可否得參與投標，允屬受理投標機構之權限。(四)公司停業期間，其法人格並未變動。」

二、工程會 98.4.2 第 09800095140 號函釋說明三：「暫停營業

廠商依機關招標文件之規定投標,除招標文件另有禁止規定者外,尚可;其投標文件內容如符合招標文件之規定者,並得為決標對象,惟應於決標後依規定申請復業始得訂約,機關並得通知廠商限期完成復業。」

○**案例見招 24:**

機關辦理公開招標最低標決標之採購,計有A、B二家廠商投標,於開標後審標時發現 A 廠商為依法設立之國內公司,B 廠商為經認許之國外公司,2 家廠商互為關係企業,請問是否符合施行細則第 33 條規定?

●**機關拆招:**

依工程會 98.6.25 第 09800280080 號函釋意旨,具關係企業關係之廠商參與同一採購案投標,如無採購法第 38 條所定禁止與政黨具關係企業關係之廠商投標,且各具獨立法人格者,採購法並未明文禁止其同時參加投標。故本案 A、B 廠商雖互為關係企業,仍得參與同一採購案投標,並無違反施行細則第 33 條規定。

📖**參考法條與釋例:**

工程會 98.6.25 第 09800280080 號函釋說明一:「具關係企業關係之廠商參與同一採購案投標,如非屬採購法第 38 條所定禁止與政黨具關係企業關係之廠商投標,且各具獨立法人格者,本法並未明文禁止其同時參加投標。」

○案例見招 25：

機關辦理公開招標最低標決標之採購，於開標後審標時發現 A 廠商之投標標價清單、投標廠商聲明書及「契約三用文件」等之廠商核章處均以該廠商之「A 公司投標專用章」用印，請問 A 廠商之投標文件是否有效?若該廠商攜帶「A 公司開標專用章」到場開標，請問於減價過程中，該廠商是否得以「A 公司開標專用章」用印?

●機關拆招：

依工程會 89.3.17 第 89007258 號函及 89.6.1 第 89013137 號函釋意旨，分別說明經濟部商業司已取消公司印鑑登記制及採購法並無關於投標廠商印鑑證明，故 A 廠商於投標廠商聲明書及相關投標文件之廠商核章處以「A 公司投標專用章」用印，其投標文件係屬有效。而開標及決標後簽約以「A 公司開標專用章」及負責人章用印之情形，其簽訂之契約仍具實質效力。

參考法條與釋例：

一、工程會 89.1.25 第 89001048 號函說明二：「關於印鑑證明文件之疑義，屬廠商提出之異議案，其准駁應由招標機關本於權責自行決定。」

二、工程會 89.3.17 第 89007258 號函說明二：「規定廠商須攜帶與『承攬工程手冊』相同之印鑑前往開標，造成廠商於同時間內只能在各機關投一個標，並不合理，應予修正。如廠商無法攜帶印鑑前往開標，可授權代表人攜帶蓋有該印鑑之授權書，並由該代表人以簽名代替蓋章。經濟部商業司已取消公司印鑑登記制度。」

三、工程會 89.6.1 第 89013137 號函說明五：「本法並無關於投

標廠商印鑑證明之規定。」

○案例見招 26：

機關辦理公開招標最低標決標之採購，於招標文件訂定投標廠商基本資格：「須檢附納稅證明-營業稅繳款書收據聯或主管稽徵機關核章之最近一期營業人銷售額與稅額申報書收執聯。」截止投標後，於開標後審標時發現 A 廠商投標所檢附之納稅證明為「營業人銷售額與稅額申報書申報聯」影本，請問 A 廠商投標所檢附之納稅證明是否符合招標文件規定?

●機關拆招：

現行營業人銷售額與稅額申報書之第一聯為「營業人銷售額與稅額申報書申報聯」；第二聯為「營業人銷售額與稅額申報書收執聯」，營業人於申報時應將併同前開申報聯交付主管稽徵機關核章俾以完成法定申報程序。本案 A 廠商投標所檢附之「營業人銷售額與稅額申報書申報聯」與招標文件規定不盡相符，故判定 A 廠商資格為不合格。

🗐參考法條與釋例：

資格標準第 3 條第 5 項規定：「第一項第二款納稅證明，其屬營業稅繳稅證明者，為營業稅繳款書收據聯或主管稽徵機關核章之最近一期營業人銷售額與稅額申報書收執聯。」

○案例見招 27：

> **機關辦理公開招標最低標決標之採購，計有 A、B、C 三家廠商投標，於開標後審標時發現 A 廠商標封內未檢附領標憑據，應如何處理?**

●機關拆招：

一、採購法令並無投標廠商應檢附領標憑據之規定，故機關發現廠商投標文件漏未檢附領標收據時，應先檢視機關招標文件針對查核電子領標憑據之相關規定。

二、依工程會 94.5.12 第 09400165630 號函及 94.9.23 第 09400343180 號函釋意旨，本案 A 廠商投標文件漏未檢附領標憑據之情形，機關得依採購法第 51 條及施行細則第 60 條規定，通知 A 廠商提出說明。經 A 廠商說明後，是否判定其為無效標，建議機關依招標文件及上開規定，視個案情形本於權責自行核處。

三、依工程會 109.9.14 第 10901005281 號令頒之「政府採購錯誤行為態樣」明列，機關於招標文件規定廠商投標文件漏未檢附電子領標憑據為不合格標之規定，係屬錯誤行為態樣。因此，機關之招標文件不得有「廠商未檢附電子領標憑據即為不合格標」等條款文字。

四、為避免未領標廠商投標之異常行為，建議機關得依工程會 109.11.2 第 10900230431 號函，將工程會投標須知範本第 80 點：「電子領標廠商之投標封附上該標案之領標電子憑據書面明細，或於開標後依機關通知再行提出。」內容放入機關招標文件，以作為審標時查核領標憑據之依據。

⓪參考法條與釋例：

一、採購法第 51 條規定:「機關應依招標文件規定之條件,審查廠商投標文件,對其內容有疑義時,得通知投標廠商提出說明。」

二、施行細則第 60 條規定:「(第 1 項)機關審查廠商投標文件,發現其內容有不明確、不一致或明顯打字或書寫錯誤之情形者,得通知投標廠商提出說明,以確認其正確之內容。(第 2 項)前項文件內明顯打字或書寫錯誤,與標價無關,機關得允許廠商更正。」

三、工程會 94.5.12 第 09400165630 號函釋說明三:「查採購法令並無關於招標機關須於招標文件規定投標廠商提出領標繳費憑據之規定,機關若要確認廠商是否確實已繳費領標,應於招標文件中明確載明電子領標廠商之投標封須附上該標案之領標電子憑據書面明細,該明細廠商可利用電子領投標系統中「檢驗電子憑據」之功能列印,如未繳交者,機關得依採購法第 51 條及其施行細則第 60 條規定,通知廠商提出說明。」

四、工程會 94.9.23 第 09400343180 號函釋略以:「...二、查採購法令並無關於招標機關須於招標文件規定投標廠商提出領標繳費憑據之規定,有關招標文件應否明訂及開標時是否須檢驗領標電子憑據乙節,由機關本於權責自行核處。三、若要確認廠商是否確實已繳費領標,應於招標文件中明確載明電子領標廠商之投標封須附上該標案之領標電子憑據書面明細;如未繳交者,機關得依採購法第 51 條及其施行細則第 60 條規定,通知廠商提出說明。四、經廠商說明後,應否判定為無效標乙節,建請依招標文件及上開規定,由機關本於權責自行核處。」

五、工程會 109.9.14 第 10901005281 號令頒之「政府採購錯誤行為態樣」一、準備招標文件序號(五)不當增列法規所無之規定‧例如於招標文件規定廠商之投標文件有下列情形之一者‧為不合格標：...投標文件未檢附電子領標憑證；...。」

六、工程會 109.11.2 第 10900230431 號函：「...二、鑑於近期發現部分廠商未電子領標‧係透過政府電子採購網加值方案線上瀏覽招標文件並下載後投標之異常情形‧請各機關辦理採購‧確實將前揭本會範本內容納入投標須知‧並於開標後依該規定檢視或通知廠商提出領標電子憑據‧俾利於發現上開異常時依規定處理。」

〇案例見招 28：

機關辦理公開招標最低標決標之採購‧於招標文件訂定投標廠商基本資格：「須檢附納稅證明(營業稅或所得稅)‧最近一期納稅證明文件‧廠商不及提出最近一期證明者‧得以前一期之納稅證明代之」。機關辦理第 1 次招標公告‧於 110 年 12 月 16 日截止投標‧計有 A、B、C 三家廠商投標‧於開標後審標時發現 A 廠商所檢附之納稅證明為「110 年 9-10 月營業人銷售額與稅額申報書收執聯」影本；B 廠商所檢附之納稅證明為「稅捐稽徵機關核發之 110 年 10 月 5 日之無違章欠稅證明」影本；C 廠商所檢附之納稅證明為「110 年 7-8 月營業人銷售額與稅額申報書收執聯」影本‧請問 A、B、C 三家廠商投標所檢附之納稅證明是否符合招標文件規定?

●機關拆招：

一、依「加值型及非加值型營業稅法」第 35 條第 1 項規定：「營業人除另有規定外‧不論有無銷售額‧應以每 2 月為 1 期‧

於次期開始 15 日內向主管稽徵機關申報銷售額、應納或溢付營業稅額」。機關於招標文件訂定投標廠商基本資格應檢附之納稅證明，可為最近一期或前一期納稅證明，依資格標準第 3 條第 5 項規定略以，屬營業稅繳稅證明者，廠商得以檢附營業稅繳款書收據聯或主管稽徵機關核章之最近一期營業人銷售額與稅額申報書收執聯。本案截止投標日為 110 年 12 月 16 日，故可推斷最近一期之納稅證明為 110 年 9-10 月，前一期即為 110 年 7-8 月，故A、C兩家廠商投標所檢附之納稅證明均符合招標文件規定。

二、另依資格標準第 3 條第 5 項後段規定：「營業稅或所得稅之納稅證明，得以與上開最近一期或前一期證明相同期間內主管稽徵機關核發之無違章欠稅之查復表代之」，故本案B廠商投標所檢附之納稅證明亦符合招標文件規定。

參考法條與釋例：

一、「加值型及非加值型營業稅法」第 35 條第 1 項規定：「營業人除另有規定外，不論有無銷售額，應以每 2 月為 1 期，於次期開始 15 日內向主管稽徵機關申報銷售額、應納或溢付營業稅額。」

二、「加值型及非加值型營業稅法」第 35 條第 2 項規定：「營業人銷售貨物或勞務，依第 7 條規定適用零稅率者，得申請以每月為 1 期，於次月 15 日前依前項規定向主管稽徵機關申報銷售額、應納或溢付營業稅額。但同一年度內不得變更。」

三、「加值型及非加值型營業稅法」第 35 條第 3 項規定：「前二項營業人，使用統一發票者，並應檢附統一發票明細表。」

○案例見招 29：

甲機關 107 年度辦理預算金額 1 億元之巨額採購，於招標文件訂定投標廠商之特定資格「具有相當經驗或實績，其範圍包括於截止投標日前 6 年內，完成與招標標的相當之財物契約，其單次契約金額不低於招標標的預算金額之 5 分之 1，並得含採購機關出具之驗收證明或啟用後功能正常之使用情形證明」。截止投標後，於開標後審標時發現 A 廠商檢附之實績證明為乙機關 102 年出具之財物結算驗收證明書影本，契約金額 2,300 萬元，結算總價 2,250 萬元，請問 A 廠商檢附之實績證明是否符合甲機關於招標文件訂定之投標廠商特定資格?

●機關拆招：

一、 本案為巨額採購，甲機關對於投標廠商資格，於招標文件規定訂有特定資格，係須提供截止投標日前 6 年內之經驗或實績證明，較資格標準第 5 條第 1 項第 1 款規定：「截止投標日前 5 年內」之範圍更為寬鬆。

二、 甲機關辦理預算金額 1 億元之採購，於招標文件訂定投標廠商須具有相當經驗或實績之特定資格，且應檢附單次契約金額不低於 2,000 萬之財物契約驗收證明。現 A 廠商於投標時檢附乙機關 102 年開立之財物結算驗收證明書影本，符合「於截止投標日前 6 年內」之特定資格規定，其契約金額 2,500 萬元，結算總價為 2,250 萬元，可知 A 廠商承作乙機關之財物契約，履約期間可能曾有契約變更增減價款或實支實付之情形，但無礙已完成之契約價金逾 2,000 萬之事實，故 A 廠商符合甲機關於招標文件訂定之投標廠商特定資格規定。

📖參考法條與釋例：

資格標準第5條第1項第1款規定:「具有相當經驗或實績者。其範圍得包括於截止投標日前5年內,完成與招標標的同性質或相當之工程、財物或勞務契約,其單次契約金額或數量不低於招標標的預算金額或數量之5分之2,或累計金額或數量不低於招標標的預算金額或數量,並得含採購機關(構)出具之驗收證明或啟用後功能正常之使用情形證明。」

○案例見招 30:

機關辦理公開招標最低標決標之採購,於開標後審標時發現 A 廠商資格文件之公會會員證超過有效期限,應如何處理?

● **機關拆招:**

依工程會 90.10.2 第 90037625 號函釋意旨,關於公會會員證,如依「商業團體法」第 55 條第 2 款規定加入縣(市)商業會,其會員證屬之。是以,機關如審標時發現 A 廠商投標所檢附之公會會員證已逾有效期限,得依採購法第 51 條第 1 項規定通知 A 廠商提出說明,於審標結果確認為該公會會員證實屬無效文件後,則機關應據以判定 A 廠商資格不合格。

📖 **參考法條與釋例:**

一、工程會 90.10.2 第 90037625 號函釋關於來函所詢公會會員證之執行疑義,「商業團體法」第 8 條、第 12 條及第 55 條第 2 款已有相關規定。如係依「商業團體法」第 55 條第 2 款加入縣(市)商業會,其會員證亦屬之。

二、採購法第 51 條第 1 項規定:「機關應依招標文件規定之條件,審查廠商投標文件,對其內容有疑義時,得通知投標廠商提出說明。」

○案例見招 31：

> 機關辦理公開招標最低標決標之採購，於招標文件訂定投標廠商基本資格：「須檢附納稅證明(營業稅或所得稅)文件」。截止投標後，於開標後審標時發現 A 廠商投標所檢附之納稅證明為最近一期網路申報之營業人銷售額與稅額申報書收執聯影本，該納稅證明文件之「已納稅額」欄位載明「依實際繳款金額為準」，請問 A 廠商是否已繳稅?或有無欠稅?所檢附之納稅證明是否符合招標文件之規定?

●機關拆招：

一、 依財政部 93.10.6 第 09304551060 號函釋意旨，以網際網路申報營業稅，其自行列印之「營業人銷售額與稅額申報書（收執聯）」，係屬有效之營業稅申報及繳稅證明資料，故本案 A 廠商檢附網路申報之納稅證明與人工申報書收執聯具同等法律效力。

二、 另依資格標準第 3 條第 5 項規定略以，納稅證明，其屬營業稅繳稅證明者，為營業稅繳款書收據聯或主管稽徵機關核章之最近一期營業人銷售額與稅額申報書收執聯。故 A 廠商投標所檢附之納稅證明符合招標文件規定。

三、 另查工程會 98.2.2 第 09800013310 號函釋意旨，若干形式之納稅證明文件尚難查證廠商欠稅與否，其廠商「納稅證明」與「無欠稅證明」尚屬有別。關於投標廠商有否欠稅乙節，除招標文件另有規定外，以個別廠商納稅證明文件有欠稅記載而判定為不合格廠商，有失公平。

📖參考法條與釋例：

一、財政部 93.10.6 第 09304551060 號函釋說明二略以：「依據...營業稅電子資料申報繳稅作業要點...網際網路申報繳稅

完成時，顯示收件編號、申報日期、已納稅額、國稅局營業稅網路申報收件章等資料於營業人銷售額與稅額申報書(收執聯)上，供營業人自行列印，做為申報及繳稅之證明，與人工申報書收執聯具同等效力。」

二、工程會 98.2.2 第 09800013310 號函釋說明三：「若干形式之納稅證明文件尚難查證廠商欠稅與否，爰廠商「納稅證明」與「無欠稅證明」尚屬有別，96.3.29 第 09600117830 號函已有釋例。關於投標廠商有否欠稅乙節，除招標文件另有規定外，尚非屬機關依上開規定必須查核事項，且以個別廠商納稅證明文件有欠稅記載而逕為認定該廠商為不合格廠商，恐有失公平。」

○案例見招 32：

機關辦理公開招標最低標決標之採購，開標後審標時發現 A 廠商檢附之信用證明為票據交換所出具之第一類票據信用查覆單，惟決標後發現 A 廠商檢附之信用證明之查詢日已逾規定期限內，請問應如何處理？

●機關拆招：

本案於決標後才發現 A 廠商投標所檢附之信用證明文件已逾期，當屬投標廠商資格不合格並與招標文件規定不相符，機關應依採購法第 50 條第 2 項決標後發現得標廠商於決標前有採購法第 50 條第 1 項第 2 款「投標文件不符招標文件之規定」情形，撤銷決標、解除契約，並得向 A 廠商追償損失。另如為開標後決標前，機關可依採購法第 50 條第 3 項規定宣布廢標。

📋參考法條與釋例：

採購法第 50 條第 1 項第 2 款規定：「投標文件內容不符合招標文件之規定。」。同條第 2 項規定：「決標或簽約後發現得標廠商於決標前有第一項情形者，應撤銷決標、終止契約或解除契約，並得追償損失。但撤銷決標、終止契約或解除契約反不符公共利益，並經上級機關核准者，不在此限。同條第 3 項規定：「第一項不予開標或不予決標，致採購程序無法繼續進行者，機關得宣布廢標。」

○案例見招 33：

機關辦理公開招標最低標決標之採購，於招標文件訂定投標廠商基本資格：「須檢附納稅證明(營業稅或所得稅)」。於開標後審標時發現 A 廠商 OO 公司投標所檢附之納稅證明為公司負責人個人之納稅資料，其是否符合廠商納稅證明之招標文件規定?

●機關拆招：

一、本案 A 廠商以 OO 公司之名義投標，機關應查察投標廠商法律主體性質，作為審查廠商資格之判斷依據，以下茲就不同投標廠商法律主體性質進行分述：

(一)投標廠商如係具法人資格之營利事業(如公司)，投標時應檢附法人之納稅證明，如檢附負責人個人納稅證明者，審標結果為資格不合格。

(二)投標廠商如係依「商業登記法」登記之獨資、合夥營利事業，投標時應檢附獨資資本主、合夥人之個人綜合所得稅納稅證明，審標結果方為資格合格。

(三)如以自然人投標者(如律師、會計師、建築師、技師、醫師、藥師、助產士、著作人、經紀人、代書人、稅務代理人、表演人、引水人及其他以技藝自力營生者)，投標

時應檢附負責人個人綜合所得稅納稅證明，審標結果方
為資格合格。

二、本案 A 廠商以 OO 公司名義投標，係具法人資格之營利事
業，投標時應檢附法人之納稅證明，故其於投標時檢附負責
人個人納稅證明，與招標文件規定之投標廠商基本資格不盡
相符，故機關應判定其為資格不合格。

參考法條與釋例：

一、資格標準第 3 條第 1 項第 2 款規定：「機關依...訂定與提供
招標標的有關之基本資格時，得依採購案件之特性及實際需
要，就下列事項擇定廠商應附具之證明文件：...二、廠商納
稅之證明。如營業稅或所得稅。」

二、「所得稅法」第 71 條第 2 項規定：「獨資、合夥組織之營
利事業應依前項規定辦理結算申報，無須計算及繳納其應納
之結算稅額；其營利事業所得額，應由獨資資本主或合夥組
織合夥人依第 14 條第 1 項第 1 類規定列為營利所得，依本
法規定課徵綜合所得稅。但其為小規模營利事業者，無須辦
理結算申報，由稽徵機關核定其營利事業所得額，直接歸併
獨資資本主或合夥組織合夥人之營利所得，依本法規定課徵
綜合所得稅。」

三、「加值型及非加值型營業稅法」第 2 條第 1 款及第 3 條第 2
項規定：「提供勞務予他人，或提供貨物與他人使用、收益，
以取得代價者，為銷售勞務。但執行業務者提供其專業性勞
務及個人受僱提供勞務，不包括在內。」，該法施行細則第
6 條所稱執行業務者規定。

○案例見招 34：

機關辦理公開招標最低標決標之採購，於招標文件訂定投標廠商基本資格：「須檢附納稅證明，新設立且未屆第一期營業稅繳納期限者，得以營業稅主管稽徵機關核發之核准設立登記公函代之；經核定使用統一發票者，應一併檢附申領統一發票購票證相關文件」。開標後審標時發現 A 廠商投標所檢附之納稅證明係該縣市政府核准設立函及統一發票購票證，並未附營業稅主管稽徵機關核發之核准設立登記公函，請問 A 廠商投標所檢附之納稅證明是否符合招標文件規定?

●機關拆招：

一、依工程會 93.5.18 第 09300192740 號函釋及國稅局 93.3.19 第 0931014731 號函意旨，有非設立登記之營業人，臨時使用統一發票，領用統一發票購票證明之情形，尚難以其取得統一發票購票證，據以推斷業經營業稅主管稽徵機關核准設立，仍應請該營業人補正營業稅主管稽徵機關核發之核准設立登記公函。

二、本案A廠商投標所檢附之該縣市政府核准設立函，係屬投標廠商基本資格中廠商登記或設立之證明，所檢附之納稅證明僅提供統一發票購票證，尚缺漏營業稅主管稽徵機關核發之核准設立登記公函，與招標文件規定不符，故據以判定A廠商為資格不合格。

📄參考法條與釋例：

一、資格標準第 3 條第 5 項規定略以：「...新設立且未屆第一期營業稅繳納期限者，得以營業稅主管稽徵機關核發之核准設立登記公函代之；經核定使用統一發票者，應一併檢附申領統一發票購票證相關文件。」

二、工程會 93.5.18 第 09300192740 號函說明二：來函所提建請修正資格標準第 3 條第 5 項乙節，查財政部臺灣省北區國稅局 93.3.19 北區國稅審四字第 0931014731 號函‧略以：「…亦有非設立登記之營業人，臨時使用統一發票，領用統一發票購證之情形，是尚難以取得統一發票購票證，即據以推斷業經營業稅主管稽徵機關核准設立…建請貴府函請該營業人補正核准設立登記公函」，是以，該標準第 3 條第 5 項條文並無修正之必要；而招標文件中有關廠商營業稅繳稅證明之規定，仍請依該標準第 3 條第 5 項規定為之。

○案例見招 35：

機關辦理公開招標最低標決標之採購，於招標文件訂定投標廠商基本資格：「須檢附 1.依法登記或設立證明、2.納稅證明、3.信用證明」。截止投標後，於開標後審標時發現 A 廠商投標所檢附之信用證明為「最近 1 年內無退票紀錄證明」，其中退票與清償註記總數資訊欄有註記已清償紀錄資訊，請問 A 廠商投標所檢附之信用證明是否符合招標文件規定?

●機關拆招：

依資格標準第 4 條第 1 項第 5 款規定：「廠商信用之證明。如票據交換機構或受理查詢之金融機構於截止投標日之前半年內所出具之非拒絕往來戶及最近 3 年內無退票紀錄證明…等。」，本案 A 廠商投標所檢附之「最近一年內無退票紀錄證明」屬規定期限內，又同法條第 3 項及工程會 95.8.9 第 09500301050 號函意旨，廠商所提「最近一年內無退票紀錄證明」其「無退票證明」欄註記已清償記錄者，可視為有效之信用證明。故 A 廠商投標所檢附之信用證明符合招標文件

規定。

📖參考法條與釋例：

工程會 95.8.9 第 09500301050 號函：「投標廠商依招標文件及『資格標準』第 4 條第 1 項第 5 款規定所提之「最近 1 年內無退票紀錄證明」，如已辦妥清償註記者，視同為「無退票紀錄」情形」。

O案例見招 36：

機關辦理公開招標最低標決標之採購，於招標文件訂定廠商基本資格：「須檢附 1.公司登記證明、2.納稅證明、3.信用證明」。截止投標後，計有 A、B 兩家廠商投標，於開標後審標時發現 A 廠商投標所檢附之信用證明為負責人之信用證明，B 廠商出席代表當場表示，本公司均以現金交易，查無向金融機構申請支票紀錄，故無法檢附信用證明，請問 A、B 兩家廠商之信用證明是否符合招標文件規定?

●機關拆招：

一、依工程會 88.9.23 第 8814049 號函釋意旨，機關於招標文件載明投標廠商應附具票據交換機構出具之非拒絕往來戶或無退票紀錄證明者，如廠商係具獨立之法人人格者(如公司)，則其負責人之信用紀錄不適用該規定。另依台灣票據交換所 97.7.18 第 0970005430 號函規定，投標廠商如為獨資商號，依「查詢票據信用資料作業須知」規定，其所檢附之非拒絕往來戶或無退票紀錄證明，應可以該商號負責人之非拒絕往來戶或無退票紀錄證明代之。

二、本案 A 廠商如為個人獨資商號(例如事務所)，則投標應檢附之信用證明文件得以該商號負責人之非拒絕往來戶或無退

票紀錄證明代之。反之，A 廠商如屬具獨立之法人人格者(如公司)，卻誤檢附負責人之信用證明，審標結果應判定其為資格不合格。

三、另依工程會 99.4.8 第 0990001989 號函釋意旨，申請查詢書面票據信用資料，並未限制查詢人之身分，亦無侷限被查詢者須為支票存款戶，僅需提供被查詢人上述資料，即可向票據交換所或受理查詢金融機構申請查詢。故 B 廠商無法於投標時檢附信用證明，審標結果應判定其為資格不合格。

📖參考法條與釋例：

一、工程會 88.9.23 第 8814049 號函：「機關依資格標準第 4 條第 5 款之規定，於招標文件載明『投標廠商』應附具票據交換機構出具之非拒絕往來戶或無退票紀錄證明者，如廠商係具獨立之法人人格者(如公司)，則其負責人之信用紀錄不適用該規定。」

二、工程會 99.4.8 第 0990001989 號函說明二：「依本所訂定之「查詢票據信用資料作業須知」第七點規定，申請查詢書面票據信用資料，須依查詢類別，填具票據信用資料查詢申請單...。」

三、工程會 99.4.8 第 0990001989 號函說明三：「前開規定並未限制查詢人之身分，亦無侷限被查詢者須為支票存款戶，僅需提供被查詢人上述資料，即可向票據交換所或受理查詢金融機構申請查詢。」

○案例見招 37：

機關辦理公開招標最低標決標之採購，於招標文件訂定廠商基本資格，其中一項為檢附信用證明(票據交換機構或受理查詢之金融機構於截止投標日之前半年內所出具之非拒絕往來戶及最近3 年內無退票紀錄證明)。機關辦理第 1 次招標公告，其截止投標日為 110 年 9 月 25 日。於開標後審標時，發現 A 廠商投標所檢附之信用證明為金融機構所出具之第一類票據信用查覆單，查詢日為 110 年 3 月 23 日，請問 A 廠商檢附之信用證明文件是否符合招標文件規定?

●機關拆招：

一、本案截止投標日為 110 年 9 月 25 日，自截止投標日起算前半年內之第 1 天為 110 年 3 月 30 日以後(含)，A 廠商檢附之信用證明「第一類票據信用查覆單」，為金融機構出具之被查詢者 3 年內完整之拒絕往來及退票紀錄，該文件查詢日為 110 年 3 月 23 日，已逾上開規定之半年內期限，故據以判定 A 廠商為資格不合格。

二、機關如於招標文件載明須提供信用證明者，建議一併載明該文件之查詢日期(現行「票據信用資料查覆單」該文件左上查詢日；右上查覆資料截止日，票據信用查詢因票據退票資料建檔及註記作業時差，查覆之資料截止日與查詢日落差約一星期)，及截止投標日之前半年內之期限，避免廠商因疏忽而違反規定，反不利競爭。

🗐參考法條與釋例：

一、資格標準第 4 條第 1 項第 5 款規定：「廠商信用之證明。如票據交換機構或受理查詢之金融機構於截止投標日之前半年內所出具之非拒絕往來戶及最近 3 年內無退票紀錄證明、

會計師簽證之財務報表或金融機構或徵信機構出具之信用證明等。」

二、工程會 92.7.14 第 09200276410 號函說明二:「機關訂定投標廠商資格時,如將旨揭條文全文照錄,廠商得自行擇一為應附具之信用證明文件;如機關僅擇定其一為應附具之證明文件,亦可;至於所述證件封第 12 點規定需檢附「非拒絕往來戶或最 1 年內無退票紀錄之金融機構證明文件影本」,尚無不可,惟應依旨揭條款有關「於截止投標日之前半年內所出具」之規定,載明出具日期。」

○案例見招 38:

機關辦理公開招標最低標決標之採購,於招標文件訂定廠商基本資格:「須檢附廠商信用證明」,於開標後審標時發現 A 廠商投標所檢附之信用證明為第二類票據信用資料查覆單,且該查覆單缺漏有權人員或經辦員圖章,請問 A 廠商投標所檢附之信用證明是否符合招標文件規定?

●機關拆招:

一、 依工程會 106.6.7 第 10600174000 號函釋意旨,台灣票據交換所已修正關於第一類及第二類票據信用資料查覆單之規定,A 廠商投標所檢附之票據信用資料查覆單,應加蓋查覆單位圖章始為有效,故判定 A 廠商為資格不合格。

二、 為確保查覆資料之有效性,並杜絕因廠商疏忽所引起之爭議及增進採購效率,建議機關依「票據交換所受理票據信用資料查詢須知」所示,於招標文件加註「廠商所提供票據交換所或受理查詢金融機構出具之票據信用查覆單,須加蓋查覆單位圖章,始可作為證明之文件」之規定。

開審決大白話

📋 參考法條與釋例：

工程會 106.6.7 第 10600174000 號函釋說明一：「台灣票據交換所業以 106.5.5 第 1060001835 號函修正旨揭作業須知第 7 點、第 10 點及第 11 點，其中第 10 點及第 11 點有關第一類及第二類票據信用資料查覆單，由「加蓋查覆單位圖章及經該單位有權人員、經辦員簽章」，修正為「加蓋查覆單位圖章」。」

○案例見招 39：

機關辦理公開招標最低標決標之採購，於招標文件訂定與履約能力有關之廠商基本資格：「投標時須提供廠商具有製造、供應及承作能力之證明，如曾完成與招標標的類似之製造、供應及承作之文件」，於開標後審查時，發現 A 廠商為高雄分公司，其投標所檢附曾完成承作文件實績證明為臺北分公司之實績，請問 A 廠商投標所檢附之實績證明是否符合招標文件規定?

●機關拆招：

依工程會 96.11.7 第 09600430640 號函釋意旨，分公司為受本公司管轄之分支機構，有關廠商本公司與分公司業務案實績之認定，即分公司可否使用本公司之實績，應視個案性質及實際情形而定。例如南區分公司於所登記之營業範圍內，得使用台北公司之實績證明。故本案 A 廠商為高雄分公司與臺北分公司如係屬同一公司主體，於所登記之營業範圍內，得以臺北分公司之實績作為 A 廠商之實績證明，故 A 廠商投標所檢附之實績證明符合招標文件規定。

📋 參考法條與釋例：

一、「公司法」第 3 條第 2 項規定：「所稱本公司，為公司依法

首先設立，以管轄全部組織之總機構；所稱分公司，為受本公司管轄之分支機構。」

二、工程會 96.11.7 第 09600430640 號函說明三：「按分公司為受本公司管轄之分支機構，為『公司法』第 3 條第 2 項所明定。所述南區分公司可否使用台北公司之實績，應視個案性質及實際情形而定，例如南區分公司於所登記之營業範圍內，得使用台北公司之實績證明。經濟部 84.3.14 第 202429 號函釋例併請查閱。至相關人力之認證資格條件，宜依招標文件規定而定，如有疑義，請依本法第 41 條規定，向招標機關洽詢。」。

三、經濟部 84.3.14 第 202429 號函頒有關分公司申請營利事業登記釋疑：「按分公司為受本公司管轄之分支機構，其所營事業項目得由公司依實際事實之需要經營相當於或少於本公司之所營事業項目，即本公司登記之所營事業項目中，可能有部分項目本公司不經營而交由分公司經營。是以，分公司申辦營利事業登記時，僅須其所營事業項目涵括在本公司之公司執照所載所營事業項目範圍內即可，至於其是否與本公司營利事業登記證所載所營事業項目相符，則不在審查之列。」

○案例見招 40：

機關辦理公開招標最低標決標之採購，於招標文件訂定與履約能力有關之廠商基本資格：「投標時須提供廠商具有製造、供應及承作能力之證明，如曾完成與招標標的類似之製造、供應及承作之文件」，計有 A、B 兩家廠商投標，於開標後審查時，發現 A、B 兩家廠商投標所檢附之實績證明為同一標案文件，其中 A 廠商檢附 OO 案驗收合格紀錄、B 廠商檢附 OO 案結算驗收證明書，請問 A、B 兩家廠商投標所檢附之實績證明是否符合招標文件規定？

● 機關拆招：

依工程會 107.12.5 第 1070050046 號函及 108.3.8 第 10801000623 號函釋意旨，結算驗收證明書經得標廠商同意填列分包部分資料者，該結算驗收證明書並同時副知該等分包廠商，且不影響得標廠商依採購法令規定參與政府工程採購投標之經驗或實績。得標廠商與分包廠商嗣後如同時參與同一政府工程採購案件之投標，得檢附同一上開結算驗收證明書或其影本作為經驗或實績證明。故本案 A、B 兩家廠商投標所檢附曾共同承作同一標案之實績證明，如具得標廠商與分包廠商關係者，符合招標文件規定。

🗐 參考法條與釋例：

一、工程會 107.12.5 第 1070050046 號函釋說明三：「旨揭結算驗收證明書，係由機關開立予得標廠商；其經得標廠商同意於第 3 頁填列分包部分資料者，結算驗收證明書並副知該等分包廠商。上開得標廠商與分包廠商嗣後如同時參與同一政府工程採購案件之投標，得檢附同一上開結算驗收證明書或其影本作為經驗或實績證明。」

二、工程會 108.3.8 第 10801000623 號函釋說明一略以：「...
上開結算驗收證明書係由機關開立予得標廠商；其經得標
廠商同意於第 3 頁填列分包部分資料者，該結算驗收證明
書並同時副知該等分包廠商，且不影響得標廠商依採購法
令規定參與政府工程採購投標之經驗或實績。上開得標廠
商與分包廠商嗣後如同時參與同一政府工程採購案件之投
標，得檢附同一上開結算驗收證明書或其影本作為經驗或
實績證明。」

○案例見招 41：

機關辦理公開招標最低標決標之採購，於截止投標前 10 分鐘，
A 廠商來電告知，招標文件中缺漏「採購規格說明書」，經採購
承辦人員確認後，屬實為採購承辦人漏未上傳該文件電子檔，請
問應如何處理？

●機關拆招：

一、本案於截止投標前 10 分鐘，A 廠商來電告知招標文件中缺
漏「採購規格說明書」，是以，機關來不及於截止投標前及
時辦理更正公告完備招標文件並延長等標期限。

二、倘適逢類此情形，建議機關於開標現場宣布廢標，因招標文
件中缺漏採購規格說明書，此文件為潛在投標廠商評估自
身是否具備履約能力之重要判斷依據，著實影響潛在廠商
之投標意願，建議機關依據採購法第 48 條第 1 項第 1 款：
「變更或補充招標文件內容者」規定，於開標現場宣布廢標
並辦理無法決標公告，以維護公共利益及公平合理。

📖參考法條與釋例：

一、採購法第 48 條第 1 項規定略以:「機關依本法規定辦理招標,除有下列情形之一不予開標決標外,有三家以上合格廠商投標,即應依招標文件所定時間開標決標....」及同法條同項第 1 款:「變更或補充招標文件內容者。」

二、「招標期限標準」第 7 條第 1 項規定:「機關於等標期截止前變更或補充招標文件內容者,應視需要延長等標期。」。同法條第 2 項規定:「前項變更或補充,其非屬重大改變,且於原定截止日前 5 日公告或書面通知各廠商者,得免延長等標期。」

○案例見招 42：

機關辦理公開招標最低標決標之採購,於招標文件訂定與履約能力有關之廠商基本資格:「投標時須提供廠商具有製造、供應及承作能力之證明,如曾完成與招標標的類似之製造、供應及承作之文件」,計有 A、B 兩家廠商投標,於開標後審查時,發現 A 廠商投標檢附被合併消滅前之公司實績證明,B 廠商投標檢附變更公司名稱前之公司實績,請問 A、B 兩家廠商投標所檢附之實績證明是否符合招標文件規定?

●機關拆招：

一、依工程會 101.10.8 第 10100377510 號函釋意旨,存續公司提出被合併消滅前之公司實績文件,涉及投標廠商資格合格與否認定,目前尚無法令依據得不採認其實績。建議機關洽 A 廠商提出說明,以瞭解因合併而消滅之公司有無不良紀錄或其他因素,並從寬認定 A 廠商實績符合招標文件規定。

二、依工程會 88.8.18 第 8811890 號函釋意旨,公司變更名稱,其公司法人人格同一性並無影響,無實績之延續問題,故 B 廠商投標檢附公司更名前之實績證明,尚符合招標文件規定。

📖參考法條與釋例:

一、工程會 101.10.8 第 10100377510 號函釋,公司合併後之存續公司使用消滅公司於合併前之資格或實績之執行疑義,說明三略以:「...所述合併後存續之公司,其援用合併後消滅公司之資格或實績,是否應不予採認,需視個案實際情形而定。...依本法第 36、37 條及資格標準所定投標廠商資格條件,如存續公司提出消滅公司名義之實績文件,涉及投標廠商資格合格與否之認定,尚無法令依據得不採認其實績...」。

二、工程會 88.8.18 第 8811890 號函釋,廠商公司合併或名稱變更時,其過去之工程完工實績是否可延續使用疑義,說明三:「按工程完工實績,為廠商完成之工程證明,而公司變更名稱,其公司法人人格同一性並無影響,故其過去之工程完工實績,自無所謂延續問題。又如係屬合併而消滅之公司,其原屬該公司之工程完工實績,自得由合併後存續或另立之公司承受。惟其他目的事業法規另有規定者,應從其規定。」

○案例見招 43：

機關辦理公開招標最低標決標之採購，於開標後審查時發現 A 廠商投標檢附之投標文件中，標價清單之總標價為「1,450,000 元」，契約三用文件之總標價為「壹佰肆拾捌萬元」，請問應如何認定 A 廠商之總標價？

●機關拆招：

依施行細則第 60 條第 2 項規定，投標文件之標價部分應不允許廠商更正。本案 A 廠商投標所檢附之投標文件，部分文件標價金額不一致之認定，建議機關依工程會 104.7.22 第 10400235790 號函修正之「契約三用文件範本」及「投標標價清單範本」之投標總標價欄位附記註：「投標文件所載總標價之文字與號碼不符時，以文字為準。如以文字為數次表示之總標價不一致時，以最低額為準。」標準，或依「民法」第 4 條及第 5 條規定認定之。故機關應認定 A 廠商標價金額為「壹佰肆拾捌萬元」。

📖參考法條與釋例：

一、施行細則第 60 條規定：「(第 1 項)機關審查廠商投標文件，發現其內容有不明確、不一致或明顯打字或書寫錯誤之情形者，得通知投標廠商提出說明，以確認其正確之內容。(第 2 項)前項文件內明顯打字或書寫錯誤，與標價無關，機關得允許廠商更正。」

二、「民法」第 4 條規定：「關於一定之數量，同時以文字及號碼表示者，其文字與號碼有不符合時，如法院不能決定何者為當事人之原意，應以文字為準。」

三、「民法」第 5 條規定:「關於一定之數量,以文字或號碼為數次之表示者,其表示有不符合時,如法院不能決定何者為當事人之原意,應以最低額為準。」

四、工程會 104.7.22 第 10400235790 號函修正之「契約三用文件範本」及「投標標價清單範本」已於範本投標總標價欄位附記文字如下:「註:投標文件所載總標價之文字與號碼不符時,以文字為準。如以文字為數次表示之總標價不一致時,以最低額為準。」

○案例見招 44:

機關辦理公開招標最低標決標之採購,於開標後審標時發現 A 廠商投標檢附之投標標價清單總標價欄位載明新臺幣 145 萬元,其契約三用文件之總標價欄位為空白,亦缺漏投標廠商章及負責人印章,請問應如何處理?

●機關拆招:

依工程會投標須知範本第 78 點規定,契約三用文件為投標廠商應檢附之投標必要文件,投標廠商應依規定於契約三用文件填寫總標價並加蓋投標廠商章及負責人印章。本案 A 廠商投標檢附之投標文件與招標文件規定不相符,機關應據以判定該廠商為不合格標。

参考法條與釋例:

採購法第 50 條第 1 項規定:「投標廠商有下列情形之一,經機關於開標前發現者,其所投之標應不予開標;於開標後發現者,應不決標予該廠商:一、未依招標文件之規定投標。」

○案例見招 45：

機關辦理公開招標最低標決標之採購，採購標的為辦公家具，於招標文件訂有投標廠商基本資格：「須檢附登記或設立證明及納稅證明」。於開標後審查廠商登記或設立證明文件時，發現 A 廠商 oo 公司之營業項目登記載明「ZZ99999 除許可業務外，得經營法令非禁止或限制之業務者」，請問 A 廠商投標所檢附之投標文件是否符合招標文件規定？

●機關拆招：

一、本案機關為辦理辦公家具採購，依採購法第 36 條第 1 項及資格標準第 2 條規定，於招標文件訂定與招標標的有關之基本資格。現 A 廠商投標所檢附網路查詢之經濟部商業司「公司及分公司基本資料查詢明細」文件，其中所營事業資料欄位標示「ZZ99999 除許可業務外，得經營法令非禁止或限制之業務」，機關得依「公司法」第 18 條第 2、3 項規定及依經濟部「公司行號營業項目代碼表」，綜合判斷 A 廠商 oo 公司所經營之業務項目為除許可業務外，得經營法令非禁止或限制之業務規定，故 A 廠商投標所檢附之投標文件符合招標文件規定。

二、另有關投標廠商基本資格之判斷，可參照經濟部 98.8.4 第 09802103710 號函及工程會 96.1.18 第 0960014090 號函釋。

參考法條與釋例：

一、採購法第 36 條第 1 項第 1 款規定：「機關辦理採購，得依實際需要，規定投標廠商之基本資格。」

二、資格標準第 2 條規定：「機關辦理採購，得依採購案件之特性及實際需要，就下列事項訂定投標廠商之基本資格，並載

明於招標文件：一、提供招標標的有關者。二、與履約能力有關者。」

三、「公司法」第 18 條第 2 項規定：「公司所營事業除許可業務應載明於章程外，其餘不受限制。」。同條第 3 項規定：「公司所營事業應依中央主管機關所定營業項目代碼表登記。已設立登記之公司，其所營事業為文字敘述者，應於變更所營事業時，依代碼表規定辦理。」

四、工程會 96.1.18 第 09600014090 號函釋說明二：「機關辦理採購，得依本會訂頒之資格標準第 3 條第 4 項規定，視個案特性及實際需要，以經濟部編訂之「公司行號營業項目代碼表」所列大類、中類、小類或細類項目為基準，於招標文件規定廠商之登記或設立之證明，須具有特定營業項目（非屬許可業務）方可參與投標，除不得不當限制競爭外，機關於審查廠商營業項目時，併應注意下列事項：...(二)針對已設立登記之公司，其所營事業仍為文字敘述者，機關於審查該案廠商之營業項目時，尚應考量其登記業務內容與代碼表所列項目之相關性，從寬認定。(三)針對以概括方式載明「除許可業務外，得經營法令非禁止或限制之業務」者，認定該廠商具投標資格。」

五、工程會 98.8.4 第 09802103710 號函釋明二略以：「...復按本部「公司行號營業項目代碼表」業已訂有代碼「ZZ99999 除許可業務外，得經營法令非禁止或限制之業務。」是以，依上揭法令規定，公司所營事業如載有上揭營業項目代碼或以概括方式載明「除許可業務外，得經營法令非禁止或限制之業務」者，係表彰公司所得經營之業務範圍，除許可業務外，得經營法令非禁止或限制之業務；...。」

○案例見招 46：

機關辦理公開招標最低標決標之採購，於開標後審查時發現 A 廠商投標所檢附之「投標標價清單」及「契約三用文件」分別載明投標總標價均為 440 萬元，另 A 廠商投標標封內附有估價單 1 份，載明總標價金額為 428 萬元，請問應如何處理？

●機關拆招：

一、機關應依招標文件規定審查 A 廠商之投標文件，A 廠商於投標標封內檢附之估價單非屬招標文件規定之投標文件，機關得不予審查。故估價單之報價總金額與「投標標價清單」及「契約三用文件」之總金額不一致時，估價單所列金額，機關得不予採納。

二、建議機關於招標文件內載明投標總標價之認定係以「投標標價清單」及「契約三用文件」之總標價金額為準。

參考法條與釋例：

一、採購法第 51 條規定：「機關應依招標文件規定之條件，審查廠商投標文件，對其內容有疑義時，得通知投標廠商提出說明。」

二、施行細則第 60 條第 1 項規定：「機關審查廠商投標文件，發現其內容有不明確、不一致或明顯打字或書寫錯誤之情形者，得通知投標廠商提出說明，以確認其正確之內容。」；同條第 2 項規定：「前項文件內明顯打字或書寫錯誤，與標價無關，機關得允許廠商更正。」

○案例見招 47：

機關辦理公開招標最低標決標之採購，於招標文件規定：「本案採一次投標分段開標(資格、規格及價格標)方式辦理」。於開標後審標時，發現 A 廠商投標檢附之標封，其資格標封內漏未檢附押標金，A 廠商當場向主持開標人員表示押標金支票恐誤置於其規格價格封內，並提出當場剪開規格價格標封，取出押標金支票之要求，請問應如何處置？

●機關拆招：

本案 A 廠商將押標金誤置於規格價格封，而資格標封內漏未檢附押標金之情形，適用採購法第 50 條第 1 項第 1 款「未依招標文件規定投標之情形」規定，機關應據以判定 A 廠商資格審查為不合格。至該廠商當場提出剪開規格價格標封，取出押標金支票之要求，機關應予拒絕。

📑參考法條與釋例：

一、 施行細則第 44 條第 5 項規定：「採一次投標分段開標者，廠商應將各段開標用之投標文件分別密封。」

二、 工程會 110.7.30 投標須知範本第 31 點(2)規定：「投標須知規定分段開標；投標廠商應就各段標之標封分別裝封並標示內含資格標、規格標或價格標等...。」

三、 採購法第 50 條規定：「投標廠商有下列情形之一，經機關於開標前發現者，其所投之標應不予開標；於開標後發現者，應不決標予該廠商：一、未依招標文件之規定投標。二、投標文件內容不符合招標文件之規定。」

○案例見招 48：

機關辦理公開招標最低標決標之採購，於開標後審標時發現 A 廠商投標檢附之投標標價清單之投標總標價有經塗改後填寫「1,480,000 元」之字樣，其塗改處僅蓋投標廠商章，無蓋負責人印章，請問應如何處理？

●機關拆招：

除招標文件另有規定「投標金額塗改須加蓋投標廠商章及負責人章為有效標」外，本案 A 廠商投標檢附之投標標價清單之投標總標價有塗改痕跡，倘若金額塗改處僅加蓋投標廠商章，而無負責人印章(或僅蓋負責人印章，而無投標廠商章)，依工程會 89.3.17 第 89007258 號函釋意旨，機關應判定 A 廠商之投標總標價為 1,480,000 元。

參考法條與釋例：

工程會 89.3.17 第 89007258 號函說明二、(七)：「『塗改原標單』如係指後附『標單』之塗改，只要有蓋章，應無不可。如包括其他文件，亦同。」

○案例見招 49：

機關辦理公開招標最低標決標之採購，於開標後審查時發現 A 廠商投標檢附之投標文件中「投標標價清單」及「契約三用文件」中總標價不一致之情形，應如何處理？

●機關拆招：

一、依施行細則第 60 條第 2 項規定，投標文件之標價部分應不允許廠商更正。本案 A 廠商投標檢附之投標文件中「投標標價清單」及「契約三用文件」如有總標價金額不一致之情形，建議機關依工程會 104.7.22 第 10400235790 號函

之範本附記「投標文件所載總標價之文字與號碼不符時，以文字為準。如以文字為數次表示之總標價不一致時，以最低額為準。」來認定 A 廠商之總標價。

二、以下表列投標文件總標價可能出現之誤繕態樣，供讀者參考：

態樣	投標文件	例	機關如何認定
一	「契約三用文件」(文字或號碼)與「標價清單」(號碼或文字)總標價金額不一致。	契約三用文件總價為「壹佰萬元」，標價清單總價為「1,200,000 元」。	文字與號碼不符時，以文字為準。
二	「標價清單」(文字)與「契約三用文件」(文字)總標價金額不一致。	標價清單總價為「壹佰萬元」，契約三用文件總價為「壹佰貳拾萬元」。	兩份文件金額均以文字表示，且有不一致之情形，以最低額為準。
三	「標價清單」(號碼)與「契約三用文件」總標標金額(號碼)不一致。	標價清單總價為「1,000,000 元」，契約三用文件總價為「1,200,000 元」。	兩份文件金額均以號碼表示，且有不一致之情形，以最低額為準。

📑參考法條與釋例：

一、 施行細則第 81 條規定：「廠商投標文件內記載金額之文字與號碼不符時，以文字為準。」

二、 工程會 104.7.22 第 10400235790 號函修正之「契約三用文件範本」及「投標標價清單範本」已於範本投標總標價欄位附記文字如下：「投標文件所載總標價之文字與號碼不符時，以文字為準。如以文字為數次表示之總標價不一致時，以最低額為準。」

○案例見招 50：

機關辦理公開招標最低標決標之採購，於開標後審標時發現 A 廠商投標檢附之投標文件之「契約三用文件」漏蓋廠商負責人印章，應如何處理？

●機關拆招：

一、本案 A 廠商投標檢附之「契約三用文件」係投標廠商對投標金額意思表示之重要文件，如 A 廠商漏蓋廠商負責人印章，則無法確認投標標價清單所載標價金額是否為 A 廠商之意思表示，屬瑕疵之意思表示。

二、A 廠商投標檢附之「契約三用文件」漏蓋廠商負責人印章等情形，機關處理方式得依不同之發現時間點分述如下：

(一) 審標過程中發現：機關應依採購法第 50 條第 1 項第 1 款：「未依招標文件之規定投標」規定，將 A 廠商判定為不合格，不決標予該廠商。

(二) 審標合格後、在決標前發現：依採購法第 48 條第 1 項第 2 款規定，不決標予 A 廠商，因尚未決標前，機關應本於權責為適當之裁量改正措施，將原 A 廠商審標合格之判斷，依採購法第 50 條第 1 項第 1 款規定，改判為不合格廠商。

(三) 決標或簽約後發現：機關應依採購第 50 條第 2 項規定，撤銷決標、終止契約或解除契約，並得向 A 廠商追償損失。

📖參考法條與釋例：

一、採購法第 50 條第 1 項規定：「投標廠商有下列情形之一，經機關於開標前發現者，其所投之標應不予開標；於開標後發現者，應不決標予該廠商：一、未依招標文件之規定投標。」

二、採購第 48 條第 1 項第 2 款規定:「發現有足以影響採購公
　　正之違法或不當行為者。」

三、採購法第 50 條第 2 項規定:「決標或簽約後發現得標廠商於
　　決標前有第一項情形者,應撤銷決標、終止契約或解除契
　　約,並得追償損失。但撤銷決標、終止契約或解除契約反
　　不符公共利益,並經上級機關核准者,不在此限。」

○案例見招 51 :

機關採限制性招標準用最有利標辦理公告金額以上之勞務採購,
於開標後審標時發現 A 廠商投標所檢附之「投標標價清單」及
「契約三用文件」之投標總標價分別載明均為 440 萬元,惟 A
廠商所檢附之「服務建議書」中價格分析總標價為 428 萬元,
請問應如何處理?

●機關拆招:

一、A 廠商依招標文件規定於投標時檢附「投標標價清單」、「契
　　約三用文件」及「服務建議書」,如以上投標文件有投標
　　總標價金額不一致之情形,機關得洽 A 廠商說明並可依工
　　程會 104.7.22 第 10400235790 號函略以:「投標文件所
　　載總標價之文字與號碼不符時,以文字為準。如以文字為
　　數次表示之總標價不一致時,以最低額為準。」認定 A 廠
　　商投標總標價金額,故本案機關應判定 A 廠商投標總標價
　　金額為 428 萬元,並記錄於開標紀錄中。

二、建議機關於採購評選委員會工作小組初審意見階段,即敘明
　　該廠商「投標標價清單」及「契約三用文件」之投標總標
　　價金額,供採購評選委員會委員參考。

🔊參考法條與釋例:

施行細則第 60 條第 1 項規定:「機關審查廠商投標文件,發現其內容有不明確、不一致或明顯打字或書寫錯誤之情形者,得通知投標廠商提出說明,以確認其正確之內容。」;同條第 2 項規定:「前項文件內明顯打字或書寫錯誤,與標價無關,機關得允許廠商更正。」

○案例見招 52:

機關辦理公開招標最低標決標之採購,於截止投標前,A 廠商來電告知招標文件中缺漏「採購規格說明書」,經採購承辦人員確認後,屬實為採購承辦人漏未上傳該文件電子檔,請問應如何處理?

●機關拆招:

一、機關辦理招標公告於招標文件中漏未檢附採購規格說明書一節,將衍生出(1)已屆截止投標日,當次招標公告能否如期開標。(2)能否及時辦理更正公告上傳正確版招標文件及延長等標期等兩種情形。

二、倘適逢類此情形,機關於符合法規範下,得視依情節不同,本於權責行使裁量權,所為適法處置可能略有不同,故提供以下建議供讀者參考:

(一)已屆截止投標日,當次招標公告能否如期開標?

機關於招標文件中缺漏採購規格說明書,此文件為潛在投標廠商評估自身是否具備履約能力之重要判斷依據,著實影響潛在廠商之投標意願,建議機關依據採購法第 48 條第 1 項第 1 款:「變更或補充招標文件內容者」規定,辦理無法決標公告,以維護公共利益及公平合理。

(二)截止投標日前發現,機關得辦理更正公告並延長等標期限

機關得依採購法第 48 條第 1 項第 1 款規定，辦理更正公告完備機關必要招標文件，並延長等標期。

📖參考法條與釋例：

一、採購法第48條第1項規定略以：「機關依本法規定辦理招標，除有下列情形之一不予開標決標外，有三家以上合格廠商投標，即應依招標文件所定時間開標決標....」及同法條同項第 1 款：「變更或補充招標文件內容者。」。

二、「招標期限標準」第 7 條第 1 項規定：「機關於等標期截止前變更或補充招標文件內容者，應視需要延長等標期。」。同法條第 2 項規定：「前項變更或補充，其非屬重大改變，且於原定截止日前 5 日公告或書面通知各廠商者，得免延長等標期。」

○案例見招 53：

機關辦理公開招標最低標決標之採購(於招標文件規定：本採購為一次投標不分段開標)，於開標後審標時發現，A 廠商投標檢附之標封內有 2 種型錄及有 2 份標價清單，且該 2 份標價清單之投標總標價不一致，又該案招標文件未規定允許廠商提出替代方案或同等品，請問應如何處理？

●機關拆招：

依工程會 89.1.5 第 88022893 號函意旨，本案 A 廠商就同一採購投標檢附 2 種不同規格型號之標的，並分別檢附 2 份不同標價清單併附於同一個標封，機關應依施行細則第 33 條第 1 項第 2 款規定不予接受 A 廠商所投之標，判 A 廠商為不合格標。

📖參考法條與釋例：

一、施行細則第 33 條第 1 項規定「同一投標廠商就同一採購之
　　投標,以一標為限;其有違反者,依下列方式處理:一、開
　　標前發現者,所投之標應不予開標。二、開標後發現者,所
　　投之標應不予接受。」

二、工程會 89.1.5 第 88022893 號函釋說明二:「招標文件未規
　　定允許廠商提出替代方案者,如同一投標廠商就同一採購提
　　供二種樣品並分報二種價格,違反本法施行細則第 33 條第
　　1 項之規定。」

○案例見招 54:

機關辦理公開招標最低標決標之採購,採購標的為醫療器材,於
招標文件訂有投標廠商基本資格:「須檢附登記或設立證明、納
稅證明、販賣業藥商許可執照或醫療器材商許可執照及衛生福利
部醫療器材許可證」等證明文件。於開標後審查時發現 A 廠商
投標所檢附之投標文件中「販賣業醫療器材商許可執照影本」及
「經濟部工商登記公示資料查詢服務結果」,其所營事業資料欄
位標示「F20XXX1 醫療器材零售業及 ZZ99999 除許可業務外,
得經營法令非禁止或限制之業務者」,請問 A 廠商投標所檢附之
投標文件是否符合招標文件規定?

●機關拆招:

一、本案機關辦理醫療器材採購,採購標的係屬特許行業(許可
　　業務,依「公司法」第 17 條或「商業登記法」第 6 條規定,
　　須經政府許可者,取得目的事業主管機關許可文件後方得申
　　請公司或商業登記。),於招標文件載明投標廠商須檢附販
　　賣業藥商許可執照或醫療器材商許可執照。本案 A 廠商投
　　標所檢附之販賣業醫療器材商許可執照影本「營業細項目」

欄位標示為零售，經濟部工商登記公示資料查詢服務公司結果之所營事業資料欄位標示「F20XXX1 醫療器材零售業及ZZ99999 除許可業務外，得經營法令非禁止或限制之業務」，A 廠商投標所檢附之投標文件符合招標文件規定。

二、建議機關可至經濟部商業司網站查詢「商工查詢服務」之「公司與商業登記前應經許可業務計項目查詢服務平台」。

📖參考法條與釋例：

一、「公司法」第 17 條第 1 項(特許業務)規定：「公司業務，依法律或基於法律授權所定之命令，須經政府許可者，於領得許可文件後，方得申請公司登記。」

二、「商業登記法」第 6 條第 1 項(應經許可之商業登記)規定：「商業業務，依法律或法經各該目的事業主管機關許可者，於領得許可文件後，方得申請商業登記。」

三、採購法第 36 條第 1 項第 1 款規定：「機關辦理採購，得依實際需要，規定投標廠商之基本資格。」

四、資格標準第 2 條規定：「機關辦理採購，得依採購案件之特性及實際需要，就下列事項訂定投標廠商之基本資格，並載明於招標文件：一、提供招標標的有關者。二、與履約能力有關者。」

五、「公司法」第 18 條第 2 項規定：「公司所營事業除許可業務應載明於章程外，其餘不受限制。」同條第 3 項規定：「公司所營事業應依中央主管機關所定營業項目代碼表登記。已設立登記之公司，其所營事業為文字敘述者，應於變更所營事業時，依代碼表規定辦理。」

六、工程會 96.1.18 第 09600014090 號函釋說明二：「機關辦理採購，得依本會訂頒之資格標準第 3 條第 4 項規定，視

個案特性及實際需要，以經濟部編訂之「公司行號營業項目代碼表」所列大類、中類、小類或細類項目為基準，於招標文件規定廠商之登記或設立之證明，須具有特定營業項目（非屬許可業務）方可參與投標，除不得不當限制競爭外，機關於審查廠商營業項目時，併應注意下列事項：(二)針對已設立登記之公司，其所營事業仍為文字敘述者，機關於審查該案廠商之營業項目時，尚應考量其登記業務內容與代碼表所列項目之相關性，從寬認定。(三)針對以概括方式載明「除許可業務外，得經營法令非禁止或限制之業務」者，認定該廠商具投標資格。」

○案例見招 55：

機關辦理公開招標最低標決標之採購，於開標後審標時發現 Ａ廠商投標所檢附之投標文件內之投標標價清單，載明投標總標價：「玖拾玖萬別仟元」，請問機關應如何處理？

●機關拆招：

一、機關於開標後審標時審查 Ａ 廠商之投標文件，發現該廠商檢附之投標標價清單係以國字書寫「玖拾玖萬別仟元」，其中「別」仟元，應係「捌」之誤繕，倘機關對 Ａ 廠商檢附之投標標價清單載明之標價金額有疑義時，得參考採購法第 51 條第 1 項、施行細則第 60 條第 1 項及「民法」第 4 條等規定，洽 Ａ 廠商就標價金額認定一事提出說明，以確認其意思表示，如機關洽請 Ａ 廠商澄清說明、探求其真意後，如可確認該廠商之投標標價為「玖拾玖萬捌仟元」，此時機關得認定該標價為 Ａ 廠商之投標標價。

二、綜上，本案 A 廠商於投標標價清單上書寫之國字大寫金額雖有誤繕，惟經洽 A 廠商澄清說明後可得確認其投標標價為「玖拾玖萬捌仟元」，續行後續開標作業程序。

註：國字大寫(壹、貳、參、肆、伍、陸、柒、捌、玖、拾、佰、仟)常見誤繕文字例舉如：壹：誤繕為「臺」字、貳：誤繕為「貳」字、柒：誤繕為「染」字、捌：誤繕為「別」、「拐」等別字。

參考法條與釋例：

一、採購法第 51 條第 1 項規定:「機關應依招標文件規定之條件，審查廠商投標文件，對其內容有疑義時，得通知投標廠商提出說明。」

二、施行細則第 60 條第 1 項規定:「機關審查廠商投標文件，發現其內容有不明確、不一致或明顯打字或書寫錯誤之情形者，得通知投標廠商提出說明，以確認其正確之內容。」。同條第 2 項:「前項文件內明顯打字或書寫錯誤，與標價無關，機關得允許廠商更正。」

三、「民法」第 4 條規定:「關於一定之數量，同時以文字及號碼表示者，其文字與號碼有不符合時，如法院不能決定何者為當事人之原意，應以文字為準。」

○案例見招 56：

> 機關辦理公開招標最低標決標之採購，計有A、B兩家廠商投標，於開標後審標時發現 A 廠商投標檢附之投標標價清單之投標總價有經塗改後填寫「1,480,000 元」之字樣，惟塗改處旁漏蓋廠商公司章或負責人印章；另 B 廠商投標檢附之投標標價清單之總價欄為空白，其契約三用文件之總標價為「壹佰肆拾伍萬元」，B 廠商當場向開標主持人表示投標標價清單總價欄為漏填，但可自契約三用文件得知總標價之意思表示，請問應如何處理？

●機關拆招：

一、依工程會 89.3.7 第 89007258 號函及 97.11.4 政府採購問題座談會(東區)意旨，採購法未就「標價塗改未蓋章」有特別規定，機關得依採購法第 51 條規定洽 A 廠商提出說明，惟涉及標價確認事宜，應依施行細則第 60 條規定不得允許廠商更正。為避免爭議，建議可參考部分機關於投標標價清單或投標須知訂有「標價修改處應有加蓋建議廠商或負責人章」之規定，以作為機關審標之依據。

二、依工程會 88.7.29 第 8810874 號函釋意旨，廠商投標文件如就標價僅記載一項文字或號碼時，應不致影響其報價之意思表示；倘招標機關未於招標文件明定此情形為無效，則其投標文件應為有效。故本案 B 廠商雖然漏填投標標價清單之投標總標價，但投標文件可作為相互補充，即可自 B 廠商之契約三用文件確認其標價金額之意思表示，故機關應認定 B 廠商之投標總標價，為「壹佰肆拾伍萬元」。

參考法條與釋例：

一、工程會 89.3.17 第 89007258 號函說明二、(七)：「『塗改原標單』如係指後附『標單』之塗改，只要有蓋章，應無不可。

如包括其他文件，亦同。」

二、工程會 97.11.4 政府採購問題座談會(東區)：序號 8「投標廠商報價單塗改未蓋章，與投標廠商資格無涉。採購法未就「標價塗改未蓋章」特別規定。機關應依採購法第 50 條、第 51 條及其施行細則第 60 條規定，本於權責核處。」

三、施行細則第 81 條規定：「廠商投標文件內記載金額之文字與號碼不符時，以文字為準。」

四、工程會 88.7.29 第 8810874 號函說明三：「廠商投標文件如就標價僅記載一項文字或號碼時，應不致影響其報價之意思表示；倘招標機關未於招標文件明定此情形為無效，則其投標文件應為有效。」

○案例見招 57：

機關辦理公開招標最低標決標之採購，於開標後審查時發現 A 廠商投標文件漏未檢附登記或設立證明文件，經主持開標人員告知其為資格不合格，A 廠商當場表示雖漏未檢附登記或設立證明文件，但確實為依法設立之公司，可當場上網查詢經濟部商業司公司及分公司網頁以資證明，請問應如何處理？

●機關拆招：

A 廠商雖於開標現場表示可立即至主管機關網頁查詢證明其為依法設立之公司，但其投標時漏未檢附登記或設立證明文件，即與招標文件規定不相符，適用採購法第 50 條第 1 項第 1 款：「未依招標文件規定投標之情形」規定，機關應據以判定 A 廠商為不合格標。

🖉參考法條與釋例：

採購法第 50 條規定：「投標廠商有下列情形之一，經機關於

開標前發現者，其所投之標應不予開標；於開標後發現者，應不決標予該廠商：一、未依招標文件之規定投標。」

○案例見招 58：

機關辦理公開招標最低標決標之採購，於開標後審標時發現 A 廠商投標檢附之投標標價清單每一投標品項均載明單價及數量，惟總標價欄位空白，其契約三用文件之總標價欄位為新臺幣 145 萬元，並蓋有投標廠商章及負責人印章，請問應如何處理？

●機關拆招：

依工程會 88.7.29 第 8810874 號函釋意旨，廠商投標文件如就標價僅記載一項文字或號碼時，應不致影響其報價之意思表示，本案 A 廠商投標檢附之投標文件內容可相互補充，故機關可從 A 廠商投標標價清單中之每一投標品項之單價及數量合計加總後，與契約三用文件之總標價欄位新臺幣 145 萬元比對是否相符，倘若相符，即確認 A 廠商投標總標價金額之意思表示，反之，合計加總金額與契約三用文件之總標價欄位新臺幣 145 萬元不符時，機關得洽請該 A 廠商說明，惟值得注意的是，標價錯誤時不得允許廠商更正。

參考法條與釋例：

工程會 88.7.29 第 8810874 號函釋說明三：「廠商投標文件如就標價僅記載一項文字或號碼時，應不致影響其報價之意思表示；倘招標機關未於招標文件明定此情形為無效，則其投標文件應為有效。」

○案例見招 59：

機關辦理公開招標最低標決標之採購，於招標文件規定：「本案採一次投標分段開標(資格、規格及價格標)方式辦理」。計有 A、B 兩家廠商投標，於開標後審查時，發現 A 廠商投標檢附之標封內並未將資格、規格及價格文件分別裝封；B 廠商投標檢附之標封內有「資格封」及「規格價格封」，並於「資格封」內檢附規格及價格文件，B 廠商當場向主持開標人員表示其檢附之「資格封」及「規格價格封」內文件為錯置，請問 A、B 兩家廠商投標檢附之標封是否符合招標文件規定?

●機關拆招：

一、依施行細則第 44 條第 5 項及本案招標文件規定，採一次投標分段開標者，廠商應就各段標所須檢附之文件分別裝封並於標封標示資格封、規格及價格封。

二、本案 A 廠商投標文件未依招標文件規定將資格、規格及價格文件分封密封，屬採購法第 50 條第 1 項第 1 款規定：「未依招標文件規定投標之情形」，故機關應據以判定 A 廠商為不合格標。

三、本案 B 廠商投標文件雖有依招標文件規定將資格、規格及價格文件分封密封，惟不慎未將投標文件置於相對應之標封中，屬採購法第 50 條第 1 項第 2 款規定：「屬投標文件內容不符合招標文件」之情形，故機關應據以判定 B 廠商為不合格標。

📖參考法條與釋例：

一、 施行細則第 44 條第 5 項規定：「採一次投標分段開標者，廠商應將各段開標用之投標文件分別密封。」

二、 工程會 110.7.30 投標須知範本第 31 點(2)規定:「投標須知
規定分段開標;投標廠商應就各段標之標封分別裝封並標
示內含資格標、規格標或價格標等...。」

三、 採購法第 50 條規定:「投標廠商有下列情形之一,經機關
於開標前發現者,其所投之標應不予開標;於開標後發現
者,應不決標予該廠商:一、未依招標文件之規定投標。
二、投標文件內容不符合招標文件之規定。」

○案例見招 60:

**機關辦理公開招標最低標決標之採購,於招標文件明定:「本案
採一次投標不分段開標方式辦理」。於開標後審標時,發現 A 廠
商投標檢附之標封內含有 3 個小標封,分別為資格封、規格封及
價格封,請問 A 廠商投標檢附分別裝封之投標文件是否符合招
標文件規定?**

●機關拆招:

依工程會 110.7.30 投標須知範本中第 31 點(1)「不分段開標,
所有投標文件置於一標封內,不必按文件屬性分別裝封。」規
定暨工程會 97.2.15 第 09700061010 號函釋意旨,不分段開
標之投標文件未依招標文件規定分置資格、規格或價格標封,
機關不得於招標文件規定前開情形為不合格標,本案 A 廠商
雖於投標時將資格、規格及價格文件分別裝封,機關應依招標
文件規定將上述分別裝封之投標文件拆封審查,故 A 廠商投
標檢附分別裝封之投標文件仍符合招標文件規定。

📓參考法條與釋例:

一、工程會 97.2.15 第 09700061010 號函：「機關辦理採購，不得於招標文件規定廠商之投標文件有下列情形之一者，為不合格標。

二、其有規定者，該部分無效。三、不分段開標之投標文件未依招標文件規定分置資格、規格或價格標封。 」

三、工程會 110.7.30 投標須知範本第 31 點(1)規定：「不分段開標。所有投標文件置於一標封內，不必按文件屬性分別裝封。」

memo

第三章
減價及決標

　　在積累政府採購知識的路上，一定要學招標以及決標，而擔任採購單位的承辦人與開標主持人，決標程序的合法性，至為重要。

　　在採購法施行前所適用的稽察條例，對於減價僅有規定合於招標文件廠商標價均逾底價時，由最低標優減一次，如仍逾底價則進行比減，惟並未有比減次數之限制，印象所及曾經辦理的案件中，廠商減至第 19 次始進入底價而決標，對於參與開標及監辦的人員，耗費相當多的時間於等待廠商減價，採購法施行後，除了議價的減價次數如機關有限制應先通知廠商外，否則議價可以無減價次數限制，至於優減一次後的比減，則於採購法第 53 條規定，不得超過三次，如此更可節省開標減價之採購時效，廠商能減則把握次數機會，無再減之空間也無需琢磨耗時。如確有緊急情事須決標時，該條第 2 條亦訂有超底價決標核准之依據。

　　減價過程應注意採購法第 34 條底價之保密規定，我初任公務員所辦理之採購，前輩曾經指導，廠商當場洽問底價，雖仍有保密之責，但不乏有機關暗示火車站順序之站名供廠商考量減價幅度，此舉尚能提高減價效率，惟經口頭請教審計人員回復仍因暗示廠商推算底價而有洩漏底價之虞，爰未敢再鋌而走險。本章有關減價之見招拆招實例題，編輯小組絞盡腦汁設想多題情境可供演練，也特別納入底價以內之廠商有兩家以上之減價作業與處置，以增加廣度。

　　總標價偏低之處置，本章第二節有將工程會函頒執行程序轉化為流程圖，此外，我們討論過程，我覺得採用類似魚骨圖來分析各步聚也簡單易記，謝謝編輯小組將我多年來於採購班課堂時帶著大家手寫筆記部分畫了出來，讀者可選用適合自己閱讀的方

式做為參考。越是困難記憶而當你可自己畫出來，表示已內化為自己的部分，開標過程遇此情形發生，則可游刃有餘。標價偏低之說明認定是否合理學員問某商敘明「本公司為公共利益而自願買一送一…」，請問要如何判斷合理性？真是難倒你我。甚至有機關亦洽詢，廠商提出標價偏低之說明後，機關可否評估難認完全合理而進一步再提請廠商補充？真是意想不到的好問題呀！

決標後視同契約成立，除製作決標紀錄外，提醒機關應注意通知投標廠商決標結果及決標公告（或定期彙送）之時效性為自決標日起 30 日內將決標結果刊登政府採購公報（或定期彙送），以免疏失。

對我們採購人來說，流標、廢標當飯吃，那麼「決標」就是加菜！

第一節　減價程序注意事項

一、確認個案決標原則

　　雖然已經進入到最後的減價階段，還是建議機關進行價格程序前再次檢視招標文件規定，確認採購案之決標原則(採購法第 52 條)及個案是否有適用優先採購「身心障礙團體」或是「環保產品」之特殊減價程序。

二、確定減價及比減次數限制

(一)訂有底價之採購，有兩家以上投標廠商合於招標文件規定，且標價均超過底價無法決標時，機關應先洽最低標廠商減價 1 次(實務上稱為優先減價)；如減價結果仍超過底價，再洽所有合於招標文件規定之所有廠商比減價格，比減價格不得超過 3 次。機關如須限制廠商比減價格次數為 1 次或 2 次，應於招標文件規定預先載明或是開標主持人在比減價格程序前通知參加廠商。(採購法第 53 條，施行細則第 70 條)

(二)訂有底價之採購，僅有一家投標廠商合於招標文件規定或是採議價方式辦理的情形，其減價次數現行法令並未加以限制，如機關想要限制廠商減價次數，應於招標文件規定預先載明，或是進行價格程序前由開標主持人通知參加廠商。(施行細則第 73 條)

(三)如屬未定底價之採購，合於招標文件規定之最低標價超過評審委員會建議金額或預算金額時，機關得洽最低標廠商優先減價 1 次。如減價結果仍超過評審委員會建議金額或預算金額，再洽所有合於招標文件規定之廠商重新比減價格，比減價格不得超過 3 次。如機關須限

制廠商比減價格次數，亦得限制為 1 次或 2 次。(採購法第 54 條)

三、確認通知比減價格對象

　　有兩家以上投標廠商合於招標文件規定時，機關應先洽最低標廠商辦理優先減價1次，如減價結果仍超過底價，應由所有合於招標文件之投標廠商進行第 1 次比減價格，即便最低標廠商於優先減價時表示「無法減價」，機關仍應通知最低標廠商參加第 1 次比減價格。至第 2 次及第 3 次比減價格，除非廠商有未能減至機關所宣布之前一次減價或比減價格之最低標價，或經通知仍未到場放棄減價權利之情形，機關得不通知其參加下一次比減價格外，機關應通知所有合於招標文件規定之廠商參加各次比減價格，不得遺漏。(施行細則第 70 條)

四、宣布標價、減價及比減價格結果

　　機關在進行價格程序前應先宣讀合於招標文件規定之各家廠商標價，並宣布最低標價，再洽最低標廠商進行優先減價 1 次；優先減價結束後，如減價結果仍超過底價，於第1次比減價格前，機關應宣布最低標廠商之減價結果。後續第 2 次及第 3 次比減價格前，機關均應宣布前一次比減價格之最低標價，作為廠商進行減價之參考。在實務上，多數機關會在每次比減價格結束後，逐一宣讀各家廠商減價後之標價，並宣布該次比減價格結果之最低標價，再進行下一次比減價格程序，避免滋生爭議。(施行細則第 70 條)

五、廠商「依底價承作」的時機

　　減價及比減價格過程，廠商應書明減價後之標價，也就是要寫一個明確的金額才符合規定，除非有投標廠商僅有一家、採議價方式辦理或比減價格時僅餘一家廠商等三種情形之一時，該唯一一家廠商以書面表示「以底價承作」或底價再減若干，機關始得接受。(施行細則第 72 條)

六、確認最低標標價有無低於底價 80%情形

　　總標價偏低處理流程如下圖，更詳細內容請參見本章第二節。

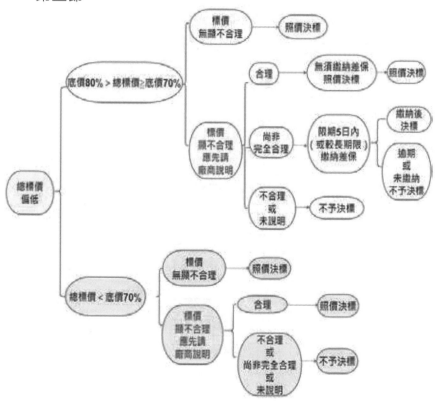

七、超底價決標

　　在機關尚未宣布廢標前，減價或比減價格結果，最低標超過底價，但未超過預算金額，如採購案屬未達查核金額之採購且最低標價不超過底價 8%，或屬查核金額以上之採購且最低標價不超過底價 4%，機關如有緊急情事急需決標，應經原底價核定人或其授權人員核准，以超底價決標。

　　如屬查核金額以上之採購，最低標價超過底價 4% 但未超過 8%，則機關得先保留決標，並應敘明理由連同底價、減價經過及報價比較表或開標紀錄等相關資料，報請上級機關核准後以超底價決標。如遇有上級機關派員監辦，且監辦人員已被授權，則可由監辦人員於授權範圍內當場核准後決標，或由監辦人員簽報上級核准。(採購法第 53 條、施行細則第 72 條)

兩家以上廠商合於招標文件規定之減價及比減價格程序

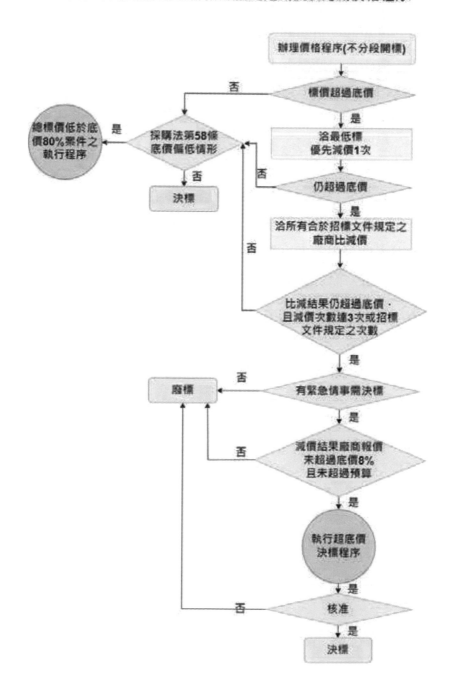

僅一家廠商符合招標文件規定或採議價方式之減價程序

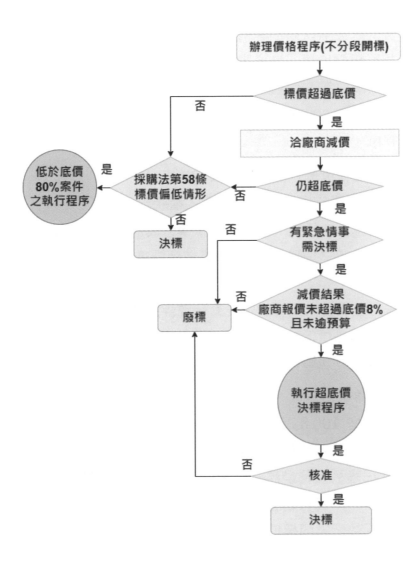

第二節 總標價偏低處理

　　最低標決標案件常常遇到廠商低價搶標，得標後卻有期程延遲、交貨瑕疵或無法履約等情形發生。為了避免廠商未經成本評估就胡亂報價搶標，造成履約過程中甲、乙雙方的困擾，主管機關依採購法第 58 條規定訂頒「依政府採購法第 58 條處理總標價低於底價 80%案件之處理程序」，讓機關在決標前先有一道把關程序。

一、了解何謂總標價偏低(施行細則第 79 條)

　　　　依底價訂定與否，分為以下 3 種狀況：

　　(一)訂有底價之採購，廠商之總標價低於底價 80%。

　　(二)未訂底價之採購，廠商之總標價經評審或評選委員會認為偏低。

　　(三)未訂底價且未設置評審委員會或評選委員會之採購，廠商之總標價低於預算金額或預估需用金額 70% (預算案未經立法單位通過，以預估需用金額 70%計算)。

二、著手處理總標價偏低

　　　　工程會 100.8.22 第 100002610901 號令頒修之「依政府採購法第 58 條處理總標價低於底價 80%案件之處理程序」已表列各種型態及對應措施。為了方便讀者理解與實務操作，本書特地將表格文字內容整理並繪製成 2 張流程圖如下，記得開標前要多看幾眼喔。

總標價低於底價80％案件之執行程序（一）

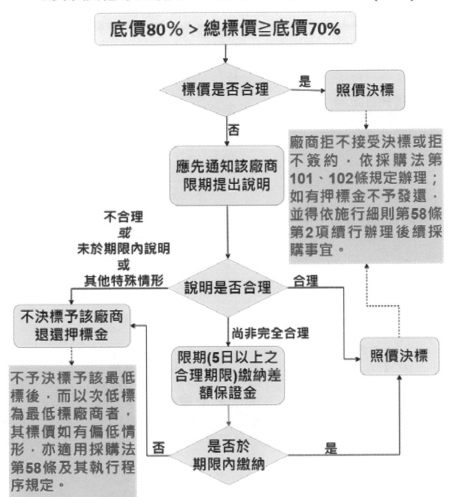

底價80％ > 總標價≧底價70％

標價是否合理 —是→ 照價決標

否↓

應先通知該廠商限期提出說明

不合理
或
未於期限內說明
或
其他特殊情形

說明是否合理 —合理→ 廠商拒不接受決標或拒不簽約，依採購法第101、102條規定辦理；如有押標金不予發還，並得依施行細則第58條第2項續行辦理後續採購事宜。

不決標予該廠商退還押標金

尚非完全合理↓

不予決標予該最低標後，而以次低標為最低標廠商者，其標價如有偏低情形，亦適用採購法第58條及其執行程序規定。

限期(5日以上之合理期限)繳納差額保證金

是否於期限內繳納 —是→ 照價決標
否

*溫馨提醒：
1.差額保證金計算方式(參照「押標金保證金暨其他擔保作業辦法」第30條)：
差額保證金=(底價*80％)-總標價。
2.請注意不可將底價金額宣布，否則有採購法第34條第3項洩漏底價之情形。

總標價低於底價80%案件之執行程序（二）

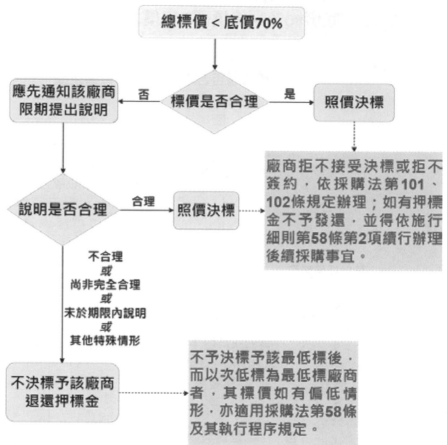

*溫馨提醒：
總標價低於底價70%之情形係報價過於偏低，如廠商說明合理則照價決標，不合理或尚未完全合理則應不予決標，並無差額保證金之適用。

第三節 決標及訂約注意事項

一、宣布決標

減價或比減價格結果在底價內時,除非有標價偏低情形(採購法第 58 條)外,即應宣布決標(施行細則第 69 條)。

二、審酌底價是否公開

決標後如遇有廠商詢問底價,機關可否公布一節,實務上決標後若無特殊情形,即可公開底價(採購法第 34 條第 3 項),但為防範及避免採購開標主持人過失公布底價情事發生,法務部廉政署 107.1.15 廉政字第 10707000360 號書函推廣「開標主持人宣布決標後,勿直接宣布底價,俟決標紀錄完成後,再行宣布底價。」,且機關應於決標日起 30 日內,將決標結果刊登政府採購公報,建議請廠商自行上網查詢決標公告(採購法第 61 條、政府採購公告及公報發行辦法第 13 條)。

三、製作決標紀錄

機關製作決標紀錄應記載下列事項,並由辦理決標人員會同簽認;有監辦決標人員或有得標廠商代表參加者,亦應會同簽認(施行細則第 68 條),可參考工程會網站提供之開決標紀錄格式(如下表):

(一)有案號者,其案號。

(二)決標標的之名稱及數量摘要。

(三)審標結果。

(四)得標廠商名稱。

(五)決標金額。

(六)決標日期。

開審決大白話

(七)有減價、比減價格、協商或綜合評選者，其過程。

(八)超底價決標者，超底價之金額、比率及必須決標之緊急
情事。

(九)所依據之決標原則。

(十)有尚未解決之異議或申訴事件者，其處理情形。

（機關全銜） 開標/議價/決標/流標/廢標紀錄

時間： 年 月 日 午 時 分 地點：

案號		開標次別	
標的名稱及數量摘要		招標方式	
刊登政府採購公報日期		上網日期	

投標廠商	標價	優先減價後之標價	第1次比減價格後之標價	第2次比減價格後之標價	第3次比減價格後之標價

審標結果/流標原因/廢標原因	一、本案投標廠商計___家，開標前合格投標廠商計___家，審標結果___家符合招標文件規定，其餘___家不合格。 二、_____公司報價（減價後）新臺幣（下同）_____元整最低，且在底價_____元整以內，經主持人當場依政府採購法第52條第1項第1款宣布決標。 三、□投標廠商未達3家，經主持人當場宣布流標。 四、□開標後經審標結果，無得為決標對象之廠商，經主持人當場宣布廢標。 五、其他：
決標原則、得標廠商及決標金額	決標原則：依政府採購法第52條第___項第___款。 得標廠商： 決標金額： (中文大寫) 其他： (超底價決標時應另註明超底價之金額、比率及必須決標之緊急情事) / 得標廠商代表簽名(或蓋章) (本通知投標廠商則列場者，免簽名或蓋章)
決標過程	(註明減價/比減價格/超底價決標/協商/綜合評選之過程)
異議或申訴事件	(註明尚未解決之異議或申訴事件之處理情形)
備註	
記錄	(簽章) / 監辦人員 (簽章)
會辦人員	(簽章) / 主持人 (簽章)

四、通知投標廠商

　　決標結果以書面(如決標通知單、發函)通知各投標廠商，其通知應包括下列事項(採購法第 61 條、施行細則第 85 條)：

(一)有案號者，其案號。

(二)決標標的之名稱及數量摘要。

(三)得標廠商名稱。

(四)決標金額。

(五)決標日期。

五、刊登決標公告(或定期彙送)

　　機關應自決標日起 30 日內將決標結果刊登政府採購公報，建議如登入政府電子採購網時，遇有「逾開標日期 1 個月未傳輸決標或無法決標之招標公告」的視窗警示時，應立即查詢該案件情形，盡早補登處理，以避免審計單位或採購稽核小組列為機關缺失，而追究懲處相關人員疏失(採購法第 61 條、採購法第 62 條、施行細則第 84 條、施行細則第 86 條)。

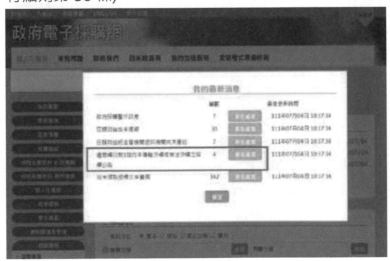

標場實例見招拆招

○案例見招 1：

機關辦理公開取得書面報價單最低標決標之採購，預算 90 萬元，底價 78 萬元。計有 A、B、C 三家廠商投標，其標價分別為 83 萬元、85 萬元及 88 萬元。開標後，審標結果為三家廠商均合於招標文件規定，其中 A 廠商為最低標，機關洽請 A 廠商進行優先減價，A 廠商即書面表示「無法減價」，請問 A 廠商是否仍可參加第 1 次比減價格程序？

●機關拆招：

A 廠商於優先減價時書面表示「無法減價」，亦即優先減價結果仍超底價，依採購法第 53 條第 1 項後段規定，後續得由所有合於招標文件規定之投標廠商重新比減價格，故 A 廠商仍可參加第 1 次比減價格程序。如 A 廠商於第 1 次比減價格時仍表示「無法減價」，機關始得依採購法第 70 條第 3 項規定，不通知 A 廠商參加後續比減價格程序。價格程序如下：

預算：900,000 底價：780,000	A 廠商 830,000	B 廠商 850,000	C 廠商 880,000
優先減價	★無法減價		
第 1 次比減	●無法減價	●820,000	●810,000
第 2 次比減	▲	●790,000	●800,000
第 3 次比減	▲	●780,000	●760,000-決標

備註：★通知最低標廠商優先減價；●應通知廠商比減價；▲得不通知廠商比減價

📃參考法條與釋例：

一、採購法第 53 條第 1 項規定:「合於招標文件規定之投標廠商之最低標價超過底價時,得洽該最低標廠商減價 1 次;減價結果仍超過底價時,得由所有合於招標文件規定之投標廠商重新比減價格,比減價格不得逾 3 次。」

二、施行細則第 70 條第 3 項規定:「參加比減價格或協商之廠商有下列情形之一者,機關得不通知其參加下一次之比減價格或協商:一、未能減至機關所宣布之前一次減價或比減價格之最低標價。二、依本法第 60 條規定視同放棄。」

○案例見招 2:

機關公開招標最低標決標之採購,已於招標文件明定得標廠商須繳納印花稅,如得標廠商不願配合,應如何處理?

●機關拆招:

一、屬「印花稅法」第 5 條課徵範圍者,納稅人須按規定稅率或稅額貼足印花稅票;如其稅額巨大不便貼用印花稅票者,得請由稽徵機關開立繳款書予納稅人。

二、決標後採購契約業已成立,得標廠商即應依印花稅法繳納印花稅,依「印花稅法」第 22 條規定,如有違反該法之憑證,任何人得向主管稽徵機關舉發之。

參考法條與釋例:

一、「印花稅法」第 5 條規定:「印花稅以左列憑證為課徵範圍:…二、銀錢收據:指收到銀錢所立之單據、簿、摺。凡收受或代收銀錢收據、收款回執、解款條、取租簿、取租摺及付款簿等屬之。但兼具營業發票性質之銀錢收據及兼具銀錢收據性質之營業發票不包括在內。三、買賣動產契據:指買賣動產所立之契據。四、承攬契據:指一方為他方完成一定工作

之契據；如承包各種工程契約、承印印刷品契約及代理加工契據等屬之...。」

二、「印花稅法」第 22 條規定：「違反本法之憑證，任何人得向主管徵收機關舉發之。」

○案例見招 3：

> 機關辦理公開取得書面報價單最低標決標之採購，並於招標文件規定請廠商派員到場以備說明、澄清及減價，未派員到場者，視同放棄相關權利。計有 A、B、C 三家廠商投標，開標時，僅 A 廠商派員到場。審標結果為三家廠商均合於招標文件規定，且標價均高於底價，其中 A 廠商為最低標。進行價格程序時，機關洽請 A 廠商優先減價，惟所有合於招標文件之廠商，僅 A 廠商派員到場，故其於書面表示「願以底價承作」，其優先減價之意思表示是否有效？又 A 廠商於第 1 次比減價格程序，以書面表示「願以底價承作」，請問機關得否接受？

●機關拆招：

一、依施行細則第 72 條第 1 項規定，A 廠商於優先減價時應書明減價後之標價。故 A 廠商於優先減價時書面表示「願以底價承作」，與上開規定不符，應屬無效。

二、因本案招標文件已規定廠商應派員到場以備減價，未派員到場者，視同放棄相關權利。依採購法第 60 條規定，未派員到場之 B、C 兩家廠商，於第 1 次比減價格程序時，視同放棄減價權利，僅剩 A 廠商參加第 1 次比減價格程序。此時 A 廠商如以書面表示「願以底價承作」，依施行細則第 72 條第 2 項規定，機關應予接受。

預算：900,000 底價：800,000	A 廠商 830,000 -派員到場	B 廠商 850,000 -未派員	C 廠商 880,000 -未派員
優先減價	★ 願以底價承作-無效		
第 1 次比減	● 願以底價承作-決標	×	×

備註：★**通知最低標廠商優先減價；●應通知廠商比減價；×廠商未到場放棄減價權利**

📖參考法條與釋例：

一、施行細則第 72 條第 1 項規定：「機關依本法第 53 條第 1 項及第 54 條規定辦理減價及比減價格，參與之廠商應書明減價後之標價。」

二、採購法第 60 條規定：「機關...通知廠商說明、減價、比減價格、協商、更改原報內容或重新報價，廠商未依通知期限辦理者，視同放棄。」

三、施行細則第 72 條第 2 項規定：「合於招標文件規定之投標廠商僅有一家或採議價方式辦理採購，廠商標價超過底價或評審委員會建議之金額，經洽減結果，廠商書面表示減至底價...，機關應予接受。比減價格時，僅餘一家廠商書面表示減價者，亦同。」

🌸**溫馨提醒：優先減價為「減價」非屬「比減價格」，故無施行細則第 72 條第 2 項規定之適用。**

〇案例見招 4：

機關辦理公開取得書面報價單最低標決標之採購，預算 90 萬元，底價 78 萬元。計有 A、B、C 三家廠商投標，開標後，審標結果為三家廠商均合於招標文件規定，其中 A 廠商標價 83 萬元為最低標，經優先減價程序後，減為 82.5 萬元，機關宣讀其優先減價金額後表示仍超過底價，續請所有合於招標文件之投標廠商進行第 1 次比減價格程序，A 廠商減為 80 萬元，B 廠商減為 83 萬元(高於優先減價金額)，C 廠商減為 82 萬元，減價結果為三家廠商均高於底價，於第 2 次比減價格程序時，機關除通知 A、C 兩家廠商參加外，是否仍須通知 B 廠商參加後續比減價格程序？

●機關拆招：

一、施行細則第 70 條第 1 項規定，機關於優先減價及各次比減價格程序結束時，應宣讀各次減價結果及最低標價。

二、依施行細則第 70 條第 3 項規定，因本案 B 廠商於第 1 次比減價格未能減至機關所宣布之優先減價結果，機關得不通知 B 廠商參加第 2 次比減價格程序。

預算：900,000 底價：780,000	A 廠商 830,000	B 廠商 850,000	C 廠商 880,000
優先減價	★825,000		
第 1 次比減	●800,000	●830,000	●820,000
第 2 次比減	●	▲	●
第 3 次比減	視第 2 次比減結果辦理		
備註：★通知最低標廠商優先減價；●應通知廠商比減價；▲得不通知廠商比減價			

參考法條與釋例：

一、施行細則第 70 條第 1 項規定：「機關於第 1 次比減價格前，應宣布最低標廠商減價結果；第 2 次以後比減價格前，應宣布前一次比減價格之最低標價。」

二、施行細則第 70 條第 3 項規定：「參加比減價格或協商之廠商有下列情形之一者，機關得不通知其參加下一次之比減價格或協商：一、未能減至機關所宣布之前一次減價或比減價格之最低標價...。」

○案例見招 5：

機關辦理公開招標最低標決標之採購，計有 A、B、C 三家廠商投標且均派員到場參加開標，開標後，審標結果為三家廠商均合於招標文件規定，其中 A 廠商為最低標，比減價格程序時，機關請 A 廠商進行優先減價，A 廠商即書面表示「願以底價承作」，其優先減價之意思表示是否有效？

●機關拆招：

一、依採購法第 53 條第 1 項規定，最低標廠商之標價超過底價時，得洽最低標廠商優先減價 1 次；另依施行細則第 72 條規定，最低標廠商於優先減價時應書明減價後之標價，故本案最低標之 A 廠商於優先減價時書面表示「願以底價承作」，與上開規定不符，應屬無效。

二、依工程會 95.2.23 第 09500066420 號函意旨，本案後續價格程序為機關應通知所有合於招標文件規定之投標廠商進行第 1 次比減價格。

參考法條與釋例：

一、採購法第 53 條第 1 項規定：「合於招標文件規定之投標廠

商之最低標價超過底價時，得洽該最低標廠商減價 1 次；減價結果仍超過底價時，得由所有合於招標文件規定之投標廠商重新比減價格，比減價格不得逾 3 次。」

二、施行細則第 72 條規定：「(第 1 項)機關依本法第 53 條第 1 項及第 54 條規定辦理減價及比減價格，參與之廠商應書明減價後之標價。(第 2 項)合於招標文件規定之投標廠商僅有一家或採議價方式辦理採購，廠商標價超過底價...，經洽減結果，廠商書面表示減至底價...，機關應予接受。比減價格時，僅餘一家廠商書面表示減價者，亦同。」

三、工程會 95.2.23 第 09500066420 號函：「...機關依本法第 53 條規定洽請最低標廠商優先減價，該廠商未書明減價後金額，而以書面表示『願以底價承作』時，因屬與標價有關事項，機關尚不得允許其更正書明減價後之金額；又因該報價已違反本法施行細則第 72 條第 1 項規定，其優先減價應視同無效，續由所有在場廠商(包括該優先減價廠商)進行第 1 次比減價格。」

○案例見招 6：

機關辦理公開取得書面報價單最低標決標之採購，並於招標文件規定請廠商派員到場以備說明、澄清及減價，未派員到場者，視同放棄相關權利。計有 A、B、C 三家廠商投標，開標後，審標結果為三家廠商均合於招標文件規定，其標價分別為 83 萬元、85 萬元及 88 萬元，均高於底價，現 A 及 C 兩家廠商均未派員到場參加減價程序，僅次低標 B 廠商派員到場，B 廠商於第 1 次比減價時書面表示「願以底價承作」，機關可否接受？

●機關拆招：

一、因本案招標文件已規定廠商應派員到場以備減價，未派員到場者，視同放棄相關權利，故最低標 A 廠商未派員到場之行為視同放棄優先減價權利，機關得依採購法第 53 條規定洽所有合於招標文件規定之投標廠商進行第 1 次比減價格程序。

二、依施行細則第 72 條第 2 項規定，於第 1 次比減價格程序時，B 廠商書面表示願以底價承作，機關應予接受。

預算：900,000 底價：800,000	A 廠商 830,000 -未派員出席	B 廠商 850,000 -派員出席	C 廠商 880,000 -未派員出席
優先減價	×		
第 1 次比減	×	● 願以底價承作 -決標	×

備註：●應通知廠商比減價；×廠商未到場放棄減價權利

📖 參考法條與釋例：

一、工程會 88.12.10 第 8820569 號函：「...開標結果如須減價而相關廠商未到場時之處理，應視招標文件有無規定廠商應派代表到場以備減價而定，如未規定，可依政府採購法第 60 條之規定通知廠商限期辦理。」

二、採購法第 60 條規定：「機關辦理採購依第 51 條、第 53 條、第 54 條或第 57 條規定，通知廠商說明、減價、比減價格、協商、更改原報內容或重新報價，廠商未依通知期限辦理者，視同放棄。」

三、施行細則第 72 條第 2 項規定：「合於招標文件規定之投標

廠商僅有一家或採議價方式辦理採購，廠商標價超過底價或評審委員會建議之金額，經洽減結果，廠商書面表示減至底價或評審委員會建議之金額，或照底價或評審委員會建議之金額再減若干數額者，機關應予接受。比減價格時，僅餘一家廠商書面表示減價者，亦同。」

○案例見招 7：

機關辦理公開招標最低標決標之採購，預算金額 110 萬元，底價 100 萬元，計有 A、B、C、D 四家廠商投標，開標後，審標結果為三家廠商均合於招標文件規定，其標價分別為 72 萬元、73 萬元、75 萬元、78 萬元。因最低標 A 廠商之標價已低於底價 80%但在底價 70%以上，機關認為有降低履約品質之虞，可否先宣布保留決標，直接通知 A 廠商應於開標日之次日起 5 日內，繳納總標價與底價 80%之差額保證金？如 A 廠商未於機關通知期限內繳納差額保證金，機關得否直接決標予次低標之 B 廠商？

●機關拆招：

一、依「依採購法第 58 條處理總標價低於底價 80%案件之執行程序」附註二規定，如機關如認為最低標廠商報價偏低顯不合理時，應予廠商提出說明之機會，故本案機關不得未洽最低標 A 廠商說明即要求 A 廠商繳納差額保證金，而應依上開執行程序項次四規定辦理。

二、如最低標之 A 廠商未於機關通知期限內繳納差額保證金，而以次低標廠商 B 廠商為最低標時，因 B 廠商之標價亦低於底價 80%但在底價 70%以上，依上開執行程序附註三規定，亦有該執行程序項次四之適用。故本案機關應評估 B

廠商標價合理性，不合理則限期 B 廠商提出書面說明，如又認定 B 廠商說明顯不合理或尚非完全合理，則依此類推，再依相同程序評估次次低標 C 廠商之標價或請其提出書面說明。不得逕因 A 廠商未依限或未繳納足額之差額保證金，而未經評估直接決標予次低標 B 廠商。

📖參考法條與釋例：

「依採購法第 58 條處理總標價低於底價 80%案件之執行程序」

○案例見招 8：

機關辦理公開招標最低標決標之採購，於招標文件規定：「開標當日辦理決標，廠商未到場說明、減價或比減價格者視同放棄相關權利，另最低標標價相同時由主持人抽籤決定決標對象。」開標後，審標結果為 A、B、C 三家廠商均合於招標文件規定，A、B 兩家廠商之投標價相同且同為底價以內之最低標，均得為決標對象，惟 A、B 兩家廠商均未派員到場，機關應如何處理？

●機關拆招：

一、依施行細則第 62 條第 2 項規定，機關採最低標決標者，開標後發現有兩家以上廠商標價相同，且均得為決標對象時，應由該等廠商再行比減價格 1 次，以低價者決標。比減後之標價仍相同者，抽籤決定之。

二、本案同為最低標之 A、B 兩家廠商均未派員到場，依招標文件規定，A、B 兩家廠商未派員到場之行為視同放棄比減價格權利，並由開標主持人抽籤決定後決標。

📖參考法條與釋例：

施行細則第 62 條規定：「(第 1 項)機關採最低標決標者，二家以上廠商標價相同，且均得為決標對象時，其比減價格次數已達本

法第 53 條或第 54 條規定之 3 次限制者，逕行抽籤決定之。(第 2 項)前項標價相同，其比減價格次數未達 3 次限制者，應由該等廠商再行比減價格 1 次，以低價者決標。比減後之標價仍相同者，抽籤決定之。」

○案例見招 9：

> 機關辦理公開招標最低標決標之採購，預算 250 萬元，底價 218 萬元。第 2 次招標公告結果，計有 A、B 兩家廠商投標，開標後，審標結果為兩家廠商均合於招標文件規定，其標價分別為 220 萬元及 240 萬元，均超過底價。A 廠商於優先減價時書面表示「無法減價」，機關續洽所有合於招標文件規定之 A、B 兩家廠商進行第 1 次比減價格程序，A 廠商再次書面表示「無法減價」，B 廠商則書面表示「照底價承作」，機關應如何處理？

● 機關拆招：

一、最低標 A 廠商於優先減價時書面表示「無法減價」，亦即優先減價結果仍超過底價。依採購法第 53 條第 1 項後段規定，機關應洽所有合於招標文件規定之 A、B 兩家廠商進行第 1 次比減價格程序。

二、依施行細則第 70 條第 3 項第 1 款規定， A 廠商於第 1 次比減價格時再次書面表示「無法減價」，機關得不通知 A 廠商參加第 2 次比減價格程序。

三、至次低標 B 廠商於第 1 次比減價格時以書面表示「照底價承作」部分，因第 1 次比減價格程序，尚有 A、B 兩家廠商參與價格競爭，依施行細則第 72 條第 1 項規定，應屬無效。

四、嗣後，機關續洽 B 廠商進行第 2 次比減價格程序時，如機關決定不通知 A 廠商參加第 2 次比減價格，僅 B 廠商參加

第 2 次比減價格程序時，B 廠商再以書面表示「照底價承作」，即屬施行細則第 72 條第 2 項後段之情形，機關應予接受。

預算：2,500,000 底價：2,180,000	A 廠商 2,200,000	B 廠商 2,400,000
優先減價	★無法減價 即維持 2,200,000	
第 1 次比減	●無法減價 即維持 2,200,000	●照底價承作-無效
第 2 次比減	▲(本案例採不通知 A 減價)	●照底價承作-決標
備註：★通知最低標廠商優先減價；●應通知廠商比減價；▲得不通知廠商比減價		

📖參考法條與釋例：

一、採購法第 53 條第 1 項規定：「合於招標文件規定之投標廠商之最低標價超過底價時，得洽該最低標廠商減價 1 次；減價結果仍超過底價時，得由所有合於招標文件規定之投標廠商重新比減價格，比減價格不得逾 3 次。」

二、施行細則第 70 條第 3 項規定：「參加比減價格或協商之廠商有下列情形之一者，機關得不通知其參加下一次之比減價格或協商：一、未能減至機關所宣布之前一次減價或比減價格之最低標價。...」

三、施行細則第 72 條規定：「(第 1 項)機關依本法第 53 條第 1 項及第 54 條規定辦理減價及比減價格，參與之廠商應書明減價後之標價。(第 2 項)合於招標文件規定之投標廠商僅有一家或採議價方式辦理採購，廠商標價超過底價或評審委員會建議之金額，經洽減結果，廠商書面表示減至底價或評審

委員會建議之金額，或照底價或評審委員會建議之金額再減若干數額者，機關應予接受。比減價格時，僅餘一家廠商書面表示減價者，亦同。」

○案例見招 10：

機關辦理公開招標最低標決標之採購，其預算金額 240 萬元，底價 220 萬元，計有 A、B、C 三家廠商投標，經機關開標後，審標結果為三家廠商均合於招標文件規定，其標價分別為 230 萬元、235 萬元及 238 萬元，均超過底價。其中最低標 A 廠商於優先減價時書面表示「無法減價」，機關進行第 1 次比減價格時，A 廠商書面表示「無法減價」，B、C 兩家廠商均減價至 218 萬元，機關應如何處理？

●機關拆招：

一、最低標 A 廠商於優先減價程序表示「無法減價」，亦即優先減價結果仍超底價。依採購法第 53 條第 1 項後段規定，機關得洽所有合於招標文件規定之投標廠商(包括 A 廠商)進行第 1 次比減價格程序。

二、依施行細則第 70 條第 3 項第 1 款規定，A 廠商於第 1 次比減價格時書面表示「無法減價」，機關得不再洽 A 廠商參加第 2 次比減價格程序。

三、另 B、C 兩家廠商均減價至 218 萬元，屬底價以內且標價相同，均得為決標對象之情形，依施行細則第 62 條第 2 項規定，由 B、C 兩家廠商再進行比減價格 1 次，以低價者決標。如第 2 次比減價格程序後，B、C 廠商之標價仍相同，則抽籤決定之，不再進行第 3 次比減價格程序。其比減程序如下：

預算：2,400,000 底價：2,200,000	A 廠商 2,300,000	B 廠商 2,350,000	C 廠商 2,380,000
優先減價	★無法減價（即維持 2,300,000）		
第 1 次比減	●無法減價（即維持 2,300,000）	● 2,180,000	● 2,180,000
第 2 次比減	▲(本案例採不通知 A 減價)	同時比減 1 次結果	狀況1： ● 1,150,000 ／ ● 1,116,000 (決標) 狀況2： ● 1,150,000 ／ ● 1,150,000 抽籤決定之 (決標價 1,150,000)

備註：★通知最低標廠商優先減價；●應通知廠商比減價；
▲得不通知廠商比減價

📖參考法條與釋例：

一、採購法第 53 條第 1 項規定：「合於招標文件規定之投標廠商之最低標價超過底價時，得洽該最低標廠商減價 1 次；減價結果仍超過底價時，得由所有合於招標文件規定之投標廠商重新比減價格，比減價格不得逾 3 次。」

二、施行細則第 70 條第 3 項規定：「參加比減價格或協商之廠商有下列情形之一者，機關得不通知其參加下一次之比減價格或協商：一、未能減至機關所宣布之前一次減價或比減價格之最低標價。二、依本法第 60 條規定視同放棄。」

三、施行細則第 62 條第 2 項規定:「前項標價相同,其比減價格次數未達 3 次限制者,應由該等廠商再行比減價格 1 次,以低價者決標。比減後之標價仍相同者,抽籤決定之。」

〇案例見招 11:

機關辦理公開招標最低標決標之採購,預算金額 230 萬元,底價 200 萬元,計有 A、B、C 三家廠商投標,開標後,審標結果為三家廠商均合於招標文件規定,其標價分別為 210 萬元、220 萬元及 230 萬元,均高於底價。最低標 A 廠商於優先減價時表示「無法減價」,機關洽所有合於招標文件規定之投標廠商進行第 1 次比減價格程序,A 廠商仍書面表示「無法減價」,而 B、C 兩家廠商則分別減價至 212 萬元及 215 萬元,均高於 A 廠商之投標價,機關應如何處理?

●機關拆招:

一、最低標 A 廠商於優先減價時表示「無法減價」,亦即優先減價結果仍超過底價。依採購法第 53 條第 1 項後段規定,機關應洽所有合於招標文件規定之 A、B 及 C 三家廠商進行第 1 次比減價格程序。

二、於第 1 次比減時,A 廠商再次表示「無法減價」,及 B、C 兩家廠商未能減至機關所宣布之最低標價等情形,依施行細則第 70 條第 3 項第 1 款規定,本案得不通知 A、B 及 C 三家廠商進行第 2 次比減價格程序,逕行宣布廢標,或洽 A、B 及 C 三家廠商繼續比減,亦無不可。

預算：2,300,000 底價：2,000,000	A 廠商 2,100,000	B 廠商 2,200,000	C 廠商 2,300,000
優先減價	★無法減價(即維持 2,100,000)		
第 1 次比減	●無法減價	●減為 2,120,000	●減為 2,150,000
第 2 次比減	▲	▲	▲
第 3 次比減	視第 2 次比減辦理情形而定		
備註：★**通知最低標廠商優先減價**；●**應通知廠商比減價**；▲ **得不通知廠商比減價**			

🗒參考法條與釋例：

一、採購法第 53 條第 1 項規定：「合於招標文件規定之投標廠商之最低標價超過底價時，得洽該最低標廠商減價 1 次；減價結果仍超過底價時，得由所有合於招標文件規定之投標廠商重新比減價格，比減價格不得逾 3 次。」

二、施行細則第 70 條第 3 項規定：「參加比減價格或協商之廠商有下列情形之一者，機關得不通知其參加下一次之比減價格或協商：一、未能減至機關所宣布之前一次減價或比減價格之最低標價。…」

○案例見招 12：

機關辦理公開招標最低標決標之採購，預算金額 250 萬元，底價 220 萬元。計有 A、B、C 三家廠商投標，開標後，審標結果三家廠商均合於招標文件規定，其標價分別為 230 萬元、240 萬元及 245 萬元，均超過底價。A 廠商於優先減價時減價至 228 萬元，仍超底價，爰機關洽請 A、B、C 三家廠商進行第 1 次比減價格程序，A 廠商減價至 220 萬元，B 廠商減價至 218 萬元，C 廠商則書面表示「本次比減價格之最低價再少 100 元」，機關應如何處理？

●機關拆招：

一、依施行細則第 72 條第 1 項規定，廠商比減價格時應書明減價後之標價。故 C 廠商於第 1 次減價時書面表示「本次比減價格之最低價再少 100 元」，應屬無效。

二、依政府採購法第 52 條第 1 項第 1 款規定，本案屬訂有底價之採購，以合於招標文件規定，且減價後標價在底價以內之最低標 B 廠商為得標廠商。

預算：2,500,000 底價：2,200,000	A 廠商 2,300,000	B 廠商 2,400,000	C 廠商 2,450,000
優先減價	★ 2,280,000		
第 1 次比減	● 2,200,000	● 2,180,000-決標	● 本次減價之最低價再少 100 元-無效
備註：★通知最低標廠商優先減價；●應通知廠商比減價			

📃參考法條與釋例：

一、施行細則第 72 條第 1 項規定：「機關依本法第 53 條第 1 項及第 54 條規定辦理減價及比減價格，參與之廠商應書明減價後之標價。」

二、採購法第 52 條第 1 項規定：「機關辦理採購之決標，應依下列原則之一辦理，並應載明於招標文件中：一、訂有底價之採購，以合於招標文件規定，且在底價以內之最低標為得標廠商...。」

〇案例見招 13：

機關辦理公開招標最低標決標並訂有底價之採購，已進行第 3 次比減價格程序，其減價結果仍超過底價，經開標主持人宣布廢標後，申購單位當場表示：「有急迫性需求，希望可以讓廠商再減價 1 次」，開標主持人應如何處理？

●機關拆招：

一、依採購法第 52 條第 1 項第 1 款規定，訂有底價之採購，其決標原則為合於招標文件規定，且在底價以內之最低標為得標廠商。

二、另依採購法第 53 條第 1 項規定，機關採最低標決標之比減價格程序不得逾 3 次。故經 3 次比減價格後，如廠商仍未減至底價以內，且開標主持人已宣布廢標，機關仍應維持原宣布之廢標決定，採購單位尚不得因申購單位有急迫性需求，而允許廠商進行第 4 次比減價格程序。

📃參考法條及釋例：

一、採購法第 52 條第 1 項第 1 款規定：「訂有底價之採購，以合於招標文件規定，且在底價以內之最低標為得標廠商。」

二、採購法第 53 條第 1 項規定：「合於招標文件規定之投標廠
　　商之最低標價超過底價時，得洽該最低標廠商減價 1 次；
　　減價結果仍超過底價時，得由所有合於招標文件規定之投
　　標廠商重新比減價格，比減價格不得逾 3 次。」

○案例見招 14：

機關辦理公開招標最低標決標之採購，預算金額 280 萬元，底
價 260 萬元。計有 A、B、C 三家廠商投標，開標後，審標結果
為三家廠商均符合招標文件規定，其標價分別為 255 萬元、265
萬元及 270 萬元，經機關宣布 A 廠商為底價以內之最低標，並
決標予 A 廠商。惟採購承辦人於決標後履約前整理資料時，發
現 A 廠商漏附招標文件規定投標時須檢附之納稅證明，機關隨
即依法撤銷 A 廠商之決標並解除契約，並考量採購時效，本案
不另重行招標，如何再洽 B、C 兩家廠商辦理比減價格程序？

●機關拆招：

一、決標後，採購承辦人始發現 A 廠商有漏附招標文件規定之
　　應附文件情形，機關應重行判定 A 廠商屬不合格標，並依
　　採購法第 50 條第 1 項第 1 款規定，不決標予 A 廠商。因本
　　案已決標予 A 廠商，依同條第 2 項規定，應撤銷 A 廠商之
　　決標並解除契約。

二、機關依採購法第 50 條第 2 項規定撤銷決標及解除契約後，
　　除得依施行細則第 58 條第 1 項第 1 款規定重行辦理招標外，
　　另可依同條項第 2 款前段規定，得以原決標價依決標前各投
　　標廠商標價之順序，自標價低者起，依序洽其他合於招標文
　　件規定之未得標廠商減至該決標價後決標。故機關得依序先
　　洽 B 廠商減至該決標價(255 萬元)決標，如 B 廠商未能減至

該決標價，則續洽 C 廠商減至該決標價決標。

三、如依序洽 B、C 兩家廠商辦理減價，結果均無廠商願意減至該決標價者，機關得依施行細則第 58 條第 1 項第 2 款後段規定，以廢標處理，或依採購法第 52 條第 1 項規定及招標文件規定之決標原則辦理決標。如本案機關依序洽 B、C 兩家廠商減價結果，均不願減至原決標價 255 萬元，但 B、C 兩家廠商標價均超過底價，與採購法 58 條第 1 項第 2 款規定不符，故無得為決標對象，以廢標處理。

📑參考法條及釋例：

一、採購法第 50 條規定：「(第 1 項) 投標廠商有下列情形之一，經機關於開標前發現者，其所投之標應不予開標；於開標後發現者，應不決標予該廠商：一、未依招標文件之規定投標…。(第 2 項)決標或簽約後發現得標廠商於決標前有第一項情形者，應撤銷決標、終止契約或解除契約，並得追償損失…。」

三、施行細則第 58 條第 1 項規定：「機關依本法第 50 條第 2 項規定撤銷決標或解除契約時，得依下列方式之一續行辦理：一、重行辦理招標。二、原係採最低標為決標原則者，得以原決標價依決標前各投標廠商標價之順序，自標價低者起，依序洽其他合於招標文件規定之未得標廠商減至該決標價後決標。其無廠商減至該決標價者，得依本法第 52 條第 1 項第 1 款、第 2 款及招標文件所定決標原則辦理決標。」

三、採購法第 52 條第 1 項規定：「機關辦理採購之決標，應依下列原則之一辦理，並應載明於招標文件中：一、訂有底價之採購，以合於招標文件規定，且在底價以內之最低標為得標廠商…。」

○案例見招 15：

> 機關辦理公開招標最低標決標之採購，其預算金額 240 萬元，底價 210 萬元。招標文件規定：「開標當日辦理決標，廠商未到場說明、減價或比減價格者視同放棄相關權利」。開標後，審標結果為 A、B、C 三家廠商均合於招標文件規定，其標價分別為 215 萬元、220 萬元及 230 萬元，均超過底價，因最低標 A 廠商未派員到場，進行價格程序時，次低標 B 廠商代表當場表示「我是現場的最低標，應該讓我優先減價」，機關應如何處理？

●機關拆招：

一、依採購法第 53 條第 1 項前段規定，本案最低標 A 廠商之投標標價超過底價，機關得洽 A 廠商優先減價 1 次。因 A 廠商未派員到場，依本案招標文件規定，視同放棄優先減價機會。B 廠商雖派員到場，惟其標價非最低標，與採購法第 53 條第 1 項前段規定之要件不符，故 B 廠商要求優先減價，機關應予拒絕。

二、本案因最低標 A 廠商放棄優先減價權利，故機關得依採購法第 53 條第 1 項後段規定，洽請現場合於招標文件規定之 B、C 兩家廠商進行第 1 次比減價格程序，如招標文件未依施行細則第 70 條第 2 項規定，另有其他比減次數(1 次或 2 次)限制者，比減次數不得超過 3 次。

📖參考法條與釋例：

一、採購法第 53 條第 1 項規定：「合於招標文件規定之投標廠商之最低標價超過底價時，得洽該最低標廠商減價 1 次；減價結果仍超過底價時，得由所有合於招標文件規定之投標廠商重新比減價格，比減價格不得逾 3 次。」

二、施行細則第 70 條第 2 項規定：「機關限制廠商比減價格或

綜合評選之次數為 1 次或 2 次者，應於招標文件中規定或於比減價格或採行協商措施前通知參加比減價格或協商之廠商。」

○案例見招 16：

機關辦理準用最有利標評選案，非固定金額給付，並規定投標廠商應依招標文件規定提供報價，惟於上網招標公告時漏未上傳標價清單。如於選出優勝廠商後，在議價現場方發送標價清單請優勝廠商填寫，是否可行？

●機關拆招：

一、本案如於招標文件規定廠商投標時須檢附標價清單，而機關漏未上傳，係屬招標文件未提供完全之情形。如於開標前發現，應即刻辦理更正公告，並依「招標期限標準」第 7 條第 1 項規定，應視需要延長等標期。

二、因機關自始未提供招標文件規定之標價清單，則審標時應無廠商檢附標價清單，故無合格之可能。是以，如於開標時發現上開情形，機關應依採購法第 48 條第 1 項第 1 款：「變更或補充招標文件內容者」規定宣布廢標。故本案開標後接續進入評選階段，再於議價現場提供標價清單請優勝廠商填寫一節，非屬適法作為。

三、廠商於投標前應確實檢視投標文件之完整性，如有疑義應向招標機關提出。惟本案機關亦有瑕疵，故非屬可完全歸責於廠商之事由。建議機關於上網刊登招標公告時，應仔細確認上傳資料之完整性。

📖參考法條與釋例

一、「招標期限標準」第 7 條第 1 項規定：「機關於等標期截

止前變更或補充招標文件內容者，應視需要延長等標期。」

二、採購法第 48 條第 1 項規定：「機關依本法規定辦理招標，除有下列情形之一不予開標決標外，有三家以上合格廠商投標，即應依招標文件所定時間開標決標：一、變更或補充招標文件內容者…。」

○案例見招 17：

機關辦理公開招標最低標決標之採購，預算金額 280 萬元，底價 260 萬元。計有 A、B、C 三家廠商投標，開標後，審標結果為三家廠商均符合招標文件規定，其標價分別為 255 萬元、258 萬元及 270 萬元，經機關宣布 A 廠商為底價以內之最低標，並決標予 A 廠商。惟採購承辦人於決標後履約前整理資料時，發現 A 廠商漏附招標文件規定投標時須檢附之納稅證明，機關隨即依法撤銷 A 廠商之決標並解除契約，惟考量採購時效，本案不另重行招標，機關可以直接決標給次低標 B 廠商嗎？

●機關拆招：

一、決標後，採購承辦人始發現 A 廠商有漏附招標文件規定之應附文件情形，機關應重行判定 A 廠商屬不合格標，並依採購法第 50 條第 1 項第 1 款規定，不決標予 A 廠商。因本案已決標予 A 廠商，依同條第 2 項規定，應撤銷 A 廠商之決標並解除契約。

二、機關依採購法第 50 條第 2 項規定撤銷決標及解除契約後，除得依施行細則第 58 條第 1 項第 1 款規定重行辦理招標外，另可依同條項第 2 款前段規定，得以原決標價依決標前各投標廠商標價之順序，自標價低者起，依序洽其他合於招標文件規定之未得標廠商減至該決標價後決標。故機關得依序先

洽 B 廠商減至該決標價(255 萬元)決標，如 B 廠商未能減至該決標價，則續洽 C 廠商減至該決標價決標。

三、如依序洽 B、C 兩家廠商辦理減價，結果均無廠商願意減至該決標價者，機關得依施行細則第 58 條第 1 項第 2 款後段規定，以廢標處理，或依採購法第 52 條第 1 項規定及招標文件規定之決標原則辦理決標。因本案基於採購時效不採廢標處理，又 B、C 兩家廠商均不願減至原決標價 255 萬元，如 B 廠商經價格程序後，合於招標文件規定且其標價於底價以內之最低標，機關始得依採購法第 52 條第 1 項規定決標予 B 廠商，決標價為 258 萬元。

參考法條及釋例：

一、採購法第 50 條規定：「(第 1 項) 投標廠商有下列情形之一，經機關於開標前發現者，其所投之標應不予開標；於開標後發現者，應不決標予該廠商：一、未依招標文件之規定投標。…(第 2 項)決標或簽約後發現得標廠商於決標前有第一項情形者，應撤銷決標、終止契約或解除契約，並得追償損失…。」

二、施行細則第 58 條第 1 項規定：「機關依本法第 50 條第 2 項規定撤銷決標或解除契約時，得依下列方式之一續行辦理：一、重行辦理招標。二、原係採最低標為決標原則者，得以原決標價依決標前各投標廠商標價之順序，自標價低者起，依序洽其他合於招標文件規定之未得標廠商減至該決標價後決標。其無廠商減至該決標價者，得依本法第 52 條第 1 項第 1 款、第 2 款及招標文件所定決標原則辦理決標。」

三、採購法第 52 條第 1 項規定：「機關辦理採購之決標，應依下列原則之一辦理，並應載明於招標文件中：一、訂有底價

之採購，以合於招標文件規定，且在底價以內之最低標為得標廠商...。」

○案例見招 18：

機關辦理公開招標最低標決標之採購，計有 A、B、C 三家廠商投標，開標後，審標結果為三家廠商均符合招標文件規定，其中 A 廠商之標價為底價以內之最低標，故決標予 A 廠商。惟承辦人於決標後履約前整理資料時發現 A 廠商漏附招標文件規定投標時須檢附之納稅證明，機關隨即依法撤銷 A 廠商之決標並解除契約，另參考 B 廠商標價重新訂定底價，並洽 B 廠商辦理議價程序，請問是否適法？

●機關拆招：

一、依採購法第 46 條第 2 項第 1 款規定，公開招標之底價應於開標前定之。

二、決標後，採購承辦人始發現 A 廠商有漏附招標文件規定之應附文件情形，機關應重行判定 A 廠商屬不合格標，並依採購法第 50 條第 1 項第 1 款規定，不決標予 A 廠商。因本案已決標予 A 廠商，依同條第 2 項規定，應撤銷 A 廠商之決標並解除契約。

三、機關依採購法第 50 條第 2 項規定撤銷決標及解除契約後，除得依施行細則第 58 條第 1 項第 1 款規定重行辦理招標外，另可依同條項第 2 款規定，得以原決標價依決標前各投標廠商標價之順序，自標價低者，依序洽其他合於招標文件規定之未得標廠商減至該決標價後決標。如依序洽 B、C 兩家廠商辦理減價結果均無廠商願意減至原決標價者，機關得以廢標處理，或依採購法第 52 條第 1 項規定及招標文件規定之

決標原則辦理決標。故本案機關參考 B 廠商之標價重新訂定底價並辦理議價程序，洵屬無據，尚非適法。

參考法條及釋例：

一、採購法第 46 條規定：「(第 1 項)機關辦理採購，除本法另有規定外，應訂定底價。底價應依圖說、規範、契約並考量成本、市場行情及政府機關決標資料逐項編列，由機關首長或其授權人員核定。(第 2 項)前項底價之訂定時機，依下列規定辦理：一、公開招標應於開標前定之...。」

二、採購法第 50 條規定：「(第 1 項) 投標廠商有下列情形之一，經機關於開標前發現者，其所投之標應不予開標；於開標後發現者，應不決標予該廠商：一、未依招標文件之規定投標。...(第 2 項)決標或簽約後發現得標廠商於決標前有第一項情形者，應撤銷決標、終止契約或解除契約，並得追償損失...。」

三、施行細則第 58 條第 1 項規定：「機關依本法第 50 條第 2 項規定撤銷決標或解除契約時，得依下列方式之一續行辦理：一、重行辦理招標。二、原係採最低標為決標原則者，得以原決標價依決標前各投標廠商標價之順序，自標價低者起，依序洽其他合於招標文件規定之未得標廠商減至該決標價後決標。其無廠商減至該決標價者，得依本法第 52 條第 1 項第 1 款、第 2 款及招標文件所定決標原則辦理決標。」

○案例見招 19：

機關因緊急事故，急需採購預算金額 210 萬元之設備，經申購單位簽准依採購法第 22 條第 1 項第 3 款規定，採限制性招標，洽Ａ、Ｂ兩家廠商辦理比價，招標文件未規定比減價格次數限制。經採購單位邀請 Ａ、Ｂ 兩家廠商，Ａ、Ｂ 兩家廠商均表示有意願參與比價，開標後，審標結果為 Ａ、Ｂ 兩家廠商均合於招標文件規定，其標價皆超過底價但未逾預算數額。經 1 次優先減價及 3 次比減價格程序後，最低標之廠商報價為 191 萬元，仍超過底價(180 萬元)6%(未達 8%)，開標主持人宣布廢標前，申購單位當場表示：「這個案子真的很急，而且都簽准採限制性招標了，招標文件又沒有規定比減價格之次數限制，請開標主持人讓廠商繼續進行第 4 次比減價格程序，希望今天就可以決標。」，開標主持人應如何處理？

●機關拆招：

一、依採購法第 53 條第 1 項規定，最低標廠商之優先減價結果仍超過底價時，得由所有合於招標文件規定之投標廠商重新比減價格，比減價格不得逾 3 次。因本案比減價格次數已達前開規定之上限，故不得允許 Ａ、Ｂ 兩家廠商繼續減價。

二、本案經 3 次比減價格程序後，最低標之廠商報價仍超過底價，且不逾預算數額，又申購單位表示確有急迫性需求，須今天馬上決標，因其採購金額為 210 萬元(未達查核金額)且比減價格結果為最低標價 191 萬元，超過底價(180 萬元)6%但不超過 8%，機關得依採購法第 53 條第 2 項前段規定，經原底價核定人或其授權人核准後以超底價決標。

📖參考法條及釋例：

採購法第 53 條規定：「(第 1 項)合於招標文件規定之投標廠商之

最低標價超過底價時，得洽該最低標廠商減價 1 次；減價結果仍超過底價時，得由所有合於招標文件規定之投標廠商重新比減價格，比減價格不得逾 3 次。(第 2 項)前項辦理結果，最低標價仍超過底價而不逾預算數額，機關確有緊急情事需決標時，應經原底價核定人或其授權人員核准，且不得超過底價 8%。但查核金額以上之採購，超過底價 4%者，應先報經上級機關核准後決標。」

○案例見招 20：

機關辦理公開招標最低標決標之採購，經第 1 次招標公告流標後，於第 2 次招標公告截止投標日，僅 A 廠商投標，開標後，審標結果為 A 廠商合於招標文件規定，惟其標價高於底價。在進行第 1 次減價程序時，A 廠商即書面表示：「願以底價承作」，請問機關得否接受？

●機關拆招：

依施行細則第 72 條第 2 項規定，本案僅 A 廠商投標，雖其標價超過底價，但經洽減結果 A 廠商以書面表示願以底價承作，機關應予接受。

📖參考法條與釋例：

施行細則第 72 條第 2 項：「合於招標文件規定之投標廠商僅有一家或採議價方式辦理採購，廠商標價超過底價或評審委員會建議之金額，經洽減結果，廠商書面表示減至底價或評審委員會建議之金額，或照底價或評審委員會建議之金額再減若干數額者，機關應予接受。比減價格時，僅餘一家廠商書面表示減價者，亦同。」

○案例見招 21：

機關辦理公開招標最低標決標之採購，其預算金額 240 萬元，底價 230 萬元。招標文件規定：「開標當日辦理決標，廠商未到場說明、減價或比減價格者視同放棄相關權利」。開標後，A 廠商未派員到場，僅 B、C 兩家廠商派員到場，審標結果為 A、B、C 三家廠商均合於招標文件規定，其標價分別為 220 萬元、220 萬元及 235 萬元，A、B 兩家廠商標價相同且在底價以內均得為決標對象，機關應如何處理？

●機關拆招：

一、依施行細則第 62 條規定，A、B 兩家廠商投標價相同，且均得為決標對象，又其比減價格次數尚未達到採購法第 53 條規定之 3 次限制，應由 A、B 兩家廠商再比減價格 1 次，以低價者決標。

二、因 A 廠商未派員到場，依本案招標文件規定，其未派員到場之行為視同放棄比減價格機會。B 廠商比減價格結果如低於原投標價，機關即應宣布決標予 B 廠商。

📖參考法條與釋例：

一、施行細則第 62 條規定：「(第 1 項)機關採最低標決標者，二家以上廠商標價相同，且均得為決標對象時，其比減價格次數已達本法第 53 條或第 54 條規定之 3 次限制者，逕行抽籤決定之。(第 2 項)前項標價相同，其比減價格次數未達 3 次限制者，應由該等廠商再行比減價格 1 次，以低價者決標。比減後之標價仍相同者，抽籤決定之。」

二、採購法第 53 條規定：「合於招標文件規定之投標廠商之最低標價超過底價時，得洽該最低標廠商減價 1 次；減價結果仍超過底價時，得由所有合於招標文件規定之投標廠商重新

比減價格，比減價格不得逾 3 次。...」

○案例見招 22：

機關辦理公開招標最低標決標之採購，於招標文件規定：「投標廠商僅有一家時，比減價格次數以 3 次為限。」本案經第 2 次招標公告，僅 A 廠商投標，經 2 次比減價格程序後，A 廠商之報價仍超過底價，A 廠商希望得標但又擔心底價過低而不敢輕易依底價承作，因此向開標主持人探詢：「可以暗示一下目前的價格跟底價還差多少嗎？如果我以底價承作會不會差很多？」請問開標主持人應如何處理？

●機關拆招：

一、依採購法 34 條第 3 項規定，底價於開標後至決標前，仍應保密，故本案開標主持人不得提供 A 廠商有關底價之暗示。

二、另依工程會 103.4.24 第 10300135870 號函意旨，機關於廠商減價過程中，切勿主動建議廠商減至底價。為避免決標後 A 廠商認為底價偏低不合理，主張其係被機關人員誤導減至底價，憤而向機關提出異議、申訴。故本案開標主持人對於 A 廠商是否決定「以底價承作」事宜，不宜提出建議。

參考法條及釋例：

一、採購法第 34 條第 3 項規定：「底價於開標後至決標前，仍應保密，決標後除有特殊情形外，應予公開。...」

二、工程會 103.4.24 第 10300135870 號函說明二：「...邇來有廠商於減價時，因機關人員建議照底價減價，而書明「以底價承作」，惟決標後廠商認為底價金額偏低不合理，被機關人員誤導減價，而提出異議、申訴。為避免發生類似爭議，請各機關依本法第 46 條第 1 項規定訂定合理底價，依本法

第 34 條第 3 項規定於決標前對底價保密，並於廠商減價過程勿主動建議廠商減至底價。」

〇案例見招 23 ：

機關辦理公開招標最低標決標並訂有底價之採購，並於招標文件規定：「合於招標文件規定之投標廠商僅有一家時，減價次數以 3 次為限。」開標後，審標結果為僅有 A 廠商合於招標文件規定，經 3 次比減價格程序後，該廠商之報價仍高於底價，於開標主持人宣布廢標前，申購單位即表示本採購案有急迫性需求，希望可以現在決標，請採購單位協助，開標主持人應如何處理？

●機關拆招：

一、本案經 3 次比減價格程序後，A 廠商之報價仍超過底價，如 A 廠商之報價不逾預算數額，又申購單位表示確有急迫性需求須決標，如其採購金額未達查核金額且最低標價不超過底價 8%，或採購金額在查核金額以上且其最低標價不超過底價 4%者，機關得依採購法第 53 條第 2 項前段規定，應經原底價核定人或其授權人核准後決標。

二、如採購金額達查核金額以上且最低標價超過底價 4%未逾 8%者，機關得依採購法第 53 條第 2 項後段及施行細則第 71 條規定，先保留決標，並敘明理由連同底價等相關資料，報請上級機關核准後決標。上級機關派員監辦者，得由監辦人員於授權範圍內當場予以核准，或由監辦人員簽報核准後決標。

📖參考法條及釋例：

一、採購法第 53 條第 2 項規定：「前項辦理結果，最低標價仍超過底價而不逾預算數額，機關確有緊急情事需決標時，應

經原底價核定人或其授權人員核准，且不得超過底價 8%。
但查核金額以上之採購，超過底價 4%者，應先報經上級機
關核准後決標。」

二、施行細則第 71 條規定：「(第 1 項)機關辦理查核金額以上
之採購，擬決標之最低標價超過底價 4%未逾 8%者，得先
保留決標，並應敘明理由連同底價、減價經過及報價比較表
或開標紀錄等相關資料，報請上級機關核准。(第 2 項)前項
決標，上級機關派員監辦者，得由監辦人員於授權範圍內當
場予以核准，或由監辦人員簽報核准之。」

○案例見招 24：

機關辦理公開招標最低標決標之採購，計有 A、B、C 三家廠商
投標，開標後，審標結果為 A、B 兩家廠商投標檢附之規格不符
合招標文件規定，僅 C 廠商投標文件合於招標文件規定且標價
高於底價，請問 C 廠商是否仍具有優先減價之權利？

●機關拆招：

一、依採購法第 53 條第 1 項規定，所謂優先減價係指適用於合
於投標文件規定之投標廠商有兩家以上者，且最低標價超過
底價之情形。

二、本案僅 C 廠商合於招標文件規定，爰無優先減價程序之適
用，且依施行細則第 73 條第 1 項規定，機關應洽合於招標
文件規定之最低標廠商進行減價；惟如須限制減價次數者，
應先通知廠商。

🖫參考法條與釋例：

一、採購法 53 條第 1 項規定：「合於招標文件規定之投標廠商
之最低標價超過底價時，得洽該最低標廠商減價 1 次；減價

結果仍超過底價時,得由所有合於招標文件規定之投標廠商重新比減價格,比減價格不得逾 3 次。」

二、施行細則第 73 條第 1 項規定:「合於招標文件規定之投標廠商僅有一家或採議價方式辦理,須限制減價次數者,應先通知廠商。」

○案例見招 25:

機關依採購法第 22 條第 1 項第 9 款辦理委託專業服務案,並於招標文件規定採固定費率決標,上網招標公告後僅 A 廠商投標,經評選程序後 A 廠商為優勝廠商,取得議價權利,但在機關通知 A 廠商議價時,A 廠商表示不參加議價,請問機關得否逕以招標文件規定之固定費率宣布決標?還是以廢標處理?

●機關拆招:

一、依「機關委託專業服務廠商評選及計費辦法」(以下稱委託專業服務辦法)第 8 條及第 9 條規定,因本案優勝廠商為一家,故以議價方式辦理。且本案已於招標文件明定固定費率,原本就應以固定費率決標。惟依工程會 109.11.10 修訂之最有利標作業手冊規定略以,以固定費率決標者,議價程序仍不得免除,無須議減價格,可議定其他內容。

二、本案 A 廠商被機關評定為優勝廠商後,機關應依前開規定,通知 A 廠商辦理議價程序,雖招標文件規定依固定費率決標,但議價程序仍不可免除,可議定其他內容,亦即須完成議價程序後始得決標予 A 廠商。

三、本案既採固定費率決標,自當無價格可議,惟機關仍應依前開規定通知廠商、監辦等相關單位辦理議價程序。依採購法第 60 條及施行細則第 83 條第 1 項規定,本案 A 廠商表示

不出席議價會議，對決標及合約之生效不生影響，機關應依前開規定於議價會議逕行宣布決標。

參考法條與釋例：

一、「委託專業服務辦法」第 8 條規定：「機關與評選優勝廠商之議價及決標，應依下列方式之一辦理，並載明於招標文件：一、優勝廠商為一家者，以議價方式辦理...。」

二、「委託專業服務辦法」第 9 條規定：「前條決標，應依下列規定之一辦理：一、招標文件已訂明固定服務費用或費率者，依該服務費用或費率決標...。」

三、採購法第 60 條規定：「機關辦理採購依第 51 條、第 53 條、第 54 條或第 57 條規定，通知廠商說明、減價、比減價格、協商、更改原報內容或重新報價，廠商未依通知期限辦理者，視同放棄。」

四、施行細則第 83 條第 1 項規定：「廠商依本法第 60 條規定視同放棄說明、減價、比減價格、協商、更改原報內容或重新報價，其不影響該廠商成為合於招標文件規定之廠商者，仍得以該廠商為決標對象。」

五、工程會 110.11.10 修訂之「最有利標作業手冊」貳、最有利標之適用情形及作業程序中之二、準用最有利標作業程序：「...依採購法第 22 條第 1 項第 9 款或第 10 款及其廠商評選及計費辦法辦理者，其作業程序概述如下：...(七)與優勝廠商辦理議價，或按優勝序位，依序與 2 家以上之優勝廠商辦理議價後決標。如已於招標文件訂明決標之固定金額或費率者，則以該金額或費率決標。但須注意議價程序仍不得免除，無須議減價格，可議定其他內容。」

〇案例見 26：

機關依採購法第 22 條第 1 項第 9 款辦理委託專業服務案，並於招標文件規定：「依評選優勝廠商序位，依序議價、決標」，經上網招標公告後僅 A 廠商投標，經評選程序後，A 廠商為優勝廠商，取得議價權利，但在機關通知 A 廠商議價時，A 廠商表示不參加議價會議，機關應如何處理？

●機關拆招：

一、依「委託專業服務辦法」第 8 條規定，因本案優勝廠商為一家，故以議價方式辦理。是以，機關應通知 A 廠商及監辦等相關單位辦理議價程序。

二、本案機關已依前開規定，通知 A 廠商辦理議價程序。惟 A 廠商向機關表示不出席議價會議，依採購法第 60 條及施行細則第 83 條第 1 項規定，A 廠商視同放棄減價等權利，但 A 廠商仍得為得決標對象。另依採購法第 52 條第 3 項規定，決標時得不通知 A 廠商到場。

三、依採購法第 46 條第 2 項第 3 款及施行細則第 54 條第 3 項規定，機關應於議價前參考 A 廠商報價訂定底價。另依「委託專業服務辦法」第 9 條第 2 項規定，機關如認為 A 廠商報價合理且在預算之內，得依其報價訂定底價，如底價核定人未再核減，則照價決標。本案於議價及決標時，A 廠商未派員到場並不生影響，但應將決標結果通知 A 廠商。

四、倘若機關核定之底價如低於 A 廠商報價，於洽 A 廠商減價而 A 廠商表示不參加議價會議而放棄減價權利時，機關應宣布超底價廢標。

📖參考法條與釋例：

一、「委託專業服務辦法」第 8 條規定：「機關與評選優勝廠商之

議價及決標，應依下列方式之一辦理，並載明於招標文件：

一、優勝廠商為一家者，以議價方式辦理...。」

二、採購法第 60 條規定：「機關辦理採購依第 51 條、第 53 條、第 54 條或第 57 條規定，通知廠商說明、減價、比減價格、協商、更改原報內容或重新報價，廠商未依通知期限辦理者，視同放棄。」

三、施行細則第 83 條第 1 項規定：「廠商依本法第 60 條規定視同放棄說明、減價、比減價格、協商、更改原報內容或重新報價，其不影響該廠商成為合於招標文件規定之廠商者，仍得以該廠商為決標對象。」

四、採購法第 52 條第 3 項規定：「決標時得不通知投標廠商到場，其結果應通知各投標廠商。」

五、採購法第 46 條第 2 項規定：「前項底價之訂定時機，依下列規定辦理：...三、限制性招標應於議價或比價前定之。」

六、施行細則第 54 條第 3 項規定：「限制性招標之議價，訂定底價前應先參考廠商之報價或估價單。」

七、「委託專業服務辦法」第 9 條規定：「前條決標，應依下列規定之一辦理：...(第 2 項)機關訂定前項第 2 款之底價，適用本法第 46 條規定。議價廠商之報價合理且在預算金額以內者，機關得依其報價訂定底價，照價決標。」

○案例見招 27：

機關辦理公開招標最低標決標之採購案，預算金額 280 萬元，底價 260 萬元，計有 A、B、C 三家廠商投標，開標後，審標結果為三家廠商均符合招標文件規定，其標價分別為 230 萬元、235 萬元及 240 萬元，開標時最低標之 A 廠商未派員到場，請問機關能否決標予未派員到場之 A 廠商？

●機關拆招：

一、依採購法第 60 條及施行細則第 83 條第 1 項規定，A 廠商視同放棄減價等權利，但 A 廠商仍得為決標對象。

二、本案係以採購法第 52 條第 1 項第 1 款規定作為決標原則。A 廠商之標價為底價以內之最低標，無須經減價程序，機關即應依前開規定決標予 A 廠商，A 廠商不因其未到場而失去其為決標對象之權利。

參考法條與釋例：

一、採購法第 60 條規定：「機關辦理採購依第 51 條、第 53 條、第 54 條或第 57 條規定，通知廠商說明、減價、比減價格、協商、更改原報內容或重新報價，廠商未依通知期限辦理者，視同放棄。」

二、施行細則第 83 條第 1 項規定：「廠商依本法第 60 條規定視同放棄說明、減價、比減價格、協商、更改原報內容或重新報價，其不影響該廠商成為合於招標文件規定之廠商者，仍得以該廠商為決標對象。」

三、採購法第 52 條規定：「(第 1 項)機關辦理採購之決標，應依下列原則之一辦理，並載明於招標文件中：一、訂有底價之採購，以合於招標文件規定，且在底價以內之最低標為得標廠商…。」

○案例見招 28：

機關辦理公開招標最低標決標之採購，招標文件未規定投標廠商應派員到場以備說明、澄清及減價。計有 A、B、C 三家廠商投標，開標後，審標結果為三家廠商均合於招標文件規定，且標價均超過底價，須進行減價程序，A、B 兩家廠商有派員到場，但最低標之 C 廠商未派員到場，進行優先減價程序時，機關應如何處理？

●機關拆招：

依工程會 88.12.10 第 8820569 號函說明，開標結果如須減價而相關廠商未到場時之處理，應視招標文件有無規定廠商應派代表到場以備減價而定。故本案因招標文件未規定廠商應派員到場以備減價，依採購法第 60 條規定，機關應另訂時間進行減價程序，並規定如未派員到場視同放棄。如 C 廠商仍未於機關通知之時間到場參與優先減價程序，則由 A、B 兩家廠商進行第 1 次比減價格。

參考法條與釋例：

一、工程會 88.12.10 第 8820569 號函：「…開標結果如須減價而相關廠商未到場時之處理，應視招標文件有無規定廠商應派代表到場以備減價而定。如未規定，可依採購法第 60 條之規定通知廠商限期辦理…。」

二、採購法第 60 條規定：「機關辦理採購依第 51 條、第 53 條、第 54 條或第 57 條規定，通知廠商說明、減價、比減價格、協商、更改原報內容或重新報價，廠商未依通知期限辦理者，視同放棄。」

○案例見招 29：

> 機關辦理公開招標最低標決標之採購，預算金額 280 萬元，底價為 260 萬，招標文件規定：「開標當日辦理決標，廠商未到場說明、減價或比減價格者視同放棄相關權利」。計有 A、B、C 三家廠商投標，開標後，審標結果為三家廠商均符合招標文件規定，其標價分別為 225 萬元、235 萬元及 240 萬，開標時最低標之 A 廠商未派員到場，請問機關是否應決標予未派員到場之 A 廠商？

●機關拆招：

一、依採購法第 60 條及施行細則第 83 條第 1 項規定，A 廠商視同放棄減價等權利，但 A 廠商仍得為得決標對象。

二、本案係以採購法第 52 條第 1 項第 1 款規定作為決標原則。A 廠商之標價為底價以內之最低標，機關如認為其標價無顯不合理，無須請 A 廠商說明，即照價決標予 A 廠商。

三、惟機關如認為 A 廠商之標價有採購法第 58 條及該法施行細則第 79 條第 1 項第 1 款規定之總標價偏低情形，且其偏低情形為低於底價 80%、高底價於 70% 之區間，依工程會 100.8.22 第 10000261091 令修正之「依採購法第 58 條處理總標價低於底價 80% 案件之執行程序」第 4 項規定，機關應通知未派員到場之 A 廠商限期提出說明。

四、A 廠商如於期限內就標價偏低情形提出說明，且機關認其說明合理；或機關認其說明尚非完全合理，但 A 廠商於機關通知期限內繳納差額保證金(A 廠商標價與底價之差額)，則機關應照價決標予 A 廠商。

五、惟 A 廠商如未能於期限內就標價偏低情形提出說明、說明不合理或說明雖尚非完全合理但未於機關通知期限內提出

差額保證金時，不決標予 A 廠商，並決標予標價在底價以內且無總標價偏低情形之次低標 B 廠商。

參考法條與釋例：

一、採購法第 60 條規定：「機關辦理採購依第 51 條、第 53 條、第 54 條或第 57 條規定，通知廠商說明、減價、比減價格、協商、更改原報內容或重新報價，廠商未依通知期限辦理者，視同放棄。」

二、施行細則第 83 條第 1 項規定：「廠商依本法第 60 條規定視同放棄說明、減價、比減價格、協商、更改原報內容或重新報價，其不影響該廠商成為合於招標文件規定之廠商者，仍得以該廠商為決標對象。」

三、採購法第 52 條規定：「(第 1 項)機關辦理採購之決標，應依下列原則之一辦理，並載明於招標文件中：一、訂有底價之採購，以合於招標文件規定，且在底價以內之最低標為得標廠商…。」。

四、施行細則第 79 條第 1 項第 1 款規定：「本法第 58 條所稱總標價偏低，指下列情形之一：一、訂有底價之採購，廠商之總標價低於底價 80%者…。」

五、工程會 100.8.22 第 10000261091 令修正之「採購法第 58 條處理總標價低於底價 80%案件之執行程序」。

○案例見招 30：

機關辦理公開招標最低標決標之採購案，合於招標文件規定之最低標廠商因其標價低於底價 80%，經通知該廠商限期說明後，機關認為其說明尚非完全合理，故擬通知該最低標廠商於期限內繳納差額保證金後再宣布決標，但機關擔心通知該最低標廠商繳納差額保證金數額，會有決標前洩漏底價之虞，遲遲不敢發出通知，請問該如何處理？

●機關拆招：

一、所謂差額保證金係機關依採購法第 58 條規定通知標價偏低之廠商提出之擔保，依「押標金保證金暨其他擔保作業辦法」第 30 條第 1 項第 1 款規定，差額保證金之擔保金額為廠商投標總標價與底價 80%之差額。

二、有關採購法第 34 條規定，開標前不得洩漏底價，決標前底價仍應保密。惟差額保證金之計算及通知標價偏低之廠商係依採購法第 58 條規定辦理，為執行法律必要之程序，且機關尚未宣布底價金額，尚無違法洩漏底價之虞。

參考法條與釋例：

一、採購法第 58 條規定：「機關辦理採購採最低標決標時，如認為最低標廠商之總標價或部分標價偏低，顯不合理，有降低品質、不能誠信履約之虞或其他特殊情形，得限期通知該廠商提出說明或擔保。廠商未於機關通知期限內提出合理之說明或擔保者，得不決標予該廠商，並以次低標廠商為最低標廠商。」

二、「押標金保證金暨其他擔保作業辦法」第 30 條規定：「(第 1 項)廠商以差額保證金作為本法第 58 條規定之擔保者，依下列規定辦理：一、總標價偏低者，擔保金額為總標價與底價

之 80%之差額，或為總標價與本法第 54 條評審委員會建議金額之 80%之差額...。」

三、採購法第 34 條規定：「...(第 2 項)機關辦理招標，不得於開標前洩漏底價，領標、投標廠商之名稱與家數及其他足以造成限制競爭或不公平競爭之相關資料。(第 3 項)底價於開標後至決標前，仍應保密，決標後除有特殊情形外，應予公開。但機關依實際需要，得於招標文件中公告底價...。」

○案例見招 31：

機關辦理公開招標最低標決標之採購，招標文件規定：「僅一家廠商合於招標文件或議價時，減價次數上限為 3 次」。第 2 次招標公告結果，僅 A 廠商投標，開標後，審標結果為其投標所檢附之資、規格文件均合於招標文件規定，惟其標價超過底價，經 3 次減價後，A 廠商之標價仍超底價，機關遂宣布廢標。廢標後，A 廠商改變心意表示願依底價承作，機關應如何處理？

●機關拆招：

一、機關辦理採購，如合於招標文件規定之投標廠商僅有一家或採議價方式辦理時，採購法未有明文規定廠商減價次數上限；惟依施行細則第 73 條第 1 項規定，機關如須限制減價次數，應先通知廠商。

二、本案機關已於招標文件規定減價次數上限 3 次，故 A 廠商減價次數已達上限但報價仍超過底價時，即應以廢標處理，不宜依 A 廠商要求重行辦理減價程序。

📖參考法條與釋例：

施行細則第 73 條第 1 項規定：「合於招標文件規定之投標廠商僅有一家或採議價方式辦理，須限制減價次數者應先通知廠商。」

○案例見招 32：

機關辦理公開招標最低標決標之採購案，計有 A、B、C 三家廠商投標，開標後，審標結果為三家廠商均合於招標文件規定，其中A廠商為底價以內之最低標，惟A廠商之標價低於底價80%，故機關通知 A 廠商於期限內提出說明後再決定是否決標予 A 廠商，因 B、C 兩家廠商認為無得標機會，要求發還押標金，機關應如何處理？

●機關拆招：

一、依押標金保證金暨其他擔保作業辦法第 12 條第 4 款規定及工程會 89.8.17 第 89022184 號函，機關得斟酌發還 B、C 兩家廠商押標金。

二、A 廠商如未依機關通知期限內提出說明、繳納差額保證金或說明顯不合理，不予決標 A 廠商時，依前揭函釋說明，機關先予發還押標金之 B、C 兩家廠商，其於機關通知並繳納押標金後，仍得為決標對象。

📖參考法條與釋例：

一、「押標金保證金暨其他擔保作業辦法」第 12 條規定：「投標廠商或採購案有下列情形之一者，相關廠商所繳納之押標金應予發還。但依本法第 31 條第 2 項規定不予發還者，不在此限：…四、廠商投標文件已確定為不合於招標規定或無得標機會，經廠商要求先予發還…。」

二、工程會 89.8.17 第 89022184 號函：「…機關依本法第 58 條之規定，限期請最低標廠商提出說明或擔保，則對於各合格廠商報價及押標金，於報價有效期內，機關得斟酌決定全部或部分保留，無須先徵詢各合格廠商意願。至於依『押標金保證金暨其他擔保作業辦法』第 12 條第 4 款所稱『無得標

機會』而先予發還押標金之廠商，仍得為決標對象...。」

○案例見招 33：

機關辦理公開招標最低標決標之勞務採購，已於招標文件明定不收取押標金，決標後得標廠商拒不簽約，應如何處理？

●機關拆招：

一、決標後，得標廠商無正當理由而拒不簽約，機關應依採購法第 101 條第 3 項規定，給予得標廠商口頭或書面陳述意見之機會，若機關採購工作及審查小組認定得標廠商有採購法第 101 條第 1 項第 7 款規定之情形，則將其事實、理由及依第 103 條第 1 項第 3 款所定期間通知得標廠商，並附記如未於期限內向機關提出異議者，將該廠商名稱刊登至政府採購公報。

二、另本案已於招標文件明定不收取押標金，故機關無須依採購法第 31 條第 2 項第 4 款規定不予發還或追繳押標金。

📖參考法條與釋例：

一、採購法 101 條第 1 項第 7 款規定：「機關辦理採購，發現廠商有下列情形之一，應將其事實、理由及依第 103 條第 1 項所定期間通知廠商，並附記如未提出異議者，將刊登政府採購公報...七、得標後無正當理由而不訂約者。」

二、採購法 101 條第 3 項規定：「機關為第 1 項通知前，應給予廠商口頭或書面陳述意見之機會，機關並應成立採購工作及審查小組認定廠商是否該當第一項各款情形之一。」

三、採購法 103 條第 1 項第 3 款規定：「有第 101 條第 1 項第 7 款至第 12 款情形者，於通知日起前 5 年內未被任一機關刊登者，自刊登之次日起 3 個月；已被任一機關刊登 1 次者，

自刊登之次日起 6 個月；已被任一機關刊登累計 2 次以上者，自刊登之次日起 1 年。但經判決撤銷原處分者，應註銷之。」

四、採購法第 31 條第 2 項第 4 款規定：「廠商有下列情形之一者，其所繳納之押標金，不予發還；其未依招標文件規定繳納或已發還者，並予追繳：...四、得標後拒不簽約。」

○案例見招 34：

機關辦理公開招標最低標決標之採購，經第 2 次公告結果僅 A 廠商投標，開標後，審標結果為 A 廠商之資、規格均合於招標文件規定，惟其標價低於底價 70%，機關可否直接宣布決標，還是一定要請 A 廠商說明後再決定？

●機關拆招：

一、依採購法第 52 條第 1 項規定，A 廠商之資、規格均合於招標文件規定，且標價在底價以內，本應為決標對象。惟採購法第 58 條及該法施行細則第 79 條第 1 項第 1 款另有規定，當最低標廠商之總標價低於底價 80%時，機關如有疑慮，得通知廠商於期限內提出合理之說明或擔保。其相關處理程序可依工程會 100.8.22 第 10000261091 號令修正之「依採購法第 58 條處理總標價低於 80%案件之執行程序」辦理。

二、故本案機關如認為 A 廠商低於底價 70%之標價合理，即應依採購法第 52 條及前揭執行程序項次二規定，無須通知 A 廠商提出說明，即逕行決標予 A 廠商。

三、如機關對 A 廠商低於底價70%之標價偏低情形有所疑慮時，則應依採購法第 58 條及前揭執行程序項次五規定，限期 A

廠商提出說明。

📑參考法條與釋例：

一、採購法第 52 條規定：「(第 1 項)機關辦理採購之決標，應依下列原則之一辦理，並載明於招標文件中：一、訂有底價之採購，以合於招標文件規定，且在底價以內之最低標為得標廠商…。」

二、採購法第 58 條規定：「機關辦理採購採最低標決標時，如認為最低標廠商之總標價或部分標價偏低，顯不合理，有降低品質、不能誠信履約之虞或其他特殊情形，得限期通知該廠商提出說明或擔保。廠商未於機關通知期限內提出合理之說明或擔保者，得不決標予該廠商，並以次低標廠商為最低標廠商。」

三、施行細則第 79 條規定：「本法第 58 條所稱總標價偏低，指下列情形之一：一、訂有底價之採購，廠商之總標價低於底價 80%者…。」

四、工程會 100.8.22 第 10000261091 令修正之「採購法第 58 條處理總標價低於底價 80%案件之執行程序」。

○案例見招 35：

> 機關辦理公開招標最低標決標之採購，預算金額 360 萬元，底價 350 萬元，計有 A、B、C 三家廠商投標，開標後，審標結果為三家廠商均合於招標文件規定，其中最低標 A 廠商標價為 276 萬元，已低於底價 80%，該廠商主動向開標主持人要求繳納差額保證金，機關應如何處理？

● 機關拆招：

一、依「採購法第 58 條處理總標價低於底價 80%案件之執行程序」附註二規定，廠商無自行擇定提出差額保證金之權利。故無論後續處理方式為何，機關對於廠商主動繳納差額保證金之要求應予拒絕。

二、本案 A 廠商標價雖進入底價，但因為有低於底價 80%但在底價 70%以上之標價偏低情形，機關應依「採購法第 58 條處理總標價低於底價 80%案件之執行程序」辦理，先行評估 A 廠商偏低之標價是否合理，如認為偏低之標價合理則照價決標，如認定偏低之標價顯不合理則應限期 A 廠商提出書面說明，後續處理方式如下：

　(一)A 廠商書面說明合理，無須通知廠商提出差額保證金，照價決價予最低標。

　(二)A 廠商書面說明顯不合理，有降低品質、不能誠信履約之虞，或其他特殊情形者，不通知廠商提出差額保證金，逕不決標；廠商表示願提供差額保證金，應予拒絕。

　(三)A 廠商書面說明尚非完全合理，但如繳納差額保證金，即可避免有降低品質不能誠信履約之虞者，通知 A 廠商 5 日內(或較長期限)繳納差額保證金，繳妥後再行決

標予該廠商(差額保證金計算方式另參照「押標金保證金暨其他擔保作業辦法」第 30 條第 1 項第 1 款，為總標價與底價 80%之差額)。

(四)A 廠商書面說明尚非完全合理且未於通知期限內提出差額保證金者，不決標予該廠商。

📑參考法條及釋例：

一、採購法第 58 條規定：「機關辦理採購採最低標決標時，如認為最低標廠商之總標價或部分標價偏低，顯不合理，有降低品質、不能誠信履約之虞或其他特殊情形，得限期通知該廠商提出說明或擔保。廠商未於機關通知期限內提出合理之說明或擔保者，得不決標予該廠商，並以次低標廠商為最低標廠商。」

二、「依採購法第 58 條處理總標價低於底價 80%案件之執行程序」。

三、「押標金保證金暨其他擔保作業辦法」第 30 條第 1 項第 1 款規定：「廠商以差額保證金作為本法第 58 條規定之擔保者，依下列規定辦理：一、總標價偏低者，擔保金額為總標價與底價之 80%之差額，或為總標價與本法第 54 條評審委員會建議金額之 80%之差額。」

○案例見招 36：

機關辦理公開招標最低標之採購，預算金額 360 萬元，底價 340 萬元，計有 A、B、C 三家廠商，開標後，審標結果為三家廠商均合於招標文件規定，其中最低標 A 廠商之標價為 230 萬元，已低於底價 70%，該廠商主動要求繳納差額保證金，機關應如何處理？

●機關拆招：

一、依「採購法第 58 條處理總標價低於底價 80%案件之執行程序」附註二規定，廠商無自行擇定提出差額保證金之權利。故無論後續處理方式為何，機關對於廠商主動繳納差額保證金之要求應予拒絕。

二、本案應依「採購法第 58 條處理總標價低於底價 80%案件之執行程序」辦理，機關應先行評估 A 廠商偏低之標價是否合理，如認為偏低之標價合理則照價決標，如認定顯不合理則應限期 A 廠商提出書面說明，後續處理方式如下：

　(一)A 廠商書面說明合理，無須通知廠商提出差額保證金，並照價決價予該廠商。

　(二)A 廠商書面說明顯不合理或尚非完全合理，有降低品質、不能誠信履約之虞，或其他特殊情形者，不通知廠商提出差額保證金，逕不決標予該廠商。

三、此處請留意，如投標廠商報價低於底價 70%時，其後續執行程序如屬說明不合理或說明尚非完全合理之情形，無繳納差額保證金規定之適用。

📖參考法條及釋例：

一、採購法第 58 條規定：「機關辦理採購採最低標決標時，如認為最低標廠商之總標價或部分標價偏低，顯不合理，有降

低品質、不能誠信履約之虞或其他特殊情形,得限期通知該
廠商提出說明或擔保。廠商未於機關通知期限內提出合理之
說明或擔保者,得不決標予該廠商,並以次低標廠商為最低
標廠商。」

二、「採購法第 58 條處理總標價低於底價 80%案件之執行程
序」。

○案例見招 37:

機關辦理公開招標最低標決標之採購,機關於招標文件規定預先
載明:「廠商應派員到場以備說明、澄清及減價,未派員到場者,
視同放棄相關權利」。開標後,審標結果為 A、B、C 三家廠商合
於招標文件規定,開標現場僅 B、C 兩家廠商派員到場,A 廠商
未派員出席。因最低價 A 廠商之報價高於底價且於優先減價時
未派員到場,開標主持人遂宣布:「A 廠商未派員到場視同放棄
優先減價權利,現在由合於招標文件規定之 A、B、C 三家廠商
進行第 1 次比減價格程序。因 A 廠商仍未派員到場,視同放棄
後續比減價格權利。」語畢,A 廠商代表方急忙跑進標場並要求
進行參與減價程序,應如何處理?

●機關拆招:

一、依工程會 88.12.10 第 8820569 號函意旨,機關如於招標文
件規定投標廠商如未派員到場以備說明、澄清及減價,視同
放棄相關權利,則最低標 A 廠商如未派員到場,視同放棄
採購法第 53 條第 1 項前段規定之優先減價權利,並由在場
之合於招標文件規定之廠商進行第 1 次比減價格程序。

二、至本案 A 廠商於機關宣布「A 廠商未派員到場視同放棄優先
減價權利,現在由合於招標文件規定之 A、B、C 三家廠商

進行第 1 次比減價格程序。因 A 廠商仍未派員到場，視同放棄後續比減價格權利。」後方到場，機關自得依施行細則第 70 條第 3 項第 2 款第 2 目及採購法第 60 條「視同放棄」規定，不通知 A 廠商進行後續比減價格程序。

📖 參考法條與釋例：

一、工程會 88.12.10 第 8820569 號函說明二：「開標結果如須減價而相關廠商未到場時之處理，應視招標文件有無規定廠商應派代表到場以備減價而定。如未規定，可依採購法第 60 條之規定通知廠商限期辦理。」

二、採購法第 53 條第 1 項前段規定：「合於招標文件規定之投標廠商之最低標價超過底價時，得洽該最低標廠商減價 1 次」。

三、採購法第 60 條規定：「...通知廠商說明、減價、比減價格、協商、更改原報內容或重新報價，廠商未依通知期限辦理者，視同放棄。」

四、施行細則第 70 條第 3 項第 2 款規定：「參加比減價格或協商之廠商有下列情形之一者，機關得不通知其參加下一次之比減價格或協商：...二、依本法第 60 條規定視同放棄。」

○案例見招 38：

機關辦理採購案時，於招標文件及招標公告載明「本案履約期限屆滿後，得依原契約單價及條件辦理後續擴充，期間為 1 年，擴充上限金額為 300 萬元」。請問機關辦理後續擴充時，是否須辦理議價？又是否須刊登決標公告？

●機關拆招：

一、依採購法第 22 條 1 項第 7 款規定，原有採購之後續擴充，

係以限制性招標方式辦理，並以事先於原招標公告及招標文件敘明者為限。

二、依工程會 99.3.29 第 09400096190 號函意旨，機關辦理原有採購之後續擴充，議價程序不得免除；惟原招標文件如已載明「以原契約條件及價金續約核算付款」，得以換文方式辦理，免召開議價會議。

三、綜上所述，本案既已於招標文件及招標公告預為載明依原契約內容辦理後續擴充，故該採購案之後續擴充得免召開議價會議，以換文方式辦理即可。惟如已知市場價格降低或有其他事項需議定，機關仍得視情況辦理議價。

四、另依採購法第 61 條規定，機關辦理公告金額以上之採購，除有施行細則第 84 條所稱之特殊情形外，即應於決標日起 30 日內刊登決標公告，故本案自應依規定辦理決標公告刊登作業。

🔖參考法條與釋例：

一、採購法第 22 條 1 項第 7 款規定：「機關辦理公告金額以上之採購，符合下列情形之一者，得採限制性招標：...七、原有採購之後續擴充，且已於原招標公告及招標文件敘明擴充之期間、金額或數量者。」

二、工程會 99.3.29 第 09400096190 號函說明二：「...機關依本法第 22 條第 1 項第 7 款規定辦理原有採購之後續擴充，議價程序不得免除。如原招標文件之後續擴充條件載明係以原契約條件及價金續約核算付款，得以換文方式辦理，免召開議價會議。」

三、採購法第 61 條規定：「機關辦理公告金額以上採購之招標，除有特殊情形者外，應於決標後一定期間內，將決標結果之

公告刊登於政府採購公報...。」

四、施行細則第 84 條規定。

〇案例見招 39：

機關辦理公開招標最低標決標之採購，預算 280 萬元，底價 270 萬元。招標文件並未規定：「投標廠商應派員到場以備說明、澄清及減價，未派員到場者，視同放棄相關權利」。開標後，審標結果為三家廠商均合於招標文件規定，報價分別為 273 萬元、275 萬元、278 萬元，開標現場僅 C 廠商派員到場，A、B 廠商均未派員出席，機關當場宣布另訂時間進行減價程序。C 廠商現場向開標主持人質疑：「未派員到場的 A、B 兩家廠商自己放棄減價權利，我們已經到場了為何機關還要另訂時間進行減價程序？」，機關應如何處理？

●機關拆招：

一、依工程會 88.12.10 第 8820569 號函意旨，機關如於招標文件規定投標廠商如未派員到場以備說明、澄清及減價，視同放棄相關權利，則最低標廠商如未派員到場，即放棄採購法第 53 條第 1 項前段規定之優先減價權利，並由在場之合於招標文件規定之廠商進行第 1 次比減價格程序；如招標文件未規定投標廠商須到場減價，則可另行通知未派員到場之最低標廠商限期辦理減價程序，先予敘明。

二、本案招標文件規定既未規定廠商須到場進行減價程序，機關則可依採購法第 60 條規定，另訂時間並通知 A、B、C 三家廠商派員出席減價，並無不妥。惟為避免派員到場之廠商提出質疑之情形發生，建議機關依工程會 96.11.19 第 09600446460 號函說明二，於招標文件預先載明：「請廠

商於招標文件所定開標時間派員到指定之開標場所，以備依本法第 51 條、第 53 條、第 54 條或第 57 條辦理時提出說明、減價、比減價格、協商、更改原報內容或重新報價，未派員到場依通知期限辦理者，視同放棄」等內容為宜。

參考法條與釋例：

一、工程會 88.12.10 第 8820569 號函說明二：「開標結果如須減價而相關廠商未到場時之處理，應視招標文件有無規定廠商應派代表到場以備減價而定。如未規定，可依採購法第 60 條之規定通知廠商限期辦理。」

二、採購法第 53 條第 1 項前段規定：「合於招標文件規定之投標廠商之最低標價超過底價時，得洽該最低標廠商減價 1 次」。

三、採購法第 60 條規定：「機關辦理採購依第 51 條、第 53 條、第 54 條或第 57 條規定，通知廠商說明、減價、比減價格、協商、更改原報內容或重新報價，廠商未依通知期限辦理者，視同放棄。」

四、工程會 96.11.19 第 09600446460 號函說明二：「...建議改為『請廠商於招標文件所定開標時間派員到指定之開標場所，以備依本法第 51 條、第 53 條、第 54 條或第 57 條辦理時提出說明、減價、比減價格、協商、更改原報內容或重新報價，未派員到場依通知期限辦理者，視同放棄』，以臻明確。」

○案例見招 40：

> 機關辦理公開招標最低標決標之採購，預算金額 620 萬元，底價 600 萬元，計有 A、B、C 三家廠商投標，開標後，審標結果為三家廠商均合於招標文件規定，報價分別為 300 萬元、450 萬元、520 萬元，惟開標主持人宣布審標結果前，最低標之 A 廠商當場向開標主持人表示：「我報價報錯了，請不要決標給我。」機關應如何處理？

●機關拆招：

一、最低標廠商 A 之報價已低於底價 70%，如機關認定 A 廠商之報價合理，則可照價決標。此時如 A 廠商拒不接受或拒不簽約，機關可依「依採購法第 58 條處理總標價低於底價 80% 案件之執行程序」項次一、二、三規定、採購法第 101 條、第 102 條及施行細則第 58 條第 2 項等規定處理。如 A 廠商投標有檢附押標金，機關應依招標文件規定不予發還。

二、如機關認定 A 廠商之報價顯不合理，因其報價低於底價 70%，應依照上開執行程序項次五規定，限期廠商提出書面說明，後續處理方式如下：

　　(一)機關認定 A 廠商書面說明合理：無須通知 A 廠商繳納差額保證金，照價決標予 A 廠商。A 廠商如不接受決標或拒不簽約，機關應依採購法第 101 條及第 102 條規定處理，後續並得依施行細則第 58 條第 2 項規定處理；如 A 廠商投標有檢附押標金，機關應依招標文件規定不予發還。

　　(二)機關認定 A 廠商書面說明顯不合理或尚非完全合理或特殊情形(例如屬報價錯誤)，有降低品質、不能誠信履約之虞：逕不決標予 A 廠商(因其報價低於底價 70%，

不得允許廠商繳納差額保證金後決標)。

三、本案如機關決定不決標予 A 廠商，而以次低標 B 廠商為最低標廠商，依上開執行程序附註三規定，因 B 廠商之報價亦低於底價 80%但在底價 70%以上，仍有上開執行程序項次四之適用。

📖參考法條與釋例：

「依採購法第 58 條處理總標價低於底價 80%案件之執行程序」

開審決大白話

memo

第四章
異議及申訴

　　採購法的特色之一，就是納入異議申訴之救濟制度，避免廠商於參與政府採購過程遇有機關違法影響其投標權益而投訴無門之情形。然而採購人員於採購過程，最怕的也就是案件遭廠商提出異議，因為異議處理結果如廠商仍有不服或機關逾法定期限未處理者，其於公告金額以上（押標金不在此限）採購，廠商仍得向該管之採購申訴審議委員會（下稱申訴會）提出申訴，亦即讓機關自我檢視是否變更原處理結果後，接下來就是第三單位也就是申訴會來審議判斷是否違法了。

　　本章第一節揭示提出異議之事由及要件，與廠商提出異議之期限相關規定，廠商千萬要記得法定時效，「法律不保護讓自己權利睡著的人」，是故逾時向招標機關提出異議，機關是可以回復「不予受理」的。當然，若機關認廠商異議有理由，依採購法施行細則第 105 條之 1 規定，仍得評估其事由，自行撤銷或變更原處理結果或暫停採購程序之進行。所以，雖廠商逾期異議，提醒機關最好還是看一下廠商書面來文的內容，如本院則仍會轉請需求單位檢視是否有調整修改之空間，如確有，變更原結果或修正公告，以避免廠商向稽核小組或檢調單位檢舉，機關亦負有合法合理之處置，冒然決標，不無遭追究疏失之可能。

　　機關收受異議後，應先進行程序審查，再為實體審查，即需注意處理時效、審查機制，再者，涉及招標文件如資規格訂定或審標意見衝突，我們採購單位一定會請使用單位評估，若不變更處理結果，廠商申訴我們是否承擔、招架得住，有錯就改，承認不周延而改進，比起遭申訴而強詞奪理，更讓人省時省力與心安。書面函復廠商則應留意附記救濟途徑、期間及受理申訴之機關等教示內容，並以雙掛號送達，此部分於廠商提出申訴後，實務上

申訴會均會向機關要求提出相關送達之證明文件。

第二節有關廠商提出申訴之法定期限及申訴書如何撰寫之格式與需檢附之申證文件，工程會官網亦有參考範例。而機關處理申訴，須撰寫陳述意見書和檢附佐證文件。

此外，政府採購亦講究公共利益與公平合理，並非機關說了就算而可恣意為之，提醒機關要認定廠商不符合招標文件的規定，需嚴謹與審慎，因為若遇有決標後，其他不合格廠商申訴之審議判斷結果為有理由，則機關勢必陷入是否撤銷決標、解除或終止契約窘境。

前言

　　異議與申訴是政府採購法為保障廠商權益及增進機關採購效率而創設的救濟制度。凡廠商與機關間關於招標、審標及決標的爭議，廠商可以依照採購法第六章「爭議處理」有關異議及申訴的規定，尋求救濟(採購法第 74 條)；此外，廠商對於機關依採購法第101條所為之刊登拒絕往來(停權)通知認為違法或不實，也可循異議及申訴程序救濟(採購法第 102 條)。

　　上述救濟途徑，廠商須先向招標機關提出異議，對於招標機關所作異議處理結果不服，或機關逾期不為處理者，始得繼續向該管申訴會提出申訴。因此，異議是申訴的前置程序。

　　機關之採購行為除了可能面臨廠商爭議以外，還有上級或審計機關之稽核，因此機關收到廠商異議，除必須在法定時限內處理及函復廠商外，同時也可藉由此時機，檢視所承辦之採購案是否適法、合理，如有不妥適的地方即積極改正，促使因採購所衍生的爭議得以早日解決，有利於採購業務順利推動。

第一節　異議

一、廠商提出異議之事由及要件

	異議事由	要件
1	機關辦理採購(招標、審標及決標)	廠商認為機關辦理之採購案有違反政府採購法及子法等相關法令或我國所締結之條約、協定致損害其權利或利益。(採購法第 75 條第 1 項)
2	機關通知停權	機關認為廠商有採購法第 101 條第 1 項各款情形之一者，通知廠商將刊登政府採購公報，而廠商認為機關所為之通知違反採購法或有所不實。(採購法第 102 條第 2 項)

　　有關廠商就機關辦理採購招標、審標、決標之過程，向招標機關提出異議之事實及理由須具體明確，例如招標文件資格規定、規格功能、技術文件規定、等標期過短或押標金金額過高等限制競爭之情形，並應依施行細則第 102 條規定，以中文書面載明相關事項，由廠商簽名或蓋章，向招標機關提出。

二、廠商提出異議之期限

　　廠商異議須於法定期限內提出，若逾期，機關應不予受理，並以書面通知提出異議之廠商。有關廠商提出異議的期限，視其內容可分為四類(採購法第 75 條第 1 項及第 102 條第 1 項)：

對招標文件之規定提出異議	自公告或邀標之次日起等標期之4分之1，其尾數不足1日者以1日計。但不得少於10日。 ※至少10天
對招標文件規定之釋疑、後續說明、變更或補充提出異議	接獲機關通知或機關公告之次日起10日。 ※兩者日期不同時，以日期在後者起算(細則104)
對採購之過程、結果提出異議	1.接獲機關通知或機關公告之次日起10日。 2.過程或結果未經通知或公告者，為知悉或可得而知悉之次日起10日。 3.如屬招標、審標、決標事項者，至遲不得逾決標日之次日起15日。
對於依採購法第101條之停權通知	接獲停權通知之次日起20日。 (法102-1)

三、機關應如何處理廠商異議

廠商異議須以書面提出，若單純以口頭向招標機關人員表示不服之意，儘管是在標場內立即提出，並不符合法規所稱之「異議」。機關應自收受異議之次日起 15 日內為適當之處理，並將處理結果以書面方式通知廠商(採購法第 75 條第 2 項前段)，其處理之重點如下：

注意時效	審查機制	書面函復
• 須於收受之次日起15日內函復	• 先程序 • 後實體	• 附記教示內容 • 以雙掛號送達

(一) 機關接獲廠商書面異議之起算時點，以機關收發室收文日期為準，所以承辦人收到廠商異議務必先確認已至機關收發室掛文號。

(二) 考量處理時效，並避免影響廠商權益，承辦單位(實務上由採購單位或業務單位承辦皆有)於收文後建議先以電子郵件方式通知相關單位人員預為研議，並簽會相關單位惠示意見，簽文中務必敘明完成會辦及函復廠商之期限；如案情複雜，涉及專業認定，建議召開跨單位會議共同研商並整合相關單位意見，以爭取時效。

✿ 參考範例–機關內部簽文

簽 於(○○單位)

主旨：有關辦理○○(單位)申購「案名○○(案號：○○)」採購案，廠商就
　　　資格/規格來函提出異議一節，詳如說明，簽請核示。

說明：

一、依○○有限公司(下稱廠商)○年○月○日○○號函辦理(本機關同年
　　○月○日收辦)。

二、簡要說明旨揭採購案目前辦理進度及情形。

三、摘要廠商提出異議之事由。

四、依政府採購法第 75 條第 2 項：「招標機關應自收受異議之次日起
　　15 日內為適當之處理，並將處理結果以書面通知提出異議之廠商」
　　之規定，爰本案應於○年○月○日前函復廠商(本機關)異議處理結
　　果。

五、考量異議處理時效，已先將廠商來函以傳真/電子郵件通知○○(相
　　關單位)研議，並請於○月○日前(建議比函復廠商提早 3~5 日)就廠
　　商來函完成簽辦意見。

擬辦：奉核後，擬於上開法定期限前，函復廠商(本機關)異議處理結果。

會辦單位：(○○ 單位)
第一層決行

(三) 機關處理異議時，應先進行程序審查，再為實體審查

　　1.先程序審查：廠商異議有無逾越法定期限，或不合規
　　　定程式，例如欠缺應載明事項、在我國無營業所且未
　　　委任我國有住所之代理人等機關得不予受理之情形。
　　　但其情形屬可以補正者，機關應訂定補正期間命其補
　　　正；逾期不補正者，不予受理(施行細則第 105 條及
　　　第 102 條第 3 項)。

　　2.後實體審查：例如機關之採購有無違反法令、有無損
　　　害廠商權利或利益等情形。

(四) 有錯就改，若機關處理異議的結果為不受理之決定時，

仍然可以評估其事由，在認為廠商的異議有理由的前提下，自行撤銷或變更原處理結果或暫停採購程序之進行(施行細則第 105 條之 1)。

(五) 機關處理異議的結果，若有涉及變更或補充招標文件內容之情形，除了選擇性招標之規格標與價格標及限制性招標，機關應以書面通知各廠商外，其他招標方式因可能有其他潛在廠商，機關應再另行公告，並視需要延長等標期(採購法第 75 條第 2 項後段)。

(六) 機關函復廠商異議處理結果時，函文內容應附記救濟途徑、期間及受理機關等教示內容；並以雙掛號送達，及收回掛號郵件收件回執聯。

✿ 參考範例–機關函復廠商異議處理結果

○○○函（稿）

主旨：有關貴公司就(本機關)「案名(案號：○○○)」採購案招標之審標結果/開標結果，提出異議一節，(本機關)異議處理結果復如說明，請查照。

說明：

一、復貴公司○○年○○月○○日○○字第○○○○號函(本機關同年○○月○○日收辦)。

二、摘述機關對於旨揭採購案異議之處理結果。

三、貴公司如對(本機關)異議處理結果不服，得於收受異議處理結果之次日起 15 日內，以書面向行政院公共工程委員會/直轄市或縣(市)政府採購申訴審議委員會（地址：○○○○○○○○電話：○○○○○○○○○○）提出申訴。

正本：○○○○有限公司

副本：機關申購單位、機關採購單位

第二節　申訴

　　廠商申訴原則上須對於公告金額以上採購異議之處理結果不服(採購法第 76 條第 1 項)，亦即申訴程序是處理金額較大的採購案；而未達公告金額的採購案，除了對於依採購法第 31 條規定不予發還或追繳押標金及採購法第 101 條之停權通知表示不服，不受公告金額以上之限制外(採購法第 76 條第 4 項及第 102 條第 2 項)，其餘未達公告金額的採購案依採購法的救濟途徑僅止於異議程序。

　　廠商提送申訴書之受理權責機關，係依照該採購案由中央機關或地方機關辦理區分，分別為工程會、直轄市或縣(市)政府所設之申訴會。如果地方政府沒有設申訴會，得委請工程會處理(採購法第 76 條第 1 項)。

　　若廠商誤向該管申訴會以外之機關提起申訴，則以該機關收受之日，視為廠商提起申訴之日。收受申訴書之機關應於收受之次日起 3 日內將申訴書移送於該管申訴會，並通知申訴廠商(採購法第 76 條第 2 項及第 3 項)。

一、廠商提出申訴之事由及期限

> **對於機關「招標、審標、決標等採購行為」之異議處理結果不服**
> - 收受異議處理結果次日起15日內(法76-1)

> **對於機關收受異議逾期(超過15日)不為處理**
> - 處理期限屆滿之次日起15日內(法76-1)

> **對機關通知刊登不良廠商不服**
> - 收受異議處理結果或期限屆滿之次日起15日內 (法102-2)

二、申訴書的撰寫

　　廠商對原招標機關之異議處理結果不服，或機關逾收受異議之次日起 15 日內不為處理者，於公告金額以上案件(但停權爭議案件及依採購法第 31 條追繳押標金案件，不在此限)，廠商得於收受異議處理結果或期限屆滿之次日起 15 日內，以書面向該管申訴會提出申訴。

　　廠商提出申訴書之格式，應依採購法第 77 條規定記載，其中採購案之標的名稱及案號、原受理異議之機關、以及申訴廠商、代理人之基本資料、聯絡資訊及住址，應為正確之記載，並由申訴廠商簽名或蓋章，此外，申訴之事實及理由必須具體、明確，申訴廠商須將不服招標機關異議處理結果所主張之事實及理由，逐一詳載並檢附證明文件。另廠商向申訴會提出申訴，應同時繕具副本送招標機關並應依規定向

申訴會繳納審議費用。

　　申訴書之撰寫，因廠商囿於法定期限內要提起，常常急著完成，加上採購爭議情形自發生後也有一段期間，為避免廠商因時間緊迫而掛一漏萬，撰寫申訴書之事項、格式、樣式，範例如下：

✿參考範例-檢送申訴書之函文

（請填入廠商或公司名稱）　函

受文者：行政院公共工程委員會

發文日期：
發文字號：○○字第　　　　　號
速別：
密等及解密條件或保密期限：
附件：如主旨

主旨：檢送「　（請填入採購案名稱）　」採購案（採購編號：000、招標機關代碼：000）申訴書正本1份、繕本3份，請查照。

正本：行政院公共工程委員會/○○(直轄)市政府/○○縣(市)政府
副本：(請填入本件招標機關)(申訴書副本乙份)

○○○○○○○○（請填入廠商或公司名稱）
　　負責人或代表人　○　○　○

✿參考範例-申訴書(格式)

申訴書

標的名稱：　　　　　　（採購案號：000）

招標方式：□ 公開招標、□ 限制性招標、□ 選擇性招標

金額：□ 在公告金額以上、□ 未達公告金額

　　稱謂　　名稱或姓名　　性別　出生年月日　　電話　地址、住所或居所

申訴廠商

代表人或負

　責　人

代 理 人

招標機關　　　　　　(招標機關代碼：000)

代 表 人

代 理 人

　　上開廠商因「　　　」事件，不服○○機關○○年○○月○○日之異議處理結果或○○機關逾規定期限(15 日)未為處理，爰於法定期限申訴如下：

　　　請求

原異議處理結果撤銷。

　　　事實

　　　理由

證據名稱及件數

(提具與本案相關之文書、契約、申訴廠商及負責人或代表人之證明文件等資料)

　　　綜上所陳，敬請

行政院公共工程委員會/○○(直轄)市政府/○○縣(市)政府

　　　採購申訴審議委員會公鑒

申訴廠商　　　　　　　簽章

代表人或負責人　　　　簽章

代 理 人　　　　　　　簽章

中　　　華　　　民　　　國　　　年　　　月　　　日

(一) 依招標公告內容所登載，於函文書明系爭採購案名稱、採購案號及招標機關代碼，並於申訴書填寫標的名稱、採購案號、招標方式及招標機關代碼，以及勾選為公告金額以上或未達公告金額之案件。

(二) 申訴書宜敘明提出系爭採購案原訂之異議期限、招標機關異議處理日期及應於法定期限內向申訴會提出申訴之期限，以利申訴會先行檢視是否符合法定期限之規定。

(三) 申訴廠商之代理人可委任律師或所屬職員，如無代理人亦可。另請求申訴會辦理之事項應具體陳述表明。

(四) 依工程會範例所示，申訴書建議以 A4 格式直式橫書繕打，其附件亦儘量以 A4 格式製作。事實及理由欄位之內容陳述，涉及廠商與機關兩造之稱謂儘量以「申訴廠商」及「招標機關」稱之，以明確陳述事實過程中之角色。

(五) 有關廠商於撰寫招標、審標、決標之申訴書時，宜檢附招標機關辦理系爭採購案之招標公告及相關招標文件，如有招標機關異議處理結果通知函，亦可一併檢附；另有關廠商於撰寫刊登拒絕往來(停權)之申訴書時，應檢附招標機關通知將予以停權之相關文件，如有招標機關異議處理結果通知函，亦應一併檢附。

三、機關對於廠商提出申訴之處理

　　申訴廠商提出申訴，招標機關應配合申訴會，自收受申訴書副本之次日起 10 日內，以書面檢具相關文件向申訴會陳述意見(採購法第 78 條第 1 項)，並同時繕具副本函送申訴廠商。

　　依工程會陳述意見書之撰寫範例，陳述內容大致如下：

✿ **參考範例-檢送陳述意見書之函文**

```
○ ○ ○ ○ ○　函（稿）

受文者：

發文日期：
發文字號：
速別：
密等及解密條件或保密期限：
附件：如主旨

主旨：檢送有關「　（採購案名稱）　」採購申訴案（採購編號：
　　　000、招標機關代碼：000）陳述意見書 4 份，請查照。
說明：
　一、依貴會 00 年 00 月 00 日第 000000000000 號函辦理。
　二、以 WORD 格式繕打之陳述意見書電子檔，已另以電子郵件
　　　還送本案承辦人。

正本：行政院公共工程委員會/○○(直轄)市政府/○○縣(市)政府
副本：(申訴廠商)

（條　戳）
```

🌸 參考範例-陳述意見書(格式)

陳述意見書(格式)

標的名稱： 　　　　　　　　　　　（採購編號：000）

　稱謂　名稱或姓名　性別　出生年月日　電話　地址、住所或居所

招標機關　　　　　（招標機關代碼：000）

代　表　人

代　理　人

為「　　　　　　　　　　」案（事）件，爰依規定陳述意見事：

程序事項之陳述（申訴廠商如無遲誤法定期間等程序事項之情事，得免予敘明）

實體事項之陳述（得依實際需要分「事實」與「理由」欄敘述，亦得不分欄位敘述，採條列式）

證據名稱及件數

　　　綜上所陳，敬請

主管機關

行政院公共工程委員會/○○（直轄）市政府/○○縣（市）政府

採購申訴審議委員會公鑒

　　　　　　　　　　招標機關　　　　　　簽章
　　　　　　　　　　代　表　人　　　　　簽章
　　　　　　　　　（代理人）　　　　　　簽章

中　華　民　國　○　○　年　○　○　月　○　○　日

(一) 事實：就招標機關辦理系爭採購案件招標、審標、決標等作業歷程及處理，依時序詳予敘述。

(二) 程序事項之陳述(申訴廠商如無遲誤法定期間等程序事項之情事，得免予敘明)：例如就申訴廠商向招標機關提出異議之日期、招標機關收文之日期、函復申訴廠商異議處理結果、所載教示救濟途徑之內容、函文送達日期、申訴廠商提起申訴日期等事項檢視及綜合詳述，並檢附回執聯、送達證明文件或相關佐證文件影本，如招標機關認有程序不受理之事由，亦一併陳明。

(三) 實體事項之陳述：得依實際需要，分事實欄與理由欄敘述，或不分欄位採條列式敘述，招標機關對於申訴廠商於申訴書所陳述之內容，可就機關實際處理之時間先後順序予以敘明。此外，招標機關異議處理結果所適用之法令依據，應逐項依序揭示；如有援引工程會函釋或其他業務主管機關函釋，亦應一併檢附影本供參，及就採購案件目前辦理情形(如是否已另案辦理招標)、是否有採購法第 84 條之適用，亦應一併敘明。

機關開標、審標、決標異議處理作業流程圖

收到廠商異議函時：
1. 宜由採購單位簽辦，屬招標規格、技術文件等異議，建議簽會使用單位表示意見
2. 簽會使用單位時，建議敘明須完成會辦及函復廠商日期，供各單位知悉以配合時效辦理

↓

先程序審查：
1. 提出異議期限(法75)
2. 書面規定程式(細則102)

→
1. 逾法定期間提出、書面程式逾期不補正或國內無住所未委任代理人不予受理，且書面函復廠商。(細則105)
2. 逾期雖不受理，其有理由時，則自行撤銷或變更原處理結果或暫停採購程序。(細則105之1)

↓

程序審查其無不受理之情形者，再進而實體審查

→
※實體審查有理由：
1. 撤銷、變更原處理結果或暫停採購程序。(細則105之1)
2. 涉及變更或補充招標文件，要書面通知各廠商並另行公告，視需要延長等標期。(法75-2)
※實體審查無理由：
機關不予受理。

↓

機關收受異議書次日起15日內，應函復廠商處理結果(法75-2)，並應附記廠商如對處理結果不服，得於收受異議處理結果通知之次日起15日內，以書面向該管申訴會申訴。

→
1. 機關須以雙掛號函復廠商異議處理結果並回收郵件送達回軌聯。
2. 公告金額以上或達縣級採購金之採購，機關函復廠商時應附記廠商如對於異議處理結果不服之救濟途徑、期間及受理機關等教示內容。

採購申訴審議作業流程圖

1. 公告金額以上採購案(法 76-1)
2. 屬不予發還或追繳押標金者,不受公告金額以上之限制。(法 76-4)

廠商誤向該管採購申訴會以外之機關申訴者,以該機關收受日為提起申訴之日。(法 76-3)

如廠商續向機關提出不服異議處理結果,視為提起申訴之日,機關應於收受次日起 3 日內移送該管申訴會,並通知廠商。

機關收到申訴書 10 日內函復申訴會意見。(法 78-1)

紙本陳述意見書 4 份,另 WORD 格式之陳述意見書,以電子郵件逕送工程會承辦人。

機關評估申訴事由,有理由者,應自行撤銷、變更原處理結果,或暫停採購程序(法 84-1),並將處理結果通知該管申訴會。(法 84-2)

申訴審議判斷指明原採購行為違反法令者,機關應自收受審議判斷書之次日起 20 日內另為適法之處置。(法 85-1)

標場實例見招拆招

○案例見招 1：

機關辦理公開招標最低標決標之採購，A 廠商對「招標文件之採購規格有不當限制競爭一節」向機關提出書面異議，機關函復 A 廠商維持原招標規格之異議處理結果，並於函文末附記救濟途徑、期間及受理機關等教示條款，A 廠商不服機關之異議處理結果，仍持續向機關提出書面異議，應如何處理？

●機關拆招：

一、 廠商對於公告金額以上採購異議之處理結果不服，就同一事件再向異議處理機關提出異議，其再異議視同申訴。

二、 依採購法第 76 條第 2 項規定，廠商誤向機關申訴者，仍以該機關收受之日，視為廠商提起申訴之日。

三、 本題依採購法第 76 條第 3 項規定，機關應於收受 A 廠商申訴書之次日起 3 日內，將 A 廠商申訴書移送該管申訴會，並通知 A 廠商。

參考法條與釋例：

一、 採購法第 76 條第 2 項規定：「廠商誤向該管採購申訴審議委員會以外之機關申訴者，仍以該機關收受之日，視為廠商提起申訴之日。」

二、 採購法第 76 條第 3 項規定：「第 2 項收受申訴書之機關應於收受申訴書之次日起 3 日內，將申訴書移送該管採購申訴審議委員會，並通知申訴廠商。」

〇案例見招 2：

機關辦理公開招標最低標之採購，於 111 年 3 月 1 日上網招標公告，於 111 年 3 月 14 日截止投標，等標期計 14 日，A 廠商領標後，於等標期間內發現機關就採購標的所訂定之採購規格有綁定特定廠商產品之情形，損及 A 廠商投標之權利，故 A 廠商於 111 年 3 月 13 日向招標機關就採購規格內容提出書面異議，應如何處理？

●機關拆招：

一、依採購法第 75 條第 1 項第 1 款規定：「對招標文件規定提出異議者，為自公告或邀標之次日起等標期之 4 分之 1，其尾數不足 1 日者，以 1 日計，但不得少於 10 日。」故廠商對於機關招標、審標、決標之採購行為，認為機關違反政府法令，致損害其權利或利益時，得於法定期間內，以書面向機關提出異議。

二、本案 A 廠商於等標期起算日起第 12 日始就採購標的之招標規格向招標機關提出異議，已逾採購法第 75 條第 1 項第 1 款規定之法定救濟期限，爰機關應依採購法施行細則第 105 條規定，除不予受理 A 廠商所提之異議案外，後續仍應以書面函復該廠商。

三、另本案 A 廠商雖逾越法定期間提出異議，機關仍得依採購法施行細則第 105 條之 1 規定，評估其事由，如認其異議有理由時，機關仍得自行撤銷或變更原處理結果，或暫停採購程序之進行。後續機關如有更正招標公告、招標文件及延長等標期限等情形，應另行公告，並於招標公告附註欄位載明變更事項。

📄參考法條與釋例：

一、採購法第 75 條第 1 項第 1 款規定：「對招標文件規定提出異議者，為自公告或邀標之次日起等標期之 4 分之 1，其尾數不足 1 日者，以 1 日計。但不得少於 10 日。」

二、採購法第 75 條第 2 項規定：「招標機關應自收受異議之次日起 15 日內為適當之處理，並將處理結果以書面通知提出異議之廠商。其處理結果涉及變更或補充招標文件內容者，除選擇性招標之規格標與價格標及限制性招標應以書面通知各廠商外，應另行公告，並視需要延長等標期。」

三、採購法施行細則第 105 條規定：「異議逾越法定期間者，應不予受理，並以書面通知提出異議之廠商。」

四、採購法施行細則第 105 條之 1 規定：「招標機關處理異議為不受理之決定時，仍得評估其事由，於認其異議有理由時，自行撤銷或變更原處理結果或暫停採購程序之進行。」

○案例見招 3：

> 機關辦理公開取得書面報價單最低標決標之採購，於 111 年 1 月 10 日上網招標公告，於 111 年 1 月 14 日截止投標，計有 A、B、C 三家廠商投標，於 111 年 1 月 17 日開標，開標當日即決標予 A 廠商，後續機關於 111 年 1 月 18 日上網定期彙送，決標後，D 廠商於 111 年 1 月 19 日看到機關定期彙送資料後，認為機關就採購標的訂定之採購規格有限制競爭情形，並於同日向招標機關提出書面異議，應如何處理？

●機關拆招：

一、 本案機關雖於 111 年 1 月 17 日宣布決標，惟自等標期起算日至 D 廠商向機關提出書面異議之日共計 9 天，換言之，D 廠商於決標後向機關提出之異議仍符合採購法第 75 條第 1 項第 1 款規定之 10 日內提出異議之法定期間，爰機關應予受理，並依採購法第 75 條第 2 項規定，自收受 D 廠商異議書之次日起 15 日內為適當之處理，並將異議處理結果函復 D 廠商。

二、 另機關評估其事由，如認定 D 廠商異議有理由者，如非屬緊急情況或公共利益之必要，應依採購法第 84 條第 1 項規定，自行撤銷、變更原處理結果。

📖參考法條與釋例：

一、 採購法第 1 條規定：「為建立政府採購制度，依公平、公開之採購程序，提升採購效率與功能，確保採購品質...。」

二、 採購法第 2 條第 1 項規定：「機關辦理採購，應以維護公共利益及公平合理為原則，對廠商不得為無正當理由之差別待遇」及同條第 2 項：「辦理採購人員於不違反本法規定之範圍內，得基於公共利益、採購效益或專業判斷之考

量，為適當之採購決定。」

三、 採購法第 75 條第 1 項第 1 款規定：「對招標文件規定提出異議者，為自公告或邀標之次日起等標期之 4 分之 1，其尾數不足 1 日者，以 1 日計。但不得少於 10 日。」

四、 採購法第 75 條第 2 項(前段)規定：「招標機關應自收受異議之次日起 15 日內為適當之處理，並將處理結果以書面通知提出異議之廠商。」

五、 採購法第 84 條第 1 項規定：「廠商提出異議或申訴者，招標機關評估其事由，認其異議或申訴有理由者，應自行撤銷、變更原處理結果，或暫停採購程序之進行。但為應緊急情況或公共利益之必要，或其事由無影響採購之虞者，不在此限。」

○案例見招 4：

機關辦理公開取得書面報價單最低標決標之採購，A 廠商於法定異議期限內，向招標機關對招標文件規定提出書面異議，惟 A 廠商之異議函上漏未載明廠商地址、電話及負責人之姓名等法定應載明事項，應如何處理？

●機關拆招：

一、 本案 A 廠商之異議函雖未依施行細則第 102 條第 1 項規定記載必要之事項，漏未記載「廠商地址、電話及負責人之姓名」等事項，倘機關評估其情形可補正者，應依同條第 3 項規定，命 A 廠商限期完成補正；A 廠商如逾期仍不補正，則不予受理其異議。

二、 另 A 廠商如於機關所定期間內完成補正，機關應自 A 廠商完成補正之次日起 15 日內為適當之處理，並將異議處理結

果函復 A 廠商。

📑參考法條與釋例：

一、 採購法第 75 條第 2 項規定：「招標機關應自收受異議之次日起 15 日內為適當之處理，並將處理結果以書面通知提出異議之廠商。其處理結果涉及變更或補充招標文件內容者，除選擇性招標之規格標與價格標及限制性招標應以書面通知各廠商外，應另行公告，並視需要延長等標期。」

二、 施行細則第 102 條規定：廠商依本法第 75 條第 1 項規定以書面向招標機關提出異議，應以中文書面載明下列事項，由廠商簽名或蓋章，提出於招標機關。其附有外文資料者，應就異議有關之部分備具中文譯本。但招標機關得視需要通知其檢具其他部分之中文譯本：

一、廠商之名稱、地址、電話及負責人之姓名。

二、有代理人者，其姓名、性別、出生年月日、職業、電話及住所或居所。

三、異議之事實及理由。

四、受理異議之機關。

五、年、月、日。

前項廠商在我國無住所、事務所或營業所者，應委任在我國有住所、事務所或營業所之代理人為之。

異議不合前二項規定者，招標機關得不予受理。但其情形可補正者，應定期間命其補正；逾期不補正者，不予受理。

○案例見招 5：

機關辦理公開招標最低標決標之採購，計有 A、B、C 三家廠商投標，於 111 年 1 月 13 日開標當日，三家廠商均未派員出席開

標，開標後，機關決標予投標文件合於招標文件規定且標價在底價以內之最低標 B 廠商，並於同日將決標結果以書面通知 A、B、C 三家廠商，且於 111 年 1 月 17 日上網辦理決標公告。次低標 A 廠商認為 B 廠商投標檢附之規格內容與招標文件規定不符，認為機關不應決標予 B 廠商，故 A 廠商於 111 年 1 月 27 日向機關提出書面異議，並同時副知給 B 廠商，B 廠商則向機關主張 A 廠商之異議已逾法定異議期限，認為機關應不予受理，有關 B 廠商之主張，應如何處理？

●機關拆招：

一、 當投標廠商接獲機關書面決標通知之日期與機關上網決標公告之日期不同時，依採購法第 75 條第 1 項第 3 款暨採購法施行細則 104 條規定，投標廠商提出決標異議期限之計算，應以日期在後者起算。

二、 本案 A、B、C 三家廠商雖於 111 年 1 月 13 日接獲機關書面決標通知，但機關於 111 年 1 月 17 日上網辦理決標公告，依施行細則第 104 條規定：「...廠商接獲通知之日與機關公告之日不同時，以日期在後者起算」，本案投標廠商提出決標異議期限之計算，係以日期在後之決標公告日起算，故 A 廠商於 111 年 1 月 27 日向機關提出之決標異議，仍合於採購法第 75 條第 1 項第 3 款：「...為接獲機關通知或機關公告之次日起 10 日」規定之法定期間內提出，爰機關應受理 A 廠商之異議，並依採購法第 75 條第 2 項規定，自收受異議書次日起 15 日內，為適當之處理，並將異議處理結果分別函復 A 廠商及 B 廠商。

📋參考法條與釋例：

一、 採購法第 75 條第 1 項第 3 款(前段)規定:「對採購之過程、

結果提出異議者，為接獲機關通知或機關公告之次日起 10 日。」

二、 採購法第 75 條第 2 項(前段)規定：「招標機關應自收受異議之次日起 15 日內為適當之處理，並將處理結果以書面通知提出異議之廠商。」

三、 施行細則第 104 條規定：「本法第 75 條第 1 項第 2 款及第 3 款所定期限之計算，其經機關通知及公告者，廠商接獲通知之日與機關公告之日不同時，以日期在後者起算。」

○案例見招 6：

機關辦理公開招標最低標決標之採購，第 2 次招標公告計有 A，B 二家廠商投標，開標後審標結果，為機關誤判定 A 廠商為不合格廠商，B 廠商為合格廠商，A、B 二家廠商標價均進入底價，其中 A 廠商標價為最低標，B 廠商標價為次低標，惟因 A 廠商為不合格廠商，故機關當場宣布決標予 B 廠商，於當日決標後，A 廠商以審標結果判其資格與招標文件規定不符一節為由，向機關提出書面異議，經機關審查異議有理由後，重行判定 A 廠商為合格廠商，並更正資、規格審標結果為 A、B 兩家廠商均合格，後續應如何處理？

●機關拆招：

一、 依工程會 95.3.2 第 09500063560 號函意旨，如於決標後，經機關審標結果誤判為不合格標之廠商提出異議，其後續之處理，應由機關就個案情形依採購法第 84 條規定本於權責自行核處，現 A 廠商於機關審標時被誤判為不合格廠商，雖本案已決標，惟經機關異議處理後，重行判定 A 廠商為合格廠商，並更正審標資、規格審標結果為 A、B 兩家廠

商均合格。

二、 為避免影響 A 廠商之決標權益，建議機關如無緊急情況或公共利益之需求，應依採購法 84 條規定撤銷原決標處分，將上開採購案回復至審標後狀態，並依規定決標予 A 廠商。

參考法條與釋例：

一、 工程會 95.3.2 第 09500063560 號函略以：「關於機關辦理採購，於決標後，經機關審標結果誤判為不合格標之廠商提出異議，其後續之處理，應由機關就個案情形依政府採購法第 84 條規定本於權責自行核處。」

二、 採購法第 75 條第 2 項(前段)規定：「招標機關應自收受異議之次日起 15 日內為適當之處理，並將處理結果以書面通知提出異議之廠商。」

三、 採購法第 84 條第 1 項規定：「廠商提出異議或申訴者，招標機關評估其事由，認其異議或申訴有理由者，應自行撤銷、變更原處理結果，或暫停採購程序之進行。但為應緊急情況或公共利益之必要，或其事由無影響採購之虞者，不在此限。」

○案例見招 7：

機關辦理公開招標最低標決標之採購，預算 280 萬元，底價 240 萬元，計有 A，B，C 三家廠商投標，開標後審標結果為機關誤判定 B 廠商為不合格標，A、B 兩家廠商均合格，A、B、C 三家廠商之投標標價分別為 270 萬元、260 萬元、250 萬元，經優先減價程序後，C 廠商減價至 235 萬元，機關宣布 C 廠商之減價金額進入底價並決標，決標後，B 廠商以「於某採購案審標結果判其規格與招標文件規定不符一節」為由向機關提出書面異議，經機關審查異議有理由後，重行改判 B 廠商為合格廠商，機關應如何處理？

●機關拆招：

一、 B 廠商於開標當日經機關審標判定為不合格廠商，其認為機關違反法令之採購決定致其權益受損，故依採購法第 75 條第 1 項第 3 款規定，於法定救濟期限內以書面向機關提出異議，嗣經機關異議處理後，重行改判 B 廠商為合格廠商。

二、 本案係因 C 廠商之投標標價為最低標，且經優先減價程序後進入底價決標，雖機關經異議處理，變更原審標結果，將 B 廠商由不合格廠商變更為合格廠商，惟因本案 B 廠商一開始即非為決標對象，爰機關之異議處理結果並不影響原決標結果。

📖參考法條與釋例：

一、 採購法第 75 條第 1 項第 3 款(前段)規定:「對採購之過程、結果提出異議者，為接獲機關通知或機關公告之次日起 10 日。」

二、 採購法第 75 條第 2 項(前段)規定：「招標機關應自收受異

議之次日起 15 日內為適當之處理，並將處理結果以書面通
知提出異議之廠商。」

三、 採購法第 84 條第 1 項(前段) 規定：「廠商提出異議或申
訴者，招標機關評估其事由，認其異議或申訴有理由者，
應自行撤銷、變更原處理結果，或暫停採購程序之進行。」

四、 採購法施行細則第 104 條規定：「本法第 75 條第 1 項第 2
款及第 3 款所定期限之計算，其經機關通知及公告者，廠
商接獲通知之日與機關公告之日不同時，以日期在後者起
算。」

○案例見招 8：

機關辦理公開取得書面報價最低標決標之採購，A 廠商以「於某
採購審標結果資格與招標文件規定不符」為由向機關提出書面異
議，機關逾法定期限函復 A 廠商異議處理結果，A 廠商可否據
以向該管申訴會提出申訴？

●機關拆招：

一、 依採購法第 76 條第 1 項規定，廠商提出申訴係以「公告金
額以上採購異議之處理結果」為限，另依同條第 4 項及第
102 條第 2 項規定略以，不予發還或追繳廠商押標金者及
將廠商名稱刊登政府採購公報之停權處分，無論該採購案
件是否逾公告金額均得向主管機關申訴，不受「公告金額
以上採購異議之處理結果」之限制。

二、 本案 A 廠商對於機關辦理之公開取得書面報價最低標決標
之採購，以「於某採購審標結果被機關判其定資格與招標
文件規定不符」為由向機關提出書面異議，雖機關已逾法
定期限方函復 A 廠商異議處理結果，惟因其性質非屬押標

金追繳及停權處分，故 A 廠商無法向該管申訴會提出申訴，但依採購法第 84 條第 1 項規定，如機關認為 A 廠商異議有理由者，應自行撤銷、變更其原處理結果。

📃參考法條與釋例：

一、 採購法第 76 條第 1 項規定：「廠商對於公告金額以上採購異議之處理結果不服，或招標機關逾前條第 2 項所定期限不為處理者，得於收受異議處理結果或期限屆滿之次日起 15 日內，依其屬中央機關或地方機關辦理之採購，以書面分別向主管機關、直轄市或縣(市)政府所設之採購申訴審議委員會申訴。」

二、 採購法第 76 條第 4 項規定：「爭議屬第 31 條規定不予發還或追繳押標金者，不受第 1 項公告金額以上之限制。」

三、 採購法第 84 條第 1 項規定：「廠商提出異議或申訴者，招標機關評估其事由，認其異議或申訴有理由者，應自行撤銷、變更原處理結果，或暫停採購程序之進行。但為應緊急情況或公共利益之必要，或其事由無影響採購之虞者，不在此限。」

四、 採購法第 102 條第 1 項規定：「廠商對於機關依前條(第101)所為之通知，認為違反本法或不實者，得於接獲通知之次日起 20 日內，以書面向該機關提出異議。」；及同條第 2 項「廠商對前項異議之處理結果不服，或機關逾收受異議之次日起 15 日內不為處理者，無論該案件是否逾公告金額，得於收受異議處理結果或期限屆滿之次日起 15 日內，以書面向該管採購申訴審議委員會申訴。」

〇案例見招 9：

機關辦理公開招標最低標決標之採購，於招標文件規定，廠商投標時須檢附押標金 15 萬元，於決標後，機關發現 A 廠商有採購法第 31 條第 2 項例示之情形，故向 A 廠商追繳押標金 15 萬元，A 廠商遂以於法定期限內向機關提出書面異議，經機關異議處理後，機關仍維持原向 A 廠商追繳押標金之處分，現 A 廠商對於機關之異議處理結果不服向該管申訴會提出申訴，應如何處理？

●機關拆招：

一、 依採購法第 76 條第 1 項及同條第 4 項規定，採購爭議如屬同法第 31 條規定不予發還或追繳押標金者，無論該採購案件是否逾公告金額，均得向該管申訴會提出申訴。

二、 本案 A 廠商對於機關依採購法第 31 條第 2 項規定所為之書面通知，如認為其違反法令，致損害其權利或利益者，得以書面向該管申訴會提出申訴。復依採購法第 78 條第 1 項後段規定，機關應自收受申訴書副本之次日起 10 日內，以書面向申訴會陳述意見。

📄參考法條與釋例：

一、 採購法第 76 條第 4 項規定：「爭議屬第 31 條規定不予發還或追繳押標金者，不受第 1 項公告金額以上之限制。」

二、 「採購申訴審議規則」第 2 條第 1 項規定：「廠商對於公告金額以上採購、未達公告金額採購爭議屬本法第 31 條第 2 項規定不予發還或追繳押標金異議之處理結果不服，或招標機關逾本法第 75 條第 2 項、第 85 條第 1 項所定期限不為處理者，得於收受異議處理結果或處理期限屆滿之次日起 15 日內，依其屬中央機關或地方機關辦理之採購，以書面分別向主管機關、直轄市或縣(市)政府所設採購申訴審

議委員會申訴。」

三、 工程會 108.9.25 第 1080100778 令修正之「依政府採購法第 31 條第 2 項辦理不發還或追繳押標金之執行程序。」

四、 採購法第 78 條第 1 項後段規定:「機關應自收受申訴書副本之次日起 10 日內,以書面向該管採購申訴審議委員會陳述意見。」

○案例見招 10:

某直轄市區公所辦理公開招標最有利標決標之採購,A 廠商對於該區公所辦理採購之評選過程不公一節提出書面異議,該區公所函復 A 廠商之異議處理結果為維持原評選結果,並於函文末附記救濟途徑、期間及受理機關等教示條款,嗣後 A 廠商卻誤向工程會提出書面申訴,試問 A 廠商提起之申訴是否有效?

●機關拆招:

一、 依採購法第 76 條第 1 項規定,廠商對於公告金額以上採購異議之處理結果提出申訴,應依其屬中央機關或地方機關辦理之採購,分別向主管機關、直轄市或縣(市)政府所設之申訴會提出。

二、 本案係某直轄市區公所辦理之採購,A 廠商對採購異議之處理結果不服時,依法應向該直轄市政府申訴會提出書面申訴,現 A 廠商卻誤向工程會提出書面申訴。依採購法第 76 條第 2 項規定,如廠商誤向該管申訴會以外之機關申訴者,仍以該機關收受之日,視為廠商提起申訴之日。故 A 廠商雖誤向工程會提出書面申訴之日,依法應視為廠商提起申訴之日。

三、 承上,依採購法第 76 條第 3 項規定,工程會應於收受 A

廠商之申訴書之次日起 3 日內，將申訴書移送該直轄市政府申訴會，並通知申訴廠商。

參考法條與釋例：

一、 採購法第 76 條第 1 項規定：「廠商對於公告金額以上採購異議之處理結果不服，或招標機關逾前條第 2 項所定期限不為處理者，得於收受異議處理結果或期限屆滿之次日起 15 日內，依其屬中央機關或地方機關辦理之採購，以書面分別向主管機關、直轄市或縣(市)政府所設之採購申訴審議委員會申訴。地方政府未設採購申訴審議委員會者，得委請中央主管機關處理。」

二、 採購法第 76 條第 2 項規定：「廠商誤向該管採購申訴審議委員會以外之機關申訴者，仍以該機關收受之日，視為廠商提起申訴之日。」

三、 採購法第 76 條第 3 項規定：「第 2 項收受申訴書之機關應於收受申訴書之次日起 3 日內，將申訴書移送該管採購申訴審議委員會，並通知申訴廠商。」

○案例見招 11：

機關函復 A 廠商異議處理結果之書面通知，採購承辦人不慎漏未附記救濟途徑、期間與受理機關等教示條款，機關應如何處理？

●機關拆招：

一、 機關以書面載明不服行政處分等之救濟方法、期間及其受理機關，通稱「教示條款」。

二、 依工程會 97.10.3 第 09700410510 號函釋意旨，機關就招標、審標、決標之採購爭議所涉對於廠商之書面通知，及依政府採購法第 75 條第 2 項規定通知廠商異議處理結果時，均請於該書面通知附記政府採購法規定之救濟途徑、救濟期間及受理機關等教示條款，俾利廠商知悉其權利，並避免滋生爭議。

三、 另依工程會 98.9.29 第 09800395460 號函釋：「機關如未於異議處理結果教示救濟方式、期間及受理機關時，類推適用行政程序法第 98 條第 3 項規定：「處分機關未告知救濟期間或告知錯誤未為更正，致相對人或利害關係人遲誤者，如自處分書送達後一年內聲明不服時，視為於法定期間內所為」。

四、 本案機關函復 A 廠商異議處理結果之書面通知，如漏未附記教示條款，宜另函更正原異議處理結果之書面通知，並自更正通知送達之翌日起算法定期間。

參考法條與釋例：

一、 工程會 97.10.3 第 09700410510 號函及 98.9.29 第 09800395460 號函。

二、 工程會 108.9.25 第 1080100778 令修正之「依政府採購法

第 31 條第 2 項辦理不發還或追繳押標金之執行程序。」

三、 法務部 103.9.17 法律字第 10303510490 號函。

四、 「行政程序法」第 98 條第 3 項規定:「處分機關未告知救濟期間或告知錯誤未為更正,致相對人或利害關係人遲誤者,如自處分書送達後一年內聲明不服時,視為於法定期間內所為。」

〇案例見招 12:

機關辦理公開招標最低標決標之採購,於 111 年 3 月 1 日上網招標公告,於 111 年 3 月 14 日截止投標,等標期計 14 日,A 廠商領標後,於等標期間內發現機關就採購標的所訂定之採購規格有綁定特定廠商產品之情形,損及 A 廠商投標之權利,故 A 廠商於 111 年 3 月 9 日向招標機關就採購規格內容提出書面異議,應如何處理?

●機關拆招:

一、依採購法第 75 條第 1 項第 1 款規定:「對招標文件規定提出異議者,為自公告或邀標之次日起等標期之 4 分之 1,其尾數不足 1 日者,以 1 日計,但不得少於 10 日。」,故廠商對於機關招標、審標、決標之採購行為,認為機關違反政府法令,致損害其權利或利益時,得於法定期間內,以書面向機關提出異議。

二、本案 A 廠商於等標期起算日起第 8 日向機關提出之異議,係可認定為於法定救濟期間內提出,機關應予受理,機關應依採購法第 75 條第 2 項規定,自收受異議之次日起 15 日內,將異議處理結果函復 A 廠商。

三、另機關函復 A 廠商異議處理結果時，宜以雙掛號信函寄送，並於寄出後留意是否取得送達回執聯，俾利機關於 A 廠商日後提出申訴時，據以起算法定救濟期間。

參考法條與釋例：

一、採購法第 75 條第 1 項第 1 款規定：「對招標文件規定提出異議者，為自公告或邀標之次日起等標期之 4 分之 1，其尾數不足 1 日者，以 1 日計。但不得少於 10 日。」

二、採購法第 75 條第 2 項規定：「招標機關應自收受異議之次日起 15 日內為適當之處理，並將處理結果以書面通知提出異議之廠商。其處理結果涉及變更或補充招標文件內容者，除選擇性招標之規格標與價格標及限制性招標應以書面通知各廠商外，應另行公告，並視需要延長等標期。」

第五章
社會責任

第一節　綠色採購

　　綠色採購於民國 87 年正式納入政府採購法，我國成為全球第一個立法推動綠色採購國家，採購法第 96 條明訂機關得優先採購取得政府認可之環境保護標章使用許可之產品。

一、機關辦理綠色環保產品採購相關規定

　　機關辦理綠色環保產品採購時須於投標須知載明以下規定，廠商參與投標時必須一併檢附下列文件：

「本案欲適用『機關優先採購環境保護產品辦法』優惠措施之廠商須於投標文件內檢附下列資料供審查：

1.產品屬第一類、第二類或第三類產品及其證明文件影本。

2.產品效能與招標文件之規定相同或相似之比較及其說明或證明資料。(如申請環保產品時所附之相關文件)」

二、機關辦理綠色採購環保產品決標方式

　　機關依採購法第 96 條及「機關優先採購環境保護產品辦法」規定，以公告方式邀請「環保產品及非環保產品」廠商參予投標，其決標方式如下：

(一) 當環保產品廠商為最低標可決標對象時，則決標予環保產品廠商。

(二) 當非環保產品廠商為最低標可決標對象時，如本案有一家環保產品廠商，將洽環保產品廠商減價至最低標之標價後予以決標。

(三) 如有兩家以上環保產品廠商，將由標價低者，依序先洽第一類及第二類環保產品廠商減價 1 次，最先減至最低標之標價者為決標對象。

(四) 如第一類及第二類環保產品廠商無法決標時，再洽第三類環保產品廠商減價。

(五) 如上述環保產品廠商均無法決標時，即決標予非環保產品廠商。

三、機關綠色採購績效評核方法(以環保署公布之 111 年綠色採購為例)：

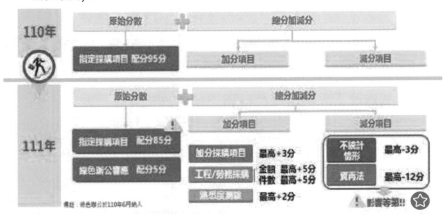

四、環保署訂定原始分數計算公式

環保署每年皆會訂定原始分數，其 111 年機關原始分數訂定為 85 分，計算公式如下：

五、機關辦理指定採購項目之採購時注意事項

(一) 採購指定採購項目皆應採購環保標章產品(環保署每年皆會調整指定採購項目之品項及數目)。

(二) 機關若因特殊需求採購非環保標章產品，應於下訂產品前簽准「不統計專簽」。另「不統計專簽」內容需包含

下列三項必要內容：

1. 機關需至「綠色採購申報平台」查詢該採購項目有效環保標章產品並匯出查詢畫面。

2. 機關敘明無法採購環保標章產品之原因。惟需注意「共同供應契約未提供環保標章產品」，不得作為無法採購環保標章產品之原因。

3. 機關於下訂前由機關首長或其授權人員核准。若簽准日晚於下訂日或非當年度核准，皆無法申報不統計。

六、 機關辦理不同類型綠色採購之申報方式

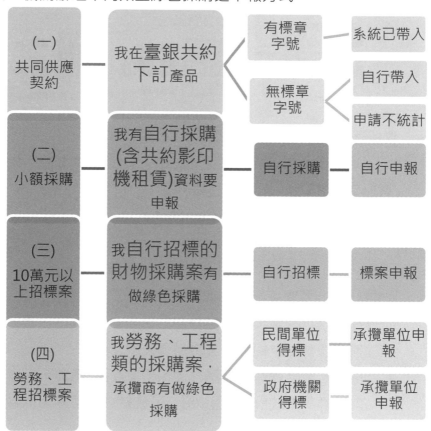

七、機關自行招標綠色採購申報流程

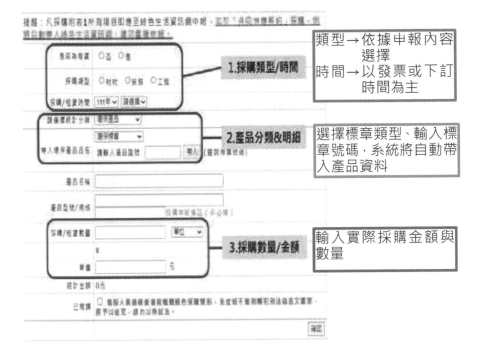

提醒：凡採購附表1所有項目即應至綠色生活資訊網申報，若於「共同供應契約」採購，相關自動帶入綠色生活資訊網細，請勿重複申報。

1.採購類型/時間
類型→依據申報內容選擇
時間→以發票或下訂時間為主

2.產品分類&明細
選擇標章類型、輸入標章號碼，系統將自動帶入產品資料

3.採購數量/金額
輸入實際採購金額與數量

八、機關綠色採購年度統計資料

機關可透過綠色採購績效查詢方式，檢視機關該年度「機關綠色採購指定採購項目達成度」

指定採購項目應優先採購第一類產品，所以此項目金額佔最大比率

111年度「機關綠色採購指定採購項目達成度」

「機關綠色採購指定採購項目達成度」得分＝[A/(A+B+C+D)] x 85

指定項目統計	金額
第一類產品(A)	XXXXXXXXXXXX
第二類產品(B)	XXXXXXXXXXXX
第三類/其他產品(C)	XXXXXXXXXXXX
非環保產品(D)	XXXXXXXXXXXX

指定採購項目中，若想要檢視第二類、第三類及非環保產品明細，可點擊相關金額明細逐一檢視

點擊金額匯出 EXCEL 查看

第二節　優先採購

一、優先採購政策(下稱優採政策)的緣起、目的及意涵

我國優採政策	
緣起	我國自民國 69 年公布「殘障福利法」及其施行細則，民國 86 年復將法案名稱修正為「身心障礙者保護法」。我國為配合國際環境變遷，積極保障身心障礙者之權益，並使身心障礙分類與國際接軌，民國 96 年更名為「身心障礙者權益保障法」。另於民國 94 年訂定「優先採購身心障礙福利機構團體或庇護工場生產物品及服務辦法」(下稱優採辦法)。
目的	為維護身心障礙者之權益，保障其平等參與社會、政治、經濟、文化等之機會，促進其自立及發展，國家有責任擔任協助身障者的角色，除了對身心障礙者的實物與現金給付外，透過優先採購的支持，可以幫助在身心障礙銷售端內的身心障礙者者有更多訓練與就業的機會，協助身心障礙者融入社會、達成自立。
意涵	優先採購是政府為了保障身心障礙者，規範各級政府機關、公立學校、公營事業、接受政府補助之機構、團體、私立學校應依據「身心障礙者權益保障法」第 69 條規定及「優採辦法」優先採購身障者生產之物品與提供之服務。目前依據「優採辦法」，義務採購端針對身障銷售端生產特定物品與服務的年度採購金額要達特定項目(現行法規為 16 大項)採購總金額的 5%。

二、落實優採政策之單位有哪些？優採項目又有哪些呢？

　　　義務採購單位進行採購時，須注意採購之物品或服務是否屬「優採辦法」第 3 條規定，可由身心障礙福利機構團體或庇護工場所生產之優先採購項目，如是，義務採購單位須優先向其採購以落實優採政策，至上開提及之義務採購單位、優先採購項目究竟為何？詳見下圖

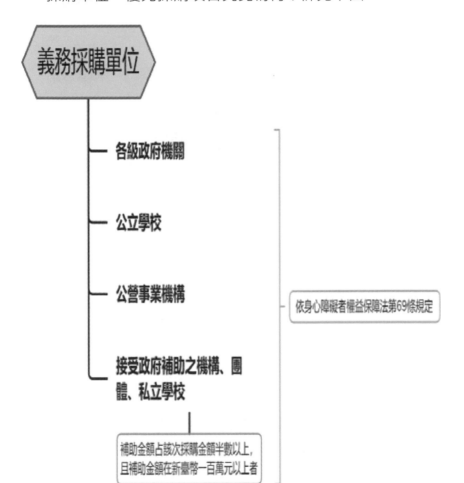

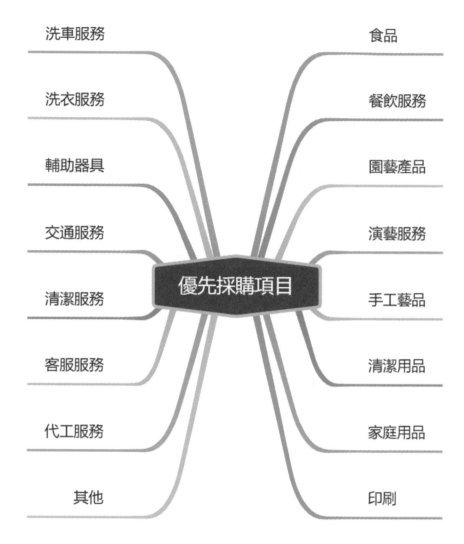

洗車服務　　　　　　　　食品

洗衣服務　　　　　　　　餐飲服務

輔助器具　　　　　　　　園藝產品

交通服務　　　　　　　　演藝服務

　　　　　優先採購項目

清潔服務　　　　　　　　手工藝品

客服服務　　　　　　　　清潔用品

代工服務　　　　　　　　家庭用品

　　其他　　　　　　　　　印刷

三、計算優先採購比率

　　　　各義務採購單位應依相關法令規定，採購身障福利機構或團體(以下簡稱機構或團體)、庇護工場所生產之物品及其提供之服務，其承包之年度金額累計占義務採購單位年度採購該物品及服務項目金額之比率，應達 5%，有關達成比率計算參考如下：

年度優先採購達成比率之計算	
比率 定義	比率是指義務採購單位全年度採購「優採辦法」第 3 條第 1 項、第 2 項物品及服務項目之總金額為分母，其中向庇護工場或機構(團體)採購之總金額為分子，其相除所得之百分比為比率。
比率 計算	年度優先採購達成比率=$\dfrac{(A)+(B)}{(A)+(B)+(C)}$ (A)為向身障福利機構、團體或庇護工場採購之成交金額。 (B)為經公告或議價未與機構團體成交之金額。 (C)為不經優先採購程序之成交金額。
案例 分享	假設義務採購單位全年度採購「優採辦法」第 3 條第 1 項、第 2 項物品及服務項目之總金額為 100 萬元，其中向身障福利機構、團體或庇護工場採購之總金額不得低於 5 萬元(100 萬元*5%=5 萬元)。此外，值得注意的是，5%是由全年度採購「優採辦法」第 3 條第 1 項、第 2 項物品及服務項目總額計算，而非每筆採購案都須切割 5%。

四、優先採購全生命週期

採購承辦單位於確認擬採購之物品或服務是「優採辦法」第 3 條第 1 項、第 2 項物品或服務後，應先確認採購金額是否超過 100 萬元，並藉以區分兩種不同優先採購全生命週期：

開審決大白話

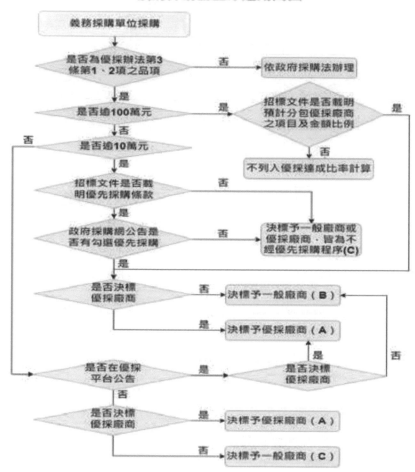

優先採購全生命週期簡圖

（一）「優採辦法」規定採購金額級距：10 萬元以上至 100
萬元以下

　　1.義務採購單位應於招標文件載明本採購案適用優先
採購、採最低標決標原則等相關條款。

　　2.採購承辦人至政府電子採購網進行招標公告時，請務
必於「是否於招標文件載明優先決標予身心障礙福
利機構團體或庇護工場」此欄位勾選「是」。

296

3.開標前，可先確認各投標廠商是庇護工場、身心障礙福利機構、身心障礙團體或一般廠商，如有庇護工場、身心障礙福利機構、身心障礙團體投標，即可知悉開標後之價格程序有可能會適用「優採辦法」第 5 條「身障廠商優先減價」程序。

4.開標、審標、決標應注意事項

　　　　除前面幾章節有提到開、審、決標應注意之事項外，如採購標的又屬於優先採購品項，應就資格、規格、價格文件審查及決標時再注意：

(1)資格、規格文件審查

　　　　廠商投標時是否檢附其為庇護工場、機構或團體之資格證明文件。

(2)價格程序

　　　　如已於招標文件規定：「...本案採購標的將優先向身障廠商採購...」等類此條款文字，且身障廠商之標價合於底價以內，則義務採購單位進行價格程序時，應依「優採辦法」第 5 條規定，進行「身障廠商優先減價」程序，否則應回歸適用採購法及施行細則之減價程序。

(3)決標

　　　　於政府電子採購網刊登決標公告時，請務必於「是否於招標文件載明優先決標予身心障礙福利機構團體或庇護工場」此欄位勾選「是」，以利決標相關資料後續由政府電子採購網介接至優先採購網路平台。

(二)「優採辦法」規定採購金額級距：超過 100 萬元

1.義務採購單位如有採購金額超過 100 萬元之優採項目採購案,且欲納入優先採購成績(A)或(B),得依「優採辦法」第 5 條第 1 項第 3 款規定,採分包方式達成 5%優採比率。

2.如義務採購單位預計採分包方式達成 5%優採比率,機關應於招標文件載明「...預計分包予身障廠商之項目及金額比例...」等類此條款文字。

3.開標前,可先確認各投標廠商是庇護工場、身心障礙福利機構、身心障礙團體或一般廠商。

4.開標、審標、決標應注意事項:

除前面幾章節有提到開、審、決標應注意之事項外,如採購標的又屬於優先採購品項,應就資格、規格、價格文件審查及決標時再注意:

(1)資格、規格文件審查

廠商投標時是否檢附其為庇護工場、機構或團體之證明文件。

(2)價格程序

雖義務採購單位已於招標文件載明:「...預計分包予身障廠商之項目及金額比例...」等類此條款文字,但「優採辦法」第 5 條所規定之「身障廠商優先減價」程序,僅適用於採購金額 100 萬元以下之優採項目採購案之價格程序,爰義務採購單位如辦理採購金額超過 100 萬元且已於招標文件載明分包比例之採購案時,仍應適用採購法及施行細則之減價程序。

(3)決標

　　如決標予身障廠商，則該身障廠商自當無招標文件規定之分包比例條款適用；反之，如決標予一般廠商，應適用招標文件規定之分包比例條款，義務採購單位可要求得標廠商於優先採購網路平台所公告之身障廠商，選擇適當之身障廠商予以分包簽約，如得標廠商向義務採購單位反映找不到適當之身障廠商可予以分包，為避免得標廠商違規，義務採購單位應代替得標廠商至優先採購網路平台公告，若無身障廠商於優先採購網路平台-優採公告專區進行投標，則當次公告之資料可資佐證，當次分包金額亦可列計優先採購成績。

標場實例見招拆招

○案例見招 1：

機關以公開招標辦理桌上型個人電腦 1 批(屬綠色採購指定採購項目)之採購，預算金額 150 萬元，底價 140 萬元，招標文件明定本案依採購法第 52 條第 1 項最低標之決標原則辦理，並優先採購環保產品，未訂定優先決標予環保產品廠商之價差優惠比率。公告招標後，計有 A(非環保產品廠商)、B(第一類環保產品廠商)、C(第三類環保產品廠商)三家廠商投標，其標價分別為 130 萬元、142 萬元及 138 萬元，機關先洽環保產品廠商中價格較低之 C 廠商減至最低標標價 130 萬元，是否適法？

●機關拆招：

一、依採購法第 96 條第 1 項規定機關得於招標文件規定優先採購政府認可之環保產品。

二、依「機關優先採購環境保護產品辦法」第 12 條第 1 項第 1 款及第 13 條第 1 項及第 2 項規定，非環保產品廠商為最低標且得為決標對象時，如環保產品廠商在兩家以上者，機關應優先洽第一類及第二類產品廠商減價 1 次，無法決標時再洽第三類產品廠商減價 1 次，由最先減至最低標之標價者得標。

三、本案 A 廠商標價為底價以內之最低標，得為決標對象，機關應依招標文件及前開規定，先洽 B 廠商(第一類環保產品廠商)減價至最低標價，如 B 廠商不願減至最低標價，始得洽 C 廠商(第三類環保產品廠商)進行減價。故本案機關先洽次低標 C 廠商減價至最低標價，並決標予 C 廠商之作法，尚非適法。

參考法條與釋例：

一、採購法第 96 條第 1 項規定：「機關得於招標文件中，規定優先採購取得政府認可之環境保護標章使用許可，而其效能相同或相似之產品，並得允許 10%以下之價差...。」

二、「機關優先採購環境保護產品辦法」第 12 條規定：「機關依本法第 96 條第 1 項優先採購環保產品者，得擇下列方式之一辦理，並載明於招標文件：前條第 1 項第 1 款環保產品廠商僅一家者，機關得洽該廠商減價至最低標之標價決標；在二家以上者，機關得自標價低者起，依序洽各該環保產品廠商減價 1 次，由最先減至最低標之標價者得標...。」

三、「機關優先採購環境保護產品辦法」第 13 條規定：「(第 1 項)前條第 1 項第 1 款環保產品廠商僅一家者，機關得洽該廠商減價至最低標之標價決標；在二家以上者，機關得自標價低者起，依序洽各該環保產品廠商減價 1 次，由最先減至最低標之標價者得標。(第 2 項)機關依前項規定依序洽各環保產品廠商減價時，應優先洽第一類及第二類產品廠商減價，無法決標時再洽第三類產品廠商減價...。」

○案例見招 2：

> 機關以公開招標最低標決標方式辦理公務桌上型電腦 1 批(屬綠色採購指定採購項目)之採購，並於招標文件載明非環保產品廠商為最低標且得為決標對象時，在 5%之價差優惠比率以內，優先決標予環保產品廠商。開標審標後，經比減價格結果，非環保產品 A 廠商標價 100 萬元進入底價且為最低標，環保產品 B 廠商標價為 115 萬元，因 B 廠商標價超過價差優惠比率，機關得否洽 B 廠商減價至價差優惠比率以內，並決標予 B 廠商？

●機關拆招：

一、依採購法第 96 條第 1 項規定機關得於招標文件規定優先採購政府認可之環保產品，並得允許 10%以下之價差。

二、依「機關優先採購環境保護產品辦法」第 12 條第 1 項第 2 款規定，非環保產品廠商為最低標且得為決標對象時，環保產品廠商之最低標價逾該非環保產品廠商標價逾價差優惠比率者，不予洽減，決標予該非環保產品廠商。

三、本案 B 廠商(環保產品廠商)之標價與 A 廠商(非環保產品廠商)之價差比率 15%((115 萬元-100 萬元)/100 萬元)已超過機關所定之價差優惠比率(本案為 5%)，故機關即應決標予 A 廠商，不得再洽 B 廠商減價。

📋參考法條與釋例：

一、採購法第 96 條第 1 項規定：「機關得於招標文件中，規定優先採購取得政府認可之環境保護標章使用許可，而其效能相同或相似之產品，並得允許 10%以下之價差...。」

二、「機關優先採購環境保護產品辦法」第 12 條第 1 項規定：「機關依本法第 96 條第 1 項優先採購環保產品者，得擇下列方式之一辦理，並載明於招標文件：...二、非環保產品廠商為

最低標，其標價符合本法第 52 條第 1 項最低標之決標原則，
而環保產品廠商之最低標價逾該非環保產品廠商標價之金
額，在招標文件所定價差優惠比率以內者，決標予環保產品
廠商；逾價差優惠比率者，不予洽減，決標予該非環保產品
廠商⋯。」

○**案例見招 3：**

**義務採購單位辦理公開招標最有利標決標之採購，最後由優採廠
商得標，請問該筆採購是否能計入年度優先採購成績？**

●**機關拆招：**

依「優採辦法」第 4 條規定略以，適用「優採辦法」減價方式僅
限於最低標，如機關採最有利標決標，雖最後由優採廠商得標，
仍不符法規優先採購程序，因此該筆採購無法計入年度優先採購
成績。

📖**參考法條與釋例：**

一、「優採辦法」第 4 條第 1 項第 1 款規定：「⋯於招標文件載明
　　優先決予機構、團體、庇護工場意旨。」

二、「優採辦法」第 4 條第 2 項規定：「依前項第一款辦理優先
　　採購者，其決標方式如下：(第 1 項)機構、團體、庇護工場
　　與非機構、團體、庇護工場之廠商，其最低標價相同，且其
　　標價符合招標文件最低標之決標原則者⋯(第 2 項)非機構、
　　團體、庇護工場之廠商為最低標，且其標價符合招標文件最
　　低標之決標原則者⋯。」

三、衛福部社家署 110.11.25 第一版優先採購教育訓練手冊。

○案例見招 4：

機關辦理公開取得書面報價單最低標決標之採購，採購標的為衛福部社家署公告之優先採購品項，預算 90 萬元、底價 80 萬元，計有 A 庇護工場、B 機構(團體)及 C 一般廠商等三家廠商投標，開標後，其投標標價分別為 85 萬元、84 萬元及 81 萬元，三家廠商報價皆超過底價，開標主持人即依採購法第 53 條第 1 項規定洽最低標之 C 一般廠商優先減價 1 次，C 一般廠商於優先減價程序，表示願減為 80 萬元，機關宣布其進入底價並決標予該廠商，B 機構(團體)於開標現場向主持人主張：「等一下！應該是讓我們減到 80 萬，決給我們啊！」機關應如何處理？

● 機關拆招：

一、依「優採辦法」第 4 條規定略以，機關以公告方式辦理優先採購並於招標文件規定載明：「優先決標予優採廠商」，及「優採廠商之投標標價，符合招標文件最低標之決標原則(合理價格)」，機關方可據以洽優採廠商減價至最低標決標。

二、本題 A 庇護工場及 B 機構(團體)之投標標價分別為 85 萬元及 84 萬元皆逾底價 80 萬元，非屬「優採辦法」第 2 條第 1 項第 4 款：「合理價格：指訂有底價且合於底價以內...」之適用條件，故 A 庇護工場及 B 機構(團體)兩家優採廠商皆無該辦法減價規定之適用。

三、依採購法第 53 條第 1 項：「合於招標文件規定之投標廠商之最低標價超過底價時，得洽該最低標廠商減價 1 次...」規定，本題 C 一般廠商為所有廠商之最低標，故機關應洽最低標 C 廠商優先減價 1 次。其於優先減價程序表示願減為標價 80 萬元，開標主持人即宣布進入底價決標。

⊜ 參考法條與釋例：

一、採購法第 52 條第 1 項第 1 款。

二、「優採辦法」第 2 條第 1 項第 4 款規定:「...合理價格:指訂有底價且合於底價以內或經評審委員會、採購評選委員會,或無評審委員會、採購評選委員會者,由義務採購單位認定其價格合理者。」

三、「優採辦法」第 4 條第 1 項前半段規定:「...於合理價格及一定金額以下者,得依下列方式辦理優先採購:(第 1 項)以公告方式邀請不特定機構、團體、庇護工場...於招標文件載明優先決予機構、團體、庇護工場意旨。」

四、「優採辦法」第 4 條第 2 項規定:「依前項第一款辦理優先採購者,其決標方式如下:(第 1 項)...且其標價符合招標文件最低標之決標原則者,應優先決予庇護工場,其次為機構或團體。(第 2 項)...義務採購單位應洽該機構、團體、庇護工場減價至最低標之標價決標...。」

○案例見招 5：

機關辦理公開取得書面報價單最低標決標之採購，採購標的為衛福部社家署公告之優先採購品項，預算 90 萬元、底價 80 萬元，計有 A 庇護工場及 B 一般廠商等兩家廠商投標，開標後，其投標標價分別為 85 萬元及 70 萬元，僅 B 一般廠商之標價 70 萬元進底價，故開標主持人依「優採辦法」逕予決標予 B 一般廠商，A 庇護工場於開標現場向主持人主張：「你們應先讓我們減到最低價啊，怎麼可以直接決標給一般廠商啦？」機關應如何處理？

● 機關拆招：

一、依「優採辦法」第 4 條規定略以，機關以公告方式辦理優先採購並於招標文件規定載明:「優先決標予優採廠商」,及「優採廠商之投標標價，符合招標文件最低標之決標原則(合理價格)」，機關方可據以洽優採廠商減價至最低標決標。

二、現 A 庇護工場之標價為 85 萬元已逾底價 80 萬元，非「優採辦法」第 2 條第 1 項第 4 款規定：「合理價格：指訂有底價且合於底價以內...」之適用對象，故機關不可洽 A 庇護工場減價至最低標決標。

三、承上依採購法第 52 條第 1 項第 1 款：「訂有底價之採購，以合於招標文件規定，且在底價以內之最低標為得標廠商」規定，本案僅 B 一般廠商之標價 70 萬元，合於底價 80 萬元以內，故機關應決標予 B 一般廠商。

參考法條與釋例：

一、採購法第 52 條第 1 項第 1 款。

二、「優採辦法」第 2 條第 1 項第 4 款規定：「...合理價格：指訂有底價且合於底價以內或經評審委員會、採購評選委員會、

或無評審委員會、採購評選委員會者，由義務採購單位認定其價格合理者...。」

三、「優採辦法」第 4 條第 1 項前半段規定：「...於合理價格及一定金額以下者，得依下列方式辦理優先採購：(第 1 項)以公告方式邀請不特定機構、團體、庇護工場...於招標文件載明優先決予機構、團體、庇護工場意旨。」

四、「優採辦法」第 4 條第 2 項規定：「依前項第一款辦理優先採購者，其決標方式如下：(第 1 項)...且其標價符合招標文件最低標之決標原則者，應優先決予庇護工場，其次為機構或團體。(第 2 項)...義務採購單位應洽該機構、團體、庇護工場減價至最低標之標價決標...。」

○案例見招 6：

機關辦理公開取得書面報價單最低標決標之採購，採購標的為衛福部社家署公告之優先採購品項，預算 90 萬元、底價 80 萬元，計有 A 庇護工場、B 機構(團體)及 C 一般廠商等三家廠商投標，開標後，其投標標價分別為 70 萬元、70 萬元及 70 萬元，三家廠商之標價皆低於底價，機關依「優採辦法」優先決標予 A 庇護工場，B 機構(團體)即刻向開標主持人主張：「為何是決標予 A 庇護工場而非自己？」機關應如何處理？

●機關拆招：

一、依「優採辦法」第 4 條第 2 項第 1 款規定略以，優採廠商與一般廠商之投標標價如同為最低標且符合招標文件最低標之決標原則，應優先決標予優採廠商，又優採廠商之決標優先序位為：庇護工場、機構或團體。

二、本案 A 庇護工場、B 機構(團體)及 C 一般廠商之投標標價皆合於底價以內且同為最低標，依上開規定應優先決標予優採廠商，且 A 庇護工場之決標優先序位又在 B 機構(團體)之前，故機關應優先決標予 A 庇護工場。

三、開標主持人應於開標現場向 B 機構(團體)解釋說明「優採辦法」第 4 條第 2 項第 1 款後半段規定之意旨，亦即應優先決予庇護工場，其次為機構或團體。

📋參考法條與釋例：

「優採辦法」第 4 條第 2 項第 1 款規定：「機構、團體、庇護工場與非機構、團體、庇護工場之廠商，其最低標價相同，且其標價符合招標文件最低標之決標原則者，應優先決予庇護工場，其次為機構或團體。」

○案例見招 7：

機關辦理公開取得書面報價單最低標決標之採購，採購標的為衛福部社家署公告之優先採購品項，預算 90 萬元、底價 80 萬元，計有 A 庇護工場、B 機構(團體)及 C 一般廠商等三家廠商投標，開標後，投標標價分別為 75 萬元、75 萬元及 75 萬元，三家廠商標價皆低於底價，開標主持人依「優採辦法」第 4 條第 2 項第 1 款規定決標予 A 庇護工場，B 機構(團體)於開標現場向開標主持人主張：「依『優採辦法』第 4 條第 2 項第 2 款規定，機關應洽請 A 庇護工場和我們機構(團體)同時減價，不應該直接決標 A 庇護工場。」機關應如何處理？

●機關拆招：

一、依「優採辦法」第 4 條第 2 項第 2 款規定略以，一般廠商為唯一最低標，且兩家以上優採廠商之投標標價相同者，由

優採廠商同時進行比減價格，由減至最低標之標價者得標，減價後，標價相同者，抽籤決定之。

二、「優採辦法」第 4 條第 2 項第 1 款規定略以，優採廠商與一般廠商，其最低標價相同時，應優先決標給庇護工場，其次為機構或團體。

三、開標主持人應向 B 機構(團體)說明「優採辦法」第 4 條第 2 項第 2 款規定之適用前提為僅一般廠商之投標標價為唯一最低標，不適用優採廠商與一般廠商之投標標價同為最低標之情形。雖本案 A、B 兩家優採廠商與一般廠商之投標標價同為最低標，但開標主持人應依「優採辦法」第 4 條第 2 項第 1 款規定決標予 A 庇護工場。

參考法條與釋例：

一、「優採辦法」第 4 條第 2 項第 1 款規定：「機構、團體、庇護工場與非機構、團體、庇護工場之廠商，其最低標價相同，且其標價符合招標文件最低標之決標原則者，應優先決予庇護工場，其次為機構或團體。」

二、「優採辦法」第 4 條第 2 項第 2 款規定：「非機構、團體、庇護工場之廠商為最低標，且其標價符合招標文件最低標之決標原則者，如機構、團體、庇護工場僅一家者，義務採購單位應洽該機構、團體、庇護工場減價至最低標之標價決標；二家以上者，義務採購單位應自標價低者起，依序洽各該機構、團體、庇護工場減價 1 次，由最先減至最低標之標價者得標；二家以上標價相同者逐行減價，由減至最低標之標價者得標。減價後，標價相同者，抽籤決定之。」

○案例見招 8：

> 機關辦理公開取得書面報價單最低標決標之採購，採購標的為衛福部社家署公告之優先採購品項，預算 90 萬元、底價 80 萬元，計有 A 庇護工場、B 機構(團體)及 C 一般廠商等三家廠商投標，開標後，其投標標價分別為 75 萬元、75 萬元及 70 萬元，三家廠商標價皆低於底價，開標主持人依「優採辦法」第 4 條第 2 項第 2 款規定洽投標標價相同之 A 庇護工場及 B 機構(團體)同時減價，惟 A 庇護工場於開標現場向主持人主張：「依『優採辦法』第 4 條第 2 項第 1 款規定，你們應該要決標給我們工場，而不是讓大家同時減價」機關應如何處理？

● 機關拆招：

一、「優採辦法」第 4 條第 2 項第 1 款規定略以，優採廠商與一般廠商，其最低標價相同時，應優先決標給庇護工廠，其次為機構或團體。

二、依「優採辦法」第 4 條第 2 項第 2 款規定略以，一般廠商為唯一最低標，且兩家以上優採廠商之投標標價相同者，由優採廠商同時進行比減價格，由減至最低標之標價者得標，減價後，標價相同者，抽籤決定之。

三、開標主持人應向 A 庇護工場說明其主張之「優採辦法」第 4 條第 2 款第 1 項規定係優採廠商與一般廠商，其最低標價相同時，方有適用之餘地，現 C 一般廠商之投標標價為唯一最低標，機關應適用「優採辦法」第 4 條第 2 項第 2 款規定，洽 A、B 兩家投標標價相同之優採廠商，同時減價，由減至最低標之標價者得標。減價後，標價相同者，抽籤決定之。

🖬 參考法條與釋例：

一、「優採辦法」第 4 條第 2 項第 1 款規定：「機構、團體、庇護工場與非機構、團體、庇護工場之廠商，其最低標價相同，且其標價符合招標文件最低標之決標原則者，應優先決予庇護工場，其次為機構或團體。」

二、「優採辦法」第 4 條第 2 項第 2 款規定：「非機構、團體、庇護工場之廠商為最低標，且其標價符合招標文件最低標之決標原則者，如機構、團體、庇護工場僅一家者，義務採購單位應洽該機構、團體、庇護工場減價至最低標之標價決標；二家以上者，義務採購單位應自標價低者起，依序洽各該機構、團體、庇護工場減價 1 次，由最先減至最低標之標價者得標；二家以上標價相同者逕行減價，由減至最低標之標價者得標。減價後，標價相同者，抽籤決定之。」

memo

第六章
重大異常關聯

　　初辦採購業務，前輩們對我們這些涉世未深的新進人員述及廠商間參與標案會有圍標、搓圓仔湯等行為要注意，覺得怎麼一個政府採購，居然是為得標而不擇手段，好黑暗！採購法施行後，第 87 條也臚列包括 1. 意圖使廠商不為投標、違反其本意投標，或使得標廠商放棄得標、得標後轉包或分包而施強暴、脅、藥劑或催眠術者；2. 以詐術或其他非法之方法，使廠商無法投標或開標發生不正確結果；3. 意圖影響決標價格或獲取不當利益，而以契約、協議或其他方式之合意，使廠商不為投標或不為價格之競爭者；4. 意圖影響採購結果或獲取不當利益，而借用他人名義或證件投標者等相關刑事罰責之規定。

　　主管機關工程會函頒投標須知範本裡，將重大異常關聯之情形明訂數種態樣而機關得依採購法第 50 條第 1 項第 5 款「不同投標廠商間之投標文件內容有重大異常關聯者」之規定及行為事實予以判斷認定。解釋函令及錯誤行為態樣亦詳列有異常圍標情形。編輯小組討論後將不同廠商之聯絡資訊、不同廠商之投標封、不同廠商出席人員、投標廠商家數多於領標廠商家數、3 家以上合格廠商，有 2 家以上刻意不合格、不同廠商之投標文件、不同廠商之押標金、其他顯係同一人或同一廠商所為等再整理成心智圖，希望便於各位理解。

　　某機關發生之案例係於決標後遭廠商向採購稽核小組檢舉說有廠商圍標情事，採購人員事後經檢視結果確有重大異常關聯，洽詢可否撤銷決標及解約，但可否不要將那些圍標的相關資料文件移送檢調？其背後的理由是怕遭廠商報復，我似乎僅能回應寄予無限同情而仍須依法行政。我們機關亦有於開標當場發現 3 家廠商疑似投標文件書寫筆跡相同情事而予以廢標及沒收

廠商押標金，並將該等投標文件全數移送檢調機關查察，嗣後再依相關起訴書或緩起書處理廠商列為政府採購拒絕往來廠商（現行作業仍須再召開採購工作及審查小組認定）之處置作業，惟廠商不服而提起異議及申訴，其審議判斷之理由為廠商無理由遭駁回，此時我們機關即依採購法第 102 條將廠商刊登政府採購公報列為拒絕往來廠商。

　　提醒機關留意該條係為「應即」刊登，曾有採購人員疏忽未能及時辦理而廠商仍參與政府採購並得標，這樣易致行政疏失。此外亦有廠商委任之律師誤導廠商，只要再提起行政訴訟，則可拖延至判決確定前均可參與投標及得標，併此提醒廠商，既參與政府採購，至少要讀書增加採購概念知識，並慎選你的委任律師，以免得不償失喔！

第一節　開標審標注意事項

不同廠商之聯絡資訊相同

3家以上合格廠商，開標後2家以上刻意不合格

不同廠商之投標標封信函號碼連號

不同廠商之投標文件由同一人撰寫或備具

可能有重大異常關聯！

不同廠商開標、評選等會議出席人員相同

不同廠商之押標金由同一人繳納、申退或號碼連號

投標廠商家數多於領標廠商家數

其他顯係同一人或同一廠商所為

→ 開標前 可能有重大異常關聯，你要做的是：

1.留意不同廠商的外標封
☑地址、電話、傳真、負責人或聯絡人是否相同？
☑書寫筆跡是否相同或雷同？
☑是否由同一個人來現場投遞的？
☑是否由同一郵局寄出的？信函號碼有沒有連號？
2.確認總領標家數
☑投標廠商家數是否多於領標廠商家數？
3.確認不同廠商到場人員
☑是不是由同一個人代表出席？

→ 審標時 可能有重大異常關聯，你要做的是：

1.確認不同廠商的投標文件
☑書寫筆跡是否相同或雷同？
☑內容是否顯為同一廠商所為？
2.確認押標金
☑是否由同一人繳納或領回？
☑支票號碼是否由同一金融機構出具？號碼有無連號？
3.確認疑似圍標情形
☑三家以上廠商投標，兩家以上刻意造成不合格？

✿溫馨提醒：工程會 94.7.14 第 09400253870 號及 107.1.30
第 10700031930 號函一再重申機關對於重大異常
關聯的判斷必須要經過廠商說明及查證，避免誤判
造成機關與廠商間之爭議或檢調單位困擾。

第二節　判斷依據及應注意態樣

　　工程會在其函頒之投標須知範本裡，將重大異常關聯相關態樣整理並明定清楚，供機關於開標現場判斷時有所依循。另外工程會 109.9.14 第 1090100528 號令修正採購錯誤行為態樣，已將可能有異常圍標情形詳列，機關於開、審標時應格外留意。

一、判斷依據

　　　　工程會投標須知範本第 67 點(工程會 110.7.30 第 1100101198 號函頒版本)：

> 廠商所提出之資格文件影本，本機關於必要時得通知廠商限期提出正本供查驗，查驗結果如與正本不符，係不實之文件者，依採購法第 50 條規定辦理。
>
> 不同投標廠商參與投標，不得由同一廠商之人員代表出席開標、評審、評選、決標等會議，如有由同一廠商之人員代表出席情形，依採購法第 50 條第 1 項第 1 款或第 7 款規定辦理。
>
> 投標廠商之標價有下列情形之一為投標文件內容不符合招標文件之規定：(預算或底價未公告者免填)
>
> □(1)高於公告之預算者。
>
> □(2)高於公告之底價者。
>
> 機關辦理採購有下列情形之一者，得依採購法第 50 條第 1 項第 5 款「不同投標廠商間之投標文件內容有重大異常關聯者」之規定及行為事實，判斷認定是否有該款情形後處理：
>
> 一、投標文件內容由同一人或同一廠商繕寫或備具者。
>
> 二、押標金由同一人或同一廠商繳納或申請退還者。
>
> 三、投標標封或通知機關信函號碼連號，顯係同一人或同一廠商所為者。

四、廠商地址、電話號碼、傳真機號碼、聯絡人或電子郵件網址相同者。

五、其他顯係同一人或同一廠商所為之情形者。

機關辦理採購有「廠商投標文件所載負責人為同一人」之情形者，得依採購法第 50 條第 1 項第 5 款「不同投標廠商間之投標文件內容有重大異常關聯者」處理。

機關辦理採購，有 3 家以上合格廠商投標，開標後有 2 家以上廠商有下列情形之一，致僅餘 1 家廠商符合招標文件規定者，得依採購法第 48 條第 1 項第 2 款「發現有足以影響採購公正之違法或不當行為者」或第 50 條第 1 項第 7 款「其他影響採購公正之違反法令行為」之規定及行為事實，判斷認定是否有各該款情形後處理：

一、押標金未附或不符合規定。

二、投標文件為空白文件、無關文件或標封內空無一物。

三、資格、規格或價格文件未附或不符合規定。

四、標價高於公告之預算或公告之底價。

五、其他疑似刻意造成不合格標之情形。

□工程採購案件，其屬營造業法所定營繕工程者，投標廠商屬營造業，可為決標對象，但決標金額高於營造業法所規定之承攬造價限額時，不決標予該廠商。

□工程採購案件，其屬營造業法所定營繕工程者，投標之土木包工業須登記於工程所在地區之直轄市、縣(市)或營造業法第 11 條所定毗鄰之直轄市、縣(市)。如有違反，屬投標文件內容不符合招標文件之規定。

　　如機關查明後發現廠商間確有重大關聯之情事，除應依採購法第 50 條相關規定不予開標或決標外，亦應依採購

法第 31 條第 2 項第 8 款規定及工程會 96.7.25 第 09600293210 號函意旨，不予發還廠商押標金(如未依招標文件規定繳納或已發還者，並予追繳)，並將全案移送檢調單位偵查。

二、錯誤態樣

政府採購錯誤行為態樣項次 11「可能有圍標之嫌或宜注意之現象」(工程會 109.9.14 第 1090100528 號令版本)：

序號	錯誤行為態樣	依據法令
(一)	不肖人士蒐集領標廠商名稱。	採購法第29條、第34條第2項。
(二)	領標投標期間於機關門口有不明人士徘徊。	採購法第29條、第34條第2項、第87條。
(三)	繳納押標金之票據連號、所繳納之票據雖不連號卻由同一家銀行開具、押標金退還後流入同一戶頭、投標文件由同一處郵局寄出、掛號信連號、投標文件筆跡雷同、投標文件內容雷同、不同投標廠商投標文件所載負責人為同一人。	採購法第48條第1項、第50 條第 1 項，工程會 91.11.27 第09100516820號令，工 程 會 105.3.21 第 10500080180號令。
(四)	以不具經驗之新手出席減價會議。	
(五)	代表不同廠商出席會議之人員為同一廠商之人員。	採購法第48條第1項、第50 條 第 1 項，工程會 91.11.27 第09100516820號令，

序號	錯誤行為態樣	依據法令
		工程會 97.2.24 第09700060670號令。
(六)	廠商簽名虛偽不實。	採購法第31條第2項、第50條第1項、第101條。
(七)	廠商文件虛偽不實。	
(八)	不同投標廠商提出由同一廠商具名之文件，例如授權各該不同廠商對同一案件投標。部分投標廠商未繳押標金。	
(九)	廠商標封內為空白文件、無關文件或空無一物。	
(十)	明顯不符合資格條件之廠商參與投標。	採購法第48條第1項、第50條第1項，工程會95.7.25第09500256920號令。
(十一)	廠商間相互約束活動之行為，例如：彼此協議投標價格、限制交易地區、分配工程、提高標價造成廢標、不為投標、不越區競標、訂定違規制裁手段、為獲得分包機會而陪標。	
(十二)	廠商間彼此製造競爭假象，誤導招標機關而取得交易機會。	
(十三)	不同投標廠商之領標網路位址(IP)相同。	採購法第48條第1項、第50條第1項。

三、相關法令及函釋

　　重大異常關聯判定之相關法令依據，除了採購法第 48 條、第 50 條外，著重在工程會發布之 3 令 1 函，併同移送檢調函文依據一次在此節整理供參。

(一)採購法第 48 條第 1 項第 2 款規定：「機關依本法規定辦理招標，除有下列情形之一不予開標決標外，有三家以上合格廠商投標，即應依招標文件所定時間開標決標：…二、發現有足以影響採購公正之違法或不當行為者。」

(二)採購法第 50 條第 1 項第 5 款、第 7 款規定：「投標廠商有下列情形之一，經機關於開標前發現者，其所投之標應不予開標；於開標後發現者，應不決標予該廠商：…五、不同投標廠商間之投標文件內容有重大異常關聯。…七、其他影響採購公正之違反法令行為。」

(三)工程會 91.11.27 第 09100516820 號令全文：

　　機關辦理採購有下列情形之一者，得依採購法第 50 條第 1 項第 5 款「不同投標廠商間之投標文件內容有重大異常關聯者」處理：

1.投標文件內容由同一人或同一廠商繕寫或具備者。

2.押標金由同一人或同一廠商繳納或申請退還者。

3.投標標封或通知機關信函號碼連號，顯係同一人或同一廠商所為者。

4.廠商地址、電話號碼、傳真號碼、聯絡人或電子郵件網址相同者。

5.其他顯係同一人或同一廠商所為之情形者。

(四)工程會 95.7.25 第 09500256920 號令全文：

　　機關辦理採購，有三家以上合格廠商投標，開標後有兩家以上廠商有卜列情形之一，致僅餘一家廠商符合招標文件規定者，得依採購法第 48 條第 1 項第 2 款「發現有足以影響採購公正之違法或不當行為者」或第 50 條第 1 項第 7 款「其他影響採購公正之違反法令行為」處理：

1.押標金未附或不符合規定。

2.投標文件為空白文件、無關文件或標封內空無一物。

3.資格、規格或價格文件未附或不符合規定。

4.標價高於公告之預算或公告之底價。

5.其他疑似刻意造成不合格標之情形。

(五)工程會 97.2.14 第 09700060670 號令全文：

　　機關辦理採購，不同投標廠商參與投標，卻由同一廠商之人員代表出席開標、評審、評選、決標等會議，屬採購法第 50 條第 1 項第 7 款規定情形。

(六)工程會 92.11.6 第 09200438750 號函全文：

主旨：有關廠商押標金為同一銀行同一戶頭開出且為連號，其押標金是否不予發還暨追繳額度等疑義，復如說明，請查照。

說明：

一、復貴公司 92 年 10 月 24 日台菸酒菸字第 0920022947 號函。

二、機關辦理採購，如發現廠商有採購法第 50 條第 1 項第 5 款「不同投標廠商間之投標文件內容有重大異常關聯者」情形，本會依本法第 31 條第 2 項第

8 款規定，認定該等廠商有影響採購公正之違反法令行為，其押標金應不予發還或追繳。

三、來函說明二所述疑義，依「押標金保證金暨其他擔保作業辦法」第 14 條第 2 項規定，廠商繳交之押標金應全部(含超出招標文件所定額度部分)不予發還。

正本：臺灣菸酒股份有限公司

(七)工程會 96.7.25 第 09600293210 號函：

主旨：關於本會 95.7.25 工程企字第 09500256920 號令執行疑義，復如說明，請查照。

說明：

一、復貴公司 96.7.16 台水發字第 0960025251 號函。

二、關於旨揭令，係補充法規之適用要件，提示機關發現廠商有該等情形時，由招標機關依採購法第 48 條第 1 項或 50 條第 1 項及行為事實予以判斷認定。

三、來函所述投標廠商情形，貴公司應探究該等廠商是否有意圖影響決標價格或獲取不當利益，而以契約、協議或其他方式之合意，使廠商不為價格之競爭之情形，如有而依本法 48 條第 1 項第 2 款「發現有足以影響採購公正之違法或不當行為者」或第 50 條第 1 項第 7 款「其他影響採購公正之違反法令行為」辦理者，茲依本法第 31 條第 2 項第 8 款認定，該等廠商押標金應不予發還，並請將相關廠商移檢調機關偵辦。本會 92.11.6 工程企字第 09200438750 號函及 96.5.8 工程企字第

09600087510 號函(均公開於本會網站)併請查閱。

正本：台灣自來水股份有限公司

綜合上述判斷依據、錯誤態樣及相關法令及函釋，不同廠商之間如有上述疑似重大異常關聯之情形，究竟是否屬廠商故意為之或純屬巧合，請機關依工程會 94.7.14 第 09400253870 號函：「茲因偶有機關發現廠商投標文件內容有疑似旨揭令頒情形，例如『投標標封信函號碼連號』，惟未查證該等異常情形是否顯係同一人或同一廠商所為等構成重大異常關聯之其他相關情形，即逕予以認定及處置，事後經廠商說明及查證結果，發現例如純係不同人或不同廠商於非常相近時間至同一郵局付郵之巧合情形，致造成機關與廠商間之爭議或檢調單位困擾，宜予避免。」及 107.1.30 第 10700031930 號函：「茲因偶有機關發現廠商投標文件內容有疑似本會 91.11.27 工程企字第 09100516820 號令頒情形，例如『投標標封信函號碼連號、廠商地址、電話號碼或傳真機號碼相同』，惟未查證該等異常情形是否顯係同一人或同一廠商所為等構成重大異常關聯之其他相關情形，即逕予以認定及處置，事後經廠商說明及查證結果，發現係不同人或不同廠商所為情形，致造成機關與廠商間之爭議或檢調單位困擾，爰機關依前開令頒情形認定時，應依旨揭函辦理，避免衍生爭議。」等意旨，依個案情形「查明釐清」後做判斷，小心謹慎為之，避免誤判造成後續行政及司法資源之浪費！

標場實例見招拆招

○案例見招 1：

機關辦理公開招標最低標決標之採購，於第 2 次開標，計有 A、B 兩家廠商投標，開標後審標時發現 A 廠商漏未檢附投標廠商聲明書，故判定 A 廠商為不合格標；後續竟在 B 廠商標封內發現 A 廠商之投標廠商聲明書，請問 A、B 兩家廠商是否存在有重大異常關聯？機關應如何處理？

●機關拆招：

一、 本案係開標後審標時發現 A 廠商之投標廠商聲明書有錯置在 B 廠商投標文件之情形，其屬工程會 91.11.27 第 09100516820 號令所稱之「其他顯係同一人或同一廠商所為之情形」，符合採購法第 50 條第 1 項第 5 款：「不同廠商間之投標文件有重大異常關聯」情形，應不予決標予 A、B 兩家廠商。

二、 另依採購法第 31 條第 2 項第 7 款及工程會 108.9.16 第 1080100733 號令規定，機關對 A、B 兩家廠商所繳納之押標金，暫不予發還。

三、 A、B 兩家廠商如涉有採購法第 87 條第 5 項規定之借用他人名義或證件投標，或容許他人借用本人名義或證件投標等情形，建議機關將本次開標全卷資料，發文移送檢調單位查處。再依調查結果，決定是否沒收押標金。

參考法條與釋例：

一、 採購法第 50 條第 1 項規定：「投標廠商有下列情形之一，經機關於開標前發現者，其所投之標應不予開標；於開標後發現者，應不予絕標該廠商：...。五、不同廠商間投標

文件內容有重大異常關聯...。」

二、 採購法第 31 條第 2 項規定：「廠商有下列情形之一者，其所繳納之押標金不予發還；其未依招標文件繳納或已發還者，並予追繳：...。七、其他經主管機關認定有影響採購公正之違反法令行為。」

三、 採購法第 87 條第 5 項規定：「意圖影響採購結果或獲取不當利益，而借用他人名義或證件投標者，處 3 年以下有期徒刑，得併科新臺幣 100 萬元以下罰金。容許他人借用本人名義或證件參加投標者，亦同。」

四、 工程會 91.11.27 第 09100516820 號令：「機關辦理採購有下情形之一者，得依採購法第 50 條第 1 項第 5 款『不同投標廠商間之投標文件內容有重大異常關聯者』處理：...。五、其他顯係同一人或同一廠商所為之情形者。」

五、 工程會 108.9.16 第 1080100733 號令：「依採購法第 31 條第 2 項第 7 款規定修正認定機關辦理採購，廠商有下列情形之一者，屬『其他經主管機關認定有影響採購公正之違反法令行為』情形，並自即日生效：...二、有採購法第 50 條第 1 項第 5 款、第 7 款情形之一...。」

○案例見招 2：

機關辦理公開招標最低標決標之採購，於第 2 次開標計有 A、B 兩家廠商投標，開標後審標時發現 A、B 兩家廠商之投標文件所載之負責人有姓名相同之情形，應如何處理？

●機關拆招：

一、開標主持人知悉 A、B 兩家廠商之投標文件所載之負責人有姓名相同之情形後，應洽 A、B 兩家廠商，請其分別提供負責人資料，確認負責人是否為同一人。如僅為同名同姓，非屬同一人時，開標主持人應續行開標程序。

二、經機關查證確認 A、B 兩家廠商之負責人確為同一人，依工程會 105.3.21 第 10500080180 號令釋意旨，機關得不予決標給 A、B 兩家廠商，並以廢標處理。

三、如機關以廢標處理，依採購法第 31 條第 2 項第 7 款及工程會 108.9.16 第 1080100733 號令規定，機關對 A、B 兩家廠商所繳納之押標金，暫不予發還。

四、又 A、B 兩家廠商如涉有採購法第 87 條各項所列情形者，建議機關將本次開標全卷資料，發文移送檢調單位查處。再依調查結果，決定是否沒收押標金。

📖參考法條與釋例：

一、採購法第 50 條第 1 項規定：「投標廠商有下列情形之一，經機關於開標前發現者，其所投之標應不予開標；於開標後發現者，應不予絕標該廠商：...。五、不同廠商間投標文件內容有重大異常關聯。...」

二、採購法第 31 條第 2 項規定：「廠商有下列情形之一者，其所繳納之押標金不予發還；其未依招標文件繳納或已發還者，並予追繳：...。七、其他經主管機關認定有影響採購

公正之違反法令行為。」

三、 採購法第 87 條第 6 項：「第 1 項、第 3 項及第 4 項之未遂犯罰之。」

四、 工程會 105.3.21 第 10500080180 號令：「機關辦理採購有『廠商投標文件所載負責人為同一人』之情形者，得依政府採購法第 50 條第 1 項第 5 款『不同投標廠商間之投標文件內容有重大異常關聯者』處理。」

五、 工程會 108.9.16 第 1080100733 號令：「依採購法第 31 條第 2 項第 7 款規定修正認定機關辦理採購，廠商有下列情形之一者，屬『其他經主管機關認定有影響採購公正之違反法令行為』情形，並自即日生效：... 二、有政府採購法第 50 條第 1 項第 5 款、第 7 情形之一...。」

○**案例見招 3：**

機關辦理公開招標最低標決標之採購，計有 A、B、C 三家廠商投標，開標後審標時發現 A、B 兩家廠商投標檢附之押標金收據所載之繳款人相同，請問機關應如何處理？

●**機關拆招：**

一、 本案係開標後審標時發現兩家廠商押標金為同一人繳納，其屬工程會 91.11.27 第 09100516820 號令所稱之「其他顯係同一人或同一廠商所為之情形」，應不決標予 A、B 兩家廠商。

二、 依採購法第 31 條第 2 項第 7 款及工程會 108.9.16 第 1080100733 號令規定，機關對 A、B 兩家廠商所繳納之押標金，暫應不予發還。

三、 A、B 兩家廠商如涉有採購法第 87 條第 5 項規定之借用他人名義或證件投標，或容許他人借用本人名義或證件投標情形，建議機關將本次開標全卷資料，發文移送檢調單位查處。再依調查結果，決定是否沒收押標金。

四、 如經機關查證 C 廠商與 A、B 兩家廠商無異常關聯情形，應續行開標程序。

📋**參考法條與釋例：**

一、 採購法第 50 條第 1 項規定：「投標廠商有下列情形之一，經機關於開標前發現者，其所投之標應不予開標；於開標後發現者，應不予絕標該廠商：...。五、不同廠商間投標文件內容有重大異常關聯...。」

二、 採購法第 31 條第 2 項規定：「廠商有下列情形之一者，其所繳納之押標金不予發還；其未依招標文件繳納或已發還者，並予追繳：...。七、其他經主管機關認定有影響採購

公正之違反法令行為。」

三、 採購法第 87 條第 5 項規定：「意圖影響採購結果或獲取不當利益，而借用他人名義或證件投標者，處 3 年以下有期徒刑，得併科新臺幣 100 萬元以下罰金。容許他人借用本人名義或證件參加投標者，亦同。」

四、 工程會 91.11.27 第 09100516820 號令：「機關辦理採購有下情形之一者，得依採購法第 50 條第 1 項第 5 款『不同投標廠商間之投標文件內容有重大異常關聯者』處理：…。五、其他顯係同一人或同一廠商所為之情形者。」

五、 工程會 108.9.16 第 1080100733 號令略以：「依採購法第 31 條第 2 項第 7 款規定修正認定機關辦理採購，廠商有下列情形之一者，屬『其他經主管機關認定有影響採購公正之違反法令行為』情形，並自即日生效：… 二、有政府採購法第 50 條第 1 項第 5 款、第 7 款情形之一…。」

○案例見招 4：

機關辦理公開招標最低標決標之採購，計有 A、B、C 三家廠商投標，開標前發現 A、B、C 三家廠商之投標標封信函號碼連號，應該如何處理？

●機關拆招：

一、 機關應先行檢視 A、B、C 三家廠商之投標標封信函號碼連號「是否顯係同一人或同一廠商所為」。如查明確為同一人或同一廠商所為，機關應依採購法第 50 條第 1 項第 5 款：「不同投標廠商間之投標文件內容有重大異常關聯。」規定處理，經機關於開標前發現，則 A、B、C 三家廠商所投之標不予開標，於開標後發現，則不決標予 A、B、C 三家廠商。

二、 如查明確為同一人或同一廠商所為，依採購法第 31 條第 2 項第 7 款及工程會 108.9.16 第 1080100733 號令規定，機關對 A、B、C 三家廠商所繳納之押標金，應暫不予發還。

三、 又 A、B、C 三家廠商如涉有採購法第 87 條第 5 項規定之借用他人名義或證件投標，或容許他人借用本人名義或證件投標情形，建議機關將本次開標全卷資料，發文移送檢調單位查處。再依調查結果，決定是否沒收押標金。

參考法條與釋例：

一、 採購法第 50 條第 1 項第 5 款規定：「投標廠商有下列情形之一，經機關於開標前發現者，其所投之標應不予開標；於開標後發現者，應不決標予該廠商：...五、不同投標廠商間之投標文件內容有重大異常關聯。」

二、 工程會 91.11.27 第 09100516820 號令：「機關辦理採購有下列情形之一者，得依採購法第 50 條第 1 項第 5 款『不

同投標廠商間之投標文件內容有重大異常關聯者」處理：...
三、投標標封或通知機關信函號碼連號，顯係同一人或同一廠商所為者。」

三、工程會 94.7.14 第 09400253870 函：「...『投標標封信函號碼連號』，惟未查證該等異常情形是否顯係同一人或同一廠商所為等構成重大異常關聯之其他相關情形，即逕予以認定及處置，事後經廠商說明及查證結果，發現例如純係不同人或不同廠商於非常相近時間至同一郵局付郵之巧合情形，致造成機關與廠商間之爭議或檢調單位困擾，宜予避免。」

四、工程會 107.1.30 第 10700031930 號函：「...『投標標封信函號碼連號、廠商地址、電話號碼或傳真機號碼相同』，惟未查證該等異常情形是否顯係同一人或同一廠商所為等構成重大異常關聯之其他相關情形，即逕予以認定及處置，事後經廠商說明及查證結果，發現係不同人或不同廠商所為情形，致造成機關與廠商間之爭議或檢調單位困擾。」

五、採購法第 31 條第 2 項第 7 款規定：「廠商有下列情形之一者，其所繳納之押標金，不予發還；其未依招標文件規定繳納或已發還者，並予追繳：...七、其他經主管機關認定有影響採購公正之違反法令行為。」

六、工程會 108.9.16 第 1080100733 號令：「依採購法第 31 條第 2 項第 7 款規定修正認定機關辦理採購，廠商有下列情形之一者，屬『其他經主管機關認定有影響採購公正之違反法令行為』情形，並自即日生效：... 二、有採購法第 50 條第 1 項第 5 款、第 7 款情形之一...。」

○案例見招 5：

機關辦理公開招標最低標決標之採購，計有 A、B、C 三家廠商投標，於開標後審標時發現 A、B、C 三家廠商之押標金支票皆為同一金融機構開立且號碼連號，機關應如何處理？

●機關拆招：

一、 依工程會 91.11.27 第 09100516820 號令意旨，本案 A、B、C 三家廠商支票連號情形已屬採購法第 50 條第 1 項第 5 款規定所稱「不同投標廠商間之投標文件內容有重大異常關聯者」，機關應進一步查明 A、B、C 三家廠商支票連號情形是否確為同一人或同一廠商所為，如查證屬實，則應不決標予 A、B、C 三家廠商。

二、 另依採購法第 31 條第 2 項第 7 款及工程會 108.9.16 第 1080100733 號令規定，機關對 A、B、C 三家廠商所繳納之押標金，應暫不予發還，並建議機關將本次開標全卷資料，發文移送檢調單位查處，再依調查結果，決定是否沒收押標金。

參考法條與釋例：

一、 採購法第 50 條第 1 項第 5 款規定：「投標廠商有下列情形之一，經機關於開標前發現者，其所投之標應不予開標；於開標後發現者，應不決標予該廠商：...五、不同投標廠商間之投標文件內容有重大異常關聯。」

二、 工程會 91.11.27 第 09100516820 號令：「機關辦理採購有下列情形之一者，得依採購法第 50 條第 1 項第 5 款『不同投標廠商間之投標文件內容有重大異常關聯者』處理：...二、押標金由同一人或同一廠商繳納或申請退還者。」

三、 採購法第 31 條第 2 項第 7 款規定:「廠商有下列情形之一者,其所繳納之押標金,不予發還;其未依招標文件規定繳納或已發還者,並予追繳:...七、其他經主管機關認定有影響採購公正之違反法令行為。」

四、 工程會 108.9.16 第 1080100733 號令:「依採購法第 31 條第 2 項第 7 款規定修正認定機關辦理採購,廠商有下列情形之一者,屬『其他經主管機關認定有影響採購公正之違反法令行為』情形,並自即日生效:... 二、有採購法第 50 條第 1 項第 5 款、第 7 款情形之一...。」

○**案例見招 6:**

機關辦理不允許共同投標之工程採購案,於招標文件規定:「投標廠商應於投標時明列分包廠商」,但機關審標時發現有多家投標廠商均列同一分包廠商,請問廠商是否違反採購法異常關聯規定?

●**機關拆招:**

依工程會 88.11.04 第 8815864 號函釋意旨,多家不同投標廠商均列同一分包廠商,並不構成異常關聯或不合格標。

參考法條及釋例:

一、 工程會 88.11.04 第 8815864 號函釋:「...三、至於『同一土方收容處理場同時出具同意書給多家資格標合格廠商』乙節,因土方收容處理場於本案之性質為分包廠商,其於招標階段同時出具同意書予多家廠商作為投標之用乙節,尚無不當...。」

二、【98 政府採購問題座談會會議紀錄(中區)】工程會答覆僅分包廠商相同,尚非屬採購法第 50 條第 1 項第 5 款重大異常

關聯者，本會 88.11.4 第 8815864 號函釋已有說明。

○案例見招 7：

機關辦理公開招標最低標決標之採購，計有 A、B、C 三家廠商投標，於開標後審標時發現 A、B 兩家廠商之押標金支票為同一金融機構開立且號碼為連號，C 廠商之押標金支票則為不同金融機構所開具，機關應如何處理？

●機關拆招：

一、依工程會 91.11.27 第 09100516820 號令意旨，本案 A、B 兩家廠商支票連號之情形已屬採購法第 50 條第 1 項第 5 款規定所稱「不同投標廠商間之投標文件內容有重大異常關聯者」，機關應進一步查明 A、B 兩家廠商支票連號之情形是否確為同一人或同一廠商所為，如查證屬實，則應不決標予 A、B 兩家廠商。

二、另依採購法第 31 條第 2 項第 7 款及工程會 108.9.16 第 1080100733 號令規定，機關對 A、B 兩家廠商所繳納之押標金，應暫不予發還，並建議機關將本次開標全卷資料，發文移送檢調單位查處，再依調查結果，決定是否沒收押標金。

三、至 C 廠商部分，如未有直接事證證明 C 廠商與其他 A、B 兩家廠商間有異常關聯情事者，機關得視該個案情況，決定是否於判定 A、B 兩家廠商不合格後續行開標作業，或依採購法第 48 條第 1 項第 2 款：「發現有足以影響採購公正之違法或不當行為者」規定，以廢標處理。

📖參考法條與釋例：

一、採購法第 50 條第 1 項第 5 款規定:「投標廠商有下列情形之一,經機關於開標前發現者,其所投之標應不予開標;於開標後發現者,應不決標予該廠商:...五、不同投標廠商間之投標文件內容有重大異常關聯。」

二、工程會 91.11.27 第 09100516820 號令:「機關辦理採購有下列情形之一者,得依採購法第 50 條第 1 項第 5 款『不同投標廠商間之投標文件內容有重大異常關聯者』處理:...二、押標金由同一人或同一廠商繳納或申請退還者。」

三、採購法第 31 條第 2 項第 7 款規定:「廠商有下列情形之一者,其所繳納之押標金,不予發還;其未依招標文件規定繳納或已發還者,並予追繳:...七、其他經主管機關認定有影響採購公正之違反法令行為」

四、工程會 108.9.16 第 1080100733 號令:「依採購法第 31 條第 2 項第 7 款規定修正認定機關辦理採購,廠商有下列情形之一者,屬『其他經主管機關認定有影響採購公正之違反法令行為』情形,並自即日生效:... 二、有採購法第 50 條第 1 項第 5 款、第 7 款情形之一...。」

五、採購法第 48 條第 1 項第 2 款規定:「機關依本法規定辦理招標,除有下列情形之一不予開標決標外,有三家以上合格廠商投標,即應依招標文件所定時間開標決標:...二、發現有足以影響採購公正之違法或不當行為者。」

○案例見招 8：

機關辦理公開招標最低標決標之採購，計有 A、B、C 三家廠商投標，開標後審標時發現 A、B 兩家廠商之投標文件均為同一人撰寫，開標主持人查明後判定 A、B 兩家廠商間確有採購法第 50 條第 1 項第 5 款規定所稱之重大異常關聯情形，可否沒收 A、B 兩家廠商之押標金？法條依據為何？

●機關拆招：

一、採購法第 31 條已有明文「沒收押標金」規定；查同條第 2 項第 7 款規定：「廠商有下列情形之一者，其所繳納之押標金，不予發還；其未依招標文件規定繳納或已發還者，並予追繳：...七、其他經主管機關認定有影響採購公正之違反法令行為」，合先序明。

二、至上開「主管機關認定有影響採購公正之違反法令行為」內容為何，工程會 108.9.16 第 1080100733 號令已明定「有採購法第 50 條第 1 項第 7 款、第 8 款情形之一」屬之。

三、依採購法第 50 第 1 項第 5 款規定，本案機關如判定 A、B 兩家廠商有重大異常關聯之情形，自得依採購法第 31 條第 2 項第 7 款規定，沒收 A、B 兩家廠商之押標金。

📄參考法條與釋例：

工程會 108.9.16 第 1080100733 號令略以：「依採購法第 31 條第 2 項第 7 款規定修正認定機關辦理採購，廠商有下列情形之一者，屬『其他經主管機關認定有影響採購公正之違反法令行』情形，並自即日生效：... 二、有政府採購法第 50 條第 1 項第 5 款、第 7 款情形之一...。」

○案例見招9：

機關辦理委外清潔服務採複數決標之勞務採購案，於招標文件規定：「決標項目分為第 1 項：南區大樓、第 2 項：北區大樓，並規定投標廠商以得標 1 項為限」，計有 A、B 兩家廠商投標，開標後審標時發現 A、B 兩家廠商分別投標第 1 項及第 2 項，惟 A、B 兩家廠商地址、電話均相同，請問是否構成重大異常關聯？

●機關拆招：

一、採購法第 50 條第 1 項第 5 款：「不同投標廠商間之投標文件內容有重大異常關聯」規定，於複數決標之適用情形，係以同一項目有兩家以上不同投標廠商間發生重大異常關聯者為限。

二、本題 A、B 兩家廠商分別投標之項目不同(南區大樓、北區大樓)，非屬彼此互相競爭之情形，自無採購法第 50 條第 1 項第 5 款規定之適用。

三、惟本案已於招標文件規定單一投標廠商以得標一項為限，依工程會 96.11.19 第 09600431200 號函意旨，機關應注意查察投標廠商有無借牌或出借牌照之情形。

參考法條與釋例：

一、工程會 96.11.19 第 09600431200 號函略以：「二、...本會 95.5.11 第 09500166880 號函所述『上開規定，複數決標亦適用』乙節，指同一項目二以上不同投標廠商間發生重大異常關聯之情形者。三、...所詢個案之甲、乙二家廠商各投不同區域，非彼此互相競爭之情形，參照本會 96.6.26 工程企傳字第 F961354 號傳真函釋例，無本法第 50 條第 1 項第 5 款規定之適用。另該案招標文件規定單一廠商以得標一區為限，爰應注意查察有無借牌或出借牌照之情形。」

二、100.6.16 最高行政法院 100 年判字第 982 號判決。

三、101.3.8 最高行政法院 101 年判字第 219 號判決。

〇案例見招 10：

機關辦理公開招標最低標決標之採購，第 1 次開標計有 A、B、C 三家廠商投標，開標後審標時發現 C 廠商未檢附押標金且投標文件皆為空白，A、B 兩家廠商之投標文件均合於招標文件規定，是否影響採購法投標廠商之法定家數認定而無法開標？

●機關拆招：

一、 本案於開標後「審標階段」方發現 C 廠商之投標文件有不合於招標文件規定之情事，與施行細則第 55 條規定之三家以上合格廠商家數認定並無關聯，不影響後續開標作業進行，工程會於 88.10.21 第 8816122 號函已有明示。

二、 惟本案機關應進一步查明 C 廠商與 A、B 兩家廠商間有無重大異常關聯之情事，並得視該個案情況決定是否於判定 C 廠商不合格後續行開標作業，或依採購法第 48 條第 1 項第 2 款：「發現有足以影響採購公正之違法或不當行為者」規定，以廢標處理。

📖參考法條與釋例：

一、 工程會 88.10.21 第 8816122 號函說明：「二、機關辦理公開招標，採購法第 48 條第 1 項所稱三家以上合格廠商投標，本法施行細則第 55 條已有定義。開標後經審查結果，有來函所稱一家廠商押標金不足或無押標金或標封內附文件欠缺或完全空白之情形，與上開三家合格廠商之定義並無關聯。三、前項廠商如有本法第 48 條第 1 項第 2 款情形，開標後亦得不予決標。」

二、 採購法第 48 條第 1 項第 2 款規定:「機關依本法規定辦理招標,除有下列情形之一不予開標決標外,有三家以上合格廠商投標,即應依招標文件所定時間開標決標:…二、發現有足以影響採購公正之違法或不當行為者。」

O案例見招 11:

機關辦理公開招標最低標決標之採購案,第 1 次開標計有 A、B、C 三家廠商投標,惟 A、B 兩家廠商投標時均未檢附押標金。經機關查證後確定 A、B、C 三家廠商有重大異常關聯,但 A、B 兩家廠商無押標金可沒收,機關應如何處理?

●機關拆招:

一、 機關應依採購法第 31 條第 2 項規定略以:「廠商有下列情形之一者,其所繳納之押標金,不予發還;其未依招標文件規定繳納或已發還者,並予追繳…」,向 A、B 兩家廠商追繳押標金。

二、 此處應注意 108 年採購法修正後,工程會 94.10.6 第 09400365980 號函說明二略以:「…投標時未附押標金…該二家廠商尚無押標金得不予發還或追繳之情形」之內容已不適用。

📖參考法條與釋例:

採購法第 31 條第 2 項規定:「廠商有下列情形之一者,其所繳納之押標金,不予發還;其未依招標文件規定繳納或已發還者,並予追繳:一、以虛偽不實之文件投標。二、借用他人名義或證件投標,或容許他人借用本人名義或證件參加投標。三、冒用他人名義或證件投標。四、得標後拒不簽約。五、得標後未於規定期限內,繳足保證金或提供擔保。六、對採購有關人員行求、期

約或交付不正利益。七、其他經主管機關認定有影響採購公正之
違反法令行為。」

○案例見招 12：

機關辦理公開招標最低標決標之採購，計有 A、B、C、D 四家
廠商投標，皆為獨立之法人團體。惟 A、B 兩家廠商為具獨立法
人格之關係企業，C 公司為百分之百持有 D 公司股份之廠商，
試問 A、B 兩家廠商是否有重大異常關聯？C、D 兩家廠商間是
否有重大異常關聯？

●機關拆招：

一、依「公司法」第 369 之 1 條規定，所稱關係企業之定義為：
　　「指獨立存在而相互間具有下列關係之企業：一、有控制與
　　從屬關係之公司。二、相互投資之公司。」關係企業之兩家
　　以上廠商參與同一採購案投標，如各自具獨立法人格，我國
　　現行採購法並未明文禁止其同時參加投標。

二、本案 A、B 兩家廠商如無採購法第 50 條第 1 項第 5 款及工
　　程會 91.11.27 第 09100516820 號令所稱之重大異常關聯
　　情形，不得僅因 A、B 兩家廠商具關係企業關係，而判定其
　　具有重大異常關聯及沒收押標金。

三、又 C、D 兩家廠商間雖有持股關係，惟其兩者皆屬依「公司
　　法」成立之法人，尚非同一法律主體，尚難逕依持股關係認
　　定 C、D 兩家廠商間有重大異常關聯之情形。

参考法條與釋例：

一、工程會 91.11.27 第 09100516820 號令：
　　機關辦理採購有下列情形之一者，得依採購法第 50 條第 1
　　項第 5 款「不同投標廠商間之投標文件內容有重大異常關

聯者」處理：

(一)投標文件內容由同一人或同一廠商繕寫或備具者。

(二)押標金由同一人或同一廠商繳納或申請退還者。

(三)投標標封或通知機關信函號碼連號，顯係同一人或同一廠商所為者。

(四)廠商地址、電話號碼、傳真機號碼、聯絡人或電子郵件網址相同者。

(五)其他顯係同一人或同一廠商所為之情形者。

二、工程會 98.6.25 第 09800280080 號函說明：「(一)具關係企業關係之廠商參與同一採購案投標，如非屬採購法第 38 條所定禁止與政黨具關係企業關係之廠商投標，且各具獨立法人格者，本法並未明文禁止其同時參加投標。(二)本法第 50 條第 1 項第 5 款所稱『不同投標廠商間之投標文件內容有重大異常關聯者』，本會 91.11.27 第 09100516820 號令已列舉如下：『1.投標文件內容由同一人或同一廠商繕寫或備具者。2.押標金由同一人或同一廠商繳納或申請退還者。3.投標標封或通知機關信函號碼連號，顯係同一人或同一廠商所為者。4.廠商地址、電話號碼、傳真機號碼、聯絡人或電子郵件網址相同者。5.其他顯係同一人或同一廠商所為之情形者』(公開於本會網站)，具關係企業關係之廠商參與同一採購案投標，如非屬上開情形，即無該款之適用。至於本法第 48 條第 1 項第 2 款所定『足以影響採購公正之違法或不當行為』，並非具關係企業關係之廠商投標即該當該款情形。(三)具關係企業關係之廠商參與同一採購案投標，如未違反上開規定，不會僅因該等廠商具關係企業關係，即適用本法第 31 條第 2 項關於不予發還或追繳押標金之規定。」

三、工程會 98.1.19 第 09800007980 號函說明三:「來函所述之 B 公司及 C 公司,係各依公司法成立之社團法人,非屬同一法律主體,如參與同一標案之投標,僅因 B 公司百分之百持有 C 公司之股份(或 B 公司及 C 公司為關係企業),尚難逕認屬上開重大異常關聯之情形,或構成本法第 50 條第 1 項第 3 款所稱借用或冒用他人名義或證件之情事。來函所述情形,仍應視個案事實,有無上開令頒顯係同一人或同一廠商所為之相關情形,或借用、冒用他人名義或證件之相關事證,以資認定。」

○案例見招 13:

機關辦理公開取得書面報價單最低標決標之採購案,計有 A、B 兩家廠商投標,開標現場僅有 1 人同時攜帶 A、B 兩家廠商之授權書及大小章到場,並向開標主持人主張 A、B 兩家廠商負責人均授權其減價,機關應如何處理?

●機關拆招:

依工程會 97.2.14 第 09700060670 號令意旨,兩家以上不同投標廠商參與投標,卻由同一廠商人員代表出席開標、評審、評選、決標等會議,已屬採購法第 50 條第 1 項第 7 款規定:「其他影響採購公正之違反法令行為」之情形,本案 A、B 兩家廠商所投之標不予開標,並依採購法第 48 條 2 項規定宣布廢標,並建議機關依工程會 96.7.25 第 09600293210 號函意旨,將全案移送檢調單位偵辦。

參考法條與釋例:

一、 工程會 97.2.14 第 09700060670 號令:「機關辦理採購,不同投標廠商參與投標,卻由同一廠商之人員代表出席開

標、評審、評選、決標等會議，屬採購法第 50 條第 1 項第 7 款規定情形。」

二、 工程會 96.7.25 第 09600293210 號函說明三略以：「…應探究該等廠商是否有意圖影響決標價格或獲取不當利益，而以契約、協議或其他方式之合意，使廠商不為價格競爭之情形，如有而依本法 48 條第 1 項第 2 款『發現有足以影響採購公正之違法或不當行為者』或第 50 條第 1 項第 7 款『其他影響採購公正之違反法令行為』辦理者，茲依本法第 31 條第 2 項第 8 款認定該等廠商押標金應不予發還，並請將相關廠商移檢調機關偵辦。」(108 年採購法修正過後已更動為第 31 條第 2 項第 8 款為第 31 條第 2 項第 7 款，請參酌工程會 108.9.16 第 1080100733 號令)。

○案例見招 14：

機關辦理公開招標最低標決標之採購，第 1 次開標計有 A、B、C 三家廠商投標，開標後審查時發現 B 廠商未檢附押標金且未事先繳納，C 廠商檢附之標價清單為空白，僅 A 廠商投標文件合於招標文件規定，機關應如何處理？

●機關拆招：

本案為第 1 次開標，A、B、C 三家廠商中有兩家廠商疑似刻意造成不合格態樣，有假性競爭之虞，機關應進一步查明，並得依採購法第 48 條第 1 項第 2 款「發現有足以影響採購公正之違法或不當行為者」或第 50 條第 1 項第 7 款「其他影響採購公正之違反法令行為」規定處理，不予發還押標金及將相關廠商移送檢調機關偵辦。

📖參考法條與釋例：

一、工程會 95.7.25 第 09500256920 號令：

　　機關辦理採購，有三家以上合格廠商投標，開標後有二家以上廠商有下列情形之一，致僅餘一家廠商符合招標文件規定者，得依政府採購法第 48 條第 1 項第 2 款「發現有足以影響採購公正之違法或不當行為者」或第 50 條第 1 項第 7 款「其他影響採購公正之違反法令行為」處理：

　　(一)押標金未附或不符合規定。

　　(二)投標文件為空白文件、無關文件或標封內空無一物。

　　(三)資格、規格或價格文件未附或不符合規定。

　　(四)標價高於公告之預算或公告之底價。

　　(五)其他疑似刻意造成不合格標之情形。

二、工程會 96.7.25 第 09600293210 號函說明三：「來函所述投標廠商情形，貴公司應探究該等廠商是否有意圖影響決標價格或獲取不當利益，而以契約、協議或其他方式之合意，使廠商不為價格之競爭之情形，如有而依本法 48 條第 1 項第 2 款『發現有足以影響採購公正之違法或不當行為者』或第 50 條第 1 項第 7 款『其他影響採購公正之違反法令行為』辦理者，茲依本法第 31 條第 2 項第 8 款認定，該等廠商押標金應不予發還，並請將相關廠商移檢調機關偵辦。本會 92.11.6 第 09200438750 號函及 96.5.8 第 09600087510 號函(均公開於本會網站)併請查閱。」

附錄 1
政府採購法令彙編
（母法＿細則）

政府採購法及其施行細則之條文對照

政府採購法歷史沿革	
政府採購法修法過程	政府採購法施行細則修法過程
1. 中華民國 87 年 5 月 27 日總統華總一義字第 8700105740 號令制定公布	1. 中華民國 88 年 5 月 21 日工程會(88)工程企字第 8806988 號函公布全部條文
2. 中華民國 90 年 1 月 10 日總統華總一義字第 9000003820 號令修正公布第 7 條條文	2. 中華民國 90 年 8 月 31 日工程會(90)工程企字第 90033200 號令修正第 108 條條文
3. 中華民國 91 年 2 月 6 日總統華總一義字第 09100025610 號令修正公布第 6 條等	3. 中華民國 91 年 11 月 27 日工程會(91)工程企字 09100507960 號令修正部分條文
4. 中華民國 96 年 7 月 4 日總統華總一義字第 09600085741 號令修正公布第 85 條之 1 條文	4. 中華民國 99 年 11 月 30 日工程會(99)工程企字 09900449600 號令修正部分條文
5. 中華民國 100 年 1 月 26 日華總一義字第 10000015641 號令修正公布第 11 條、第 52 條、第 63 條條文	5. 中華民國 101 年 12 月 25 日工程會(101)工程企字 10100474910 號令增訂第 5 條之 1 條文
6. 中華民國 105 年 1 月 6 日總統華總一義字第 10400154101 號令修正公布第 73 條之 1、第 85 條之 1、第 86 條條文	6. 中華民國 105 年 11 月 18 日工程會(105)工程企字 10500362770 號令修正部分條文
7. 中華民國 108 年 5 月 22 日總統華總一義字第 10800049691 號令修正公布第 4 條等	7. 中華民國 107 年 3 月 2 日工程會(107)工程企字 10700054830 號令修正第 58 條條文
	8. 中華民國 107 年 3 月 26 日工程會(107)工程企字 10700085530 號令刪除第 41 條條文
	9. 中華民國 108 年 11 月 8 日工程會(108)工程企字 1080100956 號令修正部分條文
	10. 中華民國 110 年 7 月 14 日工程會(110)工程企字 1100100329 號令修正第 43 條條文

第一章　　總則

第一條　為建立政府採購制度，依公平、公開之採購程序，提升採購效率與功能，確保採購品質，爰制定本法。

　　　細則第 1 條

　　　　本細則依政府採購法(以下簡稱本法)第一百十三條規定訂定之。

第二條　本法所稱採購，指工程之定作、財物之買受、定製、承租及勞務之委任或僱傭等。

第三條　政府機關、公立學校、公營事業(以下簡稱機關)辦理採購，依本法之規定；本法未規定者，適用其他法律之規定。

第四條　法人或團體接受機關補助辦理採購，其補助金額占採購金額半數以上，且補助金額在公告金額以上者，適用本法之規定，並應受該機關之監督。

藝文採購不適用前項規定，但應受補助機關之監督；其辦理原則、適用範圍及監督管理辦法，由文化部定之。

細則第 2 條

機關補助法人或團體辦理採購，其依本法第四條第一項規定適用本法者，受補助之法人或團體於辦理開標、比價、議價、決標及驗收時，應受該機關監督。

前項採購關於本法及本細則規定上級機關行使之事項，由本法第四條第一項所定監督機關為之。

細則第 3 條

本法第四條第一項所定補助金額，於二以上機關補助法人或團體辦理同一採購者，以其補助總金額計算之。補助總金額達本法第四條第一項規定者，受補助者應通知各補助機關，並由各補助機關共同或指定代表機關辦理監督。

本法第四條第一項所稱接受機關補助辦理採購，包括法人或團體接受機關獎助、捐助或以其他類似方式動支機關經費辦理之採購。

本法第四條第一項之採購，其受理申訴之採購申訴審議委員會，為受理補助機關自行辦理採購之申訴之採購申訴審議委員會；其有第一項之情形者，依指定代表機關或所占補助金額比率最高者認定之。

第五條　機關採購得委託法人或團體代辦。

前項採購適用本法之規定，該法人或團體並受委託機關之監督。

細則第 4 條

機關依本法第五條第一項規定委託法人或團體代辦採購，其委託屬勞務採購。受委託代辦採購之法人或團體，並須具備熟諳政府採購法令之人員。

代辦採購之法人、團體與其受雇人及關係企業，不得為該採購之投標廠商或分包廠商。

第六條　關辦理採購，應以維護公共利益及公平合理為原則，對廠商不得為無正當理由之差別待遇。

辦理採購人員於不違反本法規定之範圍內，得基於公共利益、採購效益或專業判斷之考量，為適當之採購決定。

司法、監察或其他機關對於採購機關或人員之調查、起訴、審判、彈劾或糾舉等，得洽請主管機關協助、鑑定或提供專業意見。

第七條　本法所稱工程，指在地面上下新建、增建、改建、修建、拆除構造物與其所屬設備及改變自然環境之行為，包括建築、土木、水利、環境、交通、機械、電氣、化工及其他經主管機關認定之工程。

本法所稱財物，指各種物品(生鮮農漁產品除外)、材料、設備、機具與其他動產、不動產、權利及其他經主管機關認定之財物。

本法所稱勞務，指專業服務、技術服務、資訊服務、研究發展、營運管理、維修、訓練、勞力及其他經主管機關認定之勞務。

採購兼有工程、財物、勞務二種以上性質，難以認定其歸屬者，按其性質所占預算金額比率最高者歸屬之。

第八條 本法所稱廠商，指公司、合夥或獨資之工商行號及其他得提供各機關工程、財物、勞務之自然人、法人、機構或團體。

第九條 本法所稱主管機關，為行政院採購暨公共工程委員會，以政務委員一人兼任主任委員。

本法所稱上級機關，指辦理採購機關直屬之上一級機關。其無上級機關者，由該機關執行本法所規定上級機關之職權。

細則第 5 條

本法第九條第二項所稱上級機關，於公營事業或公立學校為其所隸屬之政府機關。

本法第九條第二項所稱辦理採購無上級機關者，在中央為國民大會、總統府、國家安全會議與五院及院屬各一級機關；在地方為直轄市、縣(市)政府及議會。

第十條 主管機關掌理下列有關政府採購事項：

一、政府採購政策與制度之研訂及政令之宣導。

二、政府採購法令之研訂、修正及解釋。

三、標準採購契約之檢討及審定。

四、政府採購資訊之蒐集、公告及統計。

五、政府採購專業人員之訓練。

六、各機關採購之協調、督導及考核。

七、中央各機關採購申訴之處理。

八、其他關於政府採購之事項。

細則第 5 條之 1

主管機關得視需要將本法第十條第二款之政府採購法令之解釋、第三款至第八款事項，委託其他機關辦理。

第十一條 主管機關應設立採購資訊中心，統一蒐集共通性商情及同等品分類之資訊，並建立工程價格資料庫，以供各機關採購預算編列及底價訂定之參考。除應秘密之部分外，應無償提供廠商。 機關辦理工程採購之預算金額達一定金額以上者，應於決標後將得標廠商之單價資料傳輸至前項工程價格資料庫。

前項一定金額、傳輸資料內容、格式、傳輸方式及其他相關事項
　　　　　之辦法，由主管機關定之。

　　　　　財物及勞務項目有建立價格資料庫之必要者，得準用前二項規定。

第十一條之一　機關辦理巨額工程採購，應依採購之特性及實際需要，成立
　　　　　採購工作及審查小組，協助審查採購需求與經費、採購策略、
　　　　　招標文件等事項，及提供與採購有關事務之諮詢。機關辦理
　　　　　第一項以外之採購，依採購特性及實際需要，認有成立採購
　　　　　工作及審查小組之必要者，準用前項規定。　前二項採購工
　　　　　作及審查小組之組成、任務、審查作業及其他相關事項之辦
　　　　　法，由主管機關定之。

第十二條　機關辦理查核金額以上採購之開標、比價、議價、決標及驗收時，
　　　　　應於規定期限內，檢送相關文件報請上級機關派員監辦；上級機
　　　　　關得視事實需要訂定授權條件，由機關自行辦理。
　　　　　機關辦理未達查核金額之採購，其決標金額達查核金額者，或契
　　　　　約變更後其金額達查核金額者，機關應補具相關文件送上級機關
　　　　　備查。

　　　　　查核金額由主管機關定之。

　　細則第 6 條

　　　　　機關辦理採購，其屬巨額採購、查核金額以上之採購、公　告金
　　　　額以上之採購或小額採購，依採購金額於招標前認定之；　其採
　　　　購金額之計算方式如下：
　　　　　一、採分批辦理採購者，依全部批數之預算總額認定之。
　　　　　二、依本法第五十二條第一項第四款採複數決標者，依
　　　　　　　全部項目或數量之預算總額認定之。但項目之標的
　　　　　　　不同者，　依個別項目之預算金額認定之。
　　　　　三、招標文件含有選購或後續擴充項目者，應將預估選
　　　　　　　購或擴充項目所需金額計入。
　　　　　四、採購項目之預算案尚未經立法程序者，應將預估需用金
　　　　　　　額計入。
　　　　　五、採單價決標者，依預估採購所需金額認定之。
　　　　　六、租期不確定者，以每月租金之四十八倍認定之。
　　　　　七、依本法第九十九條規定甄選投資廠商者，以預估廠
　　　　　　　商興建、營運所需金額認定之。依本法第七條第三
　　　　　　　項規定營運管理之委託，包括廠商興建、營運金額者，
　　　　　　　亦同。
　　　　　八、依本法第二十一條第一項規定建立合格廠商名單，
　　　　　　　其預先辦理廠商資格審查階段，以該名單有效期內預
　　　　　　　估採購總額認定之；邀請符合資格廠商投標階段，以
　　　　　　　邀請當次之採購預算金額認定之。
　　　　　九、招標文件規定廠商報價金額包括機關支出及收入金

額 者,以支出所需金額認定之。

　十、機關以提供財物或權利之使用為對價,而無其他支出
　　　者,以該財物或權利之使用價值認定之。

細則第 7 條

機關辦理查核金額以上採購之招標,應於等標期或截止收件日五
日前檢送採購預算資料、招標文件及相關文件,報請上級機關派
員監辦。

前項報請上級機關派員監辦之期限,於流標、廢標或取消招標重
行招標時,得予縮短;其依前項規定應檢送之文件,得免重複檢
送。

細則第 8 條

機關辦理查核金額以上採購之決標,其決標不與開標、比價或議
價合併辦理者,應於預定決標日三日前,檢送審標結果,報請上
級機關派員監辦。

前項決標與開標、比價或議價合併辦理者,應於決標前當場確認
審標結果,並列入紀錄。

細則第 9 條

機關辦理查核金額以上採購之驗收,應於預定驗收日五日前,檢
送結算表及相關文件,報請上級機關派員監辦。結算表及相關文
件併入結算驗收證明書編送時,得免另行填送。

財物之驗收,其有分批交貨、因緊急需要必須立即使用或因逐一
開箱或裝配完成後方知其數量,報請上級機關派員監辦確有困難
者,得視個案實際情形,事先敘明理由,函請上級機關同意後自
行辦理,並於全部驗收完成後一個月內,將結算表及相關文件彙
總報請上級機關備查。

細則第 10 條

機關辦理查核金額以上採購之開標、比價、議價、決標或驗收,
上級機關得斟酌其金額、地區或其他特殊情形,決定應否派員監
辦。其未派員監辦者,應事先通知機關自行依法辦理。

細則第 11 條

本法第十二條第一項所稱監辦,指監辦人員實地監視或書面審核
機關辦理開標、比價、議價、決標及驗收是否符合本法規定之程
序。監辦人員採書面審核監辦者,應經機關首長或其　授權人員
核准。

前項監辦,不包括涉及廠商資格、規格、商業條款、底價訂定、
決標條件及驗收方法等實質或技術事項之審查。監辦人員發現該

等事項有違反法令情形者，仍得提出意見。

監辦人員對採購不符合本法規定程序而提出意見，辦理採購之主持人或主驗人如不接受，應納入紀錄，報機關首長或其授權人員決定之。但不接受上級機關監辦人員意見者，應報上級機關核准。

第十三條　機關辦理公告金額以上採購之開標、比價、議價、決標及驗收，除有特殊情形者外，應由其主（會）計及有關單位會同監辦。未達公告金額採購之監辦，依其屬中央或地方，由主管機關、直轄市或縣（市）政府另定之。未另定者，比照前項規定辦理。公告金額應低於查核金額，由主管機關參酌國際標準定之。　第一項會同監辦採購辦法，由主管機關會同行政院主計處定之。

細則第 12 條　（刪除）

第十四條　機關不得意圖規避本法之適用，分批辦理公告金額以上之採購。其有分批辦理之必要，並經上級機關核准者，應依其總金額核計採購金額，分別按公告金額或查核金額以上之規定辦理。

細則第 13 條

本法第十四條所定意圖規避本法適用之分批，不包括依不同標的、不同施工或供應地區、不同需求條件或不同行業廠商之專業項目所分別辦理者。

機關分批辦理公告金額以上之採購，法定預算書已標示分批辦理者，得免報經上級機關核准。

第十五條　機關承辦、監辦採購人員離職後三年內不得為本人或代理廠商向原任職機關接洽處理離職前五年內與職務有關之事務。

機關人員對於與採購有關之事項，涉及本人、配偶、二親等以內親屬，或共同生活家屬之利益時，應行迴避。

機關首長發現前項人員有應行迴避之情事而未依規定迴避者，應令其迴避，並另行指定人員辦理。

細則第 14 條　（刪除）

細則第 15 條　（刪除）

第十六條　請託或關說，宜以書面為之或作成紀錄。

政風機構得調閱前項書面或紀錄。

第一項之請託或關說，不得作為評選之參考。

細則第 16 條

本法第十六條所稱請託或關說，指不循法定程序，對採購案提出下列要求：

一、於招標前，對預定辦理之採購事項，提出請求。

二、於招標後，對招標文件內容或審標、決標結果，要

求變更。

三、於履約及驗收期間，對契約內容或查驗、驗收結果，
要求變更。

細則第 17 條

本法第十六條第一項所稱作成紀錄者，得以文字或錄音等方式為
之，附於採購文件一併保存。其以書面請託或關說者，亦同。

細則第 18 條

機關依本法對廠商所為之通知，除本法另有規定者外，得以口頭、
傳真或其他電子資料傳輸方式辦理。

前項口頭通知，必要時得作成紀錄。

第十七條　外國廠商參與各機關採購，應依我國締結之條約或協定之規定辦
理。

前項以外情形，外國廠商參與各機關採購之處理辦法，由主管機
關定之。

外國法令限制或禁止我國廠商或產品服務參與採購者，主管機關
得限制或禁止該國廠商或產品服務參與採購。

機關辦理涉及國家安全之採購，有對我國或外國廠商資格訂定限
制條件之必要者，其限制條件及審查相關作業事項之辦法，由主
管機關會商相關目的事業主管機關定之。

第二章　　招標

第十八條　採購之招標方式，分為公開招標、選擇性招標及限制性招標。
本法所稱公開招標，指以公告方式邀請不特定廠商投標。

本法所稱選擇性招標，指以公告方式預先依一定資格條件辦理廠
商資格審查後，再行邀請符合資格之廠商投標。

本法所稱限制性招標，指不經公告程序，邀請二家以上廠商比價
或僅邀請一家廠商議價。

細則第 19 條

機關辦理限制性招標，邀請二家以上廠商比價，有二家廠商投標者，
即得比價；僅有一家廠商投標者，得當場改為議價辦理。

第十九條　機關辦理公告金額以上之採購，除依第二十條及第二十二條辦理
者外，應公開招標。

第二十條　機關辦理公告金額以上之採購，符合下列情形之一者，得採選擇
性招標：

一、經常性採購。

二、投標文件審查，須費時長久始能完成者。

三、 廠商準備投標需高額費用者。

四、 廠商資格條件複雜者。

五、 研究發展事項。

第二十一條　機關為辦理選擇性招標，得預先辦理資格審查，建立合格廠商名單。但仍應隨時接受廠商資格審查之請求，並定期檢討修正合格廠商名單。

前項未列入合格廠商名單之廠商請求參加特定招標時，機關於不妨礙招標作業，並能適時完成其資格審查者，於審查合格後，邀其投標。

經常性採購，應建立六家以上之合格廠商名單。

機關辦理選擇性招標，應予經資格審查合格之廠商平等受邀之機會。

細則第 20 條

機關辦理選擇性招標，其預先辦理資格審查所建立之合　格廠商名單，有效期逾一年者，應逐年公告辦理資格審查，並檢討修正既有合格廠商名單。

前項名單之有效期未逾三年，且已於辦理資格審查之公告載明不再公告辦理資格審查者，於有效期內得免逐年公告。但機關仍應逐年檢討修正該名單。

機關於合格廠商名單有效期內發現名單內之廠商有不符合原定資格條件之情形者，得限期通知該廠商提出說明。廠商逾期未提出合理說明者，機關應將其自合格廠商名單中刪除。

細則第 21 條

機關為特定個案辦理選擇性招標，應於辦理廠商資格審　查後，邀請所有符合資格之廠商投標。

機關依本法第二十一條第一項建立合格廠商名單者，於辦理採購時，得擇下列方式之一為之，並於辦理廠商資格審查之文件中載明。其有每次邀請廠商家數之限制者，亦應載明。

　　一、個別邀請所有符合資格之廠商投標。

　　二、公告邀請所有符合資格之廠商投標。

　　三、依辦理廠商資格審查文件所標示之邀請順序，依序
　　　　邀請符合資格之廠商投標。

　　四、以抽籤方式擇定邀請符合資格之廠商投標。

第二十二條　機關辦理公告金額以上之採購，符合下列情形之一者，得採限制性招標：

一、 以公開招標、選擇性招標或依第九款至第十一款公告程序辦理結果，無廠商投標或無合格標，且以原定招標內容及條件未經重大改變者。

二、屬專屬權利、獨家製造或供應、藝術品、秘密諮詢，無其他合適之替代標的者。

三、遇有不可預見之緊急事故，致無法以公開或選擇性招標程序適時辦理，且確有必要者。

四、原有採購之後續維修、零配件供應、更換或擴充，因相容或互通性之需要，必須向原供應廠商採購者。

五、屬原型或首次製造、供應之標的，以研究發展、實驗或開發性質辦理者。

六、在原招標目的範圍內，因未能預見之情形，必須追加契約以外之工程，如另行招標，確有產生重大不便及技術或經濟上困難之虞，非洽原訂約廠商辦理，不能達契約之目的，且未逾原主契約金額百分之五十者。

七、原有採購之後續擴充，且已於原招標公告及招標文件敘明擴充之期間、金額或數量者。

八、在集中交易或公開競價市場採購財物。

九、委託專業服務、技術服務、資訊服務或社會福利服務，經公開客觀評選為優勝者。

十、辦理設計競賽，經公開客觀評選為優勝者。

十一、因業務需要，指定地區採購房地產，經依所需條件公開徵求勘選認定適合需要者。

十二、購買身心障礙者、原住民或受刑人個人、身心障礙福利機構或團體、政府立案之原住民團體、監獄工場、慈善機構及庇護工場所提供之非營利產品或勞務。

十三、委託在專業領域具領先地位之自然人或經公告審查優勝之學術或非營利機構進行科技、技術引、行政或學術研究發展。

十四、邀請或委託具專業素養、特質或經公告審查優勝之文化、藝術專業人士、機構或團體表演或參與文藝活動或提供文化創意服務。

十五、公營事業為商業性轉售或用於製造產品、提供服務以供轉售目的所為之採購，基於轉售對象、製程或供應源之特性或實際需要，不適宜以公開招標或選擇性招標方式辦理者。

十六、其他經主管機關認定者。

前項第九款專業服務、技術服務、資訊服務及第十款之廠商評選辦法與服務費用計算方式與第十一款、第十三款及第十

四款之作業辦法，由主管機關定之。

第一項第九款社會福利服務之廠商評選辦法與服務費用計算方式，由主管機關會同中央目的事業主管機關定之。

第一項第十三款及第十四款，不適用工程採購。

細則第 22 條

本法第二十二條第一項第一款所稱無廠商投標，指公告或邀請符合資格之廠商投標結果，無廠商投標或提出資格文件；所稱無合格標，指審標結果無廠商合於招標文件規定。但有廠商異議或申訴在處理中者，均不在此限。

本法第二十二條第一項第二款所稱專屬權利，指已立法保護之智慧財產權。但不包括商標專用權。

本法第二十二條第一項第五款所稱供應之標的，包括工程、財物或勞務；所稱以研究發展、實驗或開發性質辦理者，指以契約要求廠商進行研究發展、實驗或開發，以獲得原型或首次製造、供應之標的，並得包括測試品質或功能所為之限量生產或供應。但不包括商業目的或回收研究發展、實驗或開發成本所為之大量生產或供應。

本法第二十二條第一項第六款所稱百分之五十，指追加累計金額占原主契約金額之比率。

本法第二十二條第一項第十二款所稱身心障礙者、身心障礙福利機構或團體及庇護工場，其認定依身心障礙者權益保障法之規定；所稱原住民，其認定依原住民身分法之規定。

細則第 23 條

機關辦理採購，屬專屬權利或獨家製造或供應，無其他合適之替代標的之部分，其預估金額達採購金額之百分之五十以上，分別辦理採購確有重大困難之虞，必須與其他部分合併採購者，得依本法第二十二條第一項第二款規定採限制性招標。

細則第 23 條之 1

機關依本法第二十二條第一項規定辦理限制性招標，應由需求、使用或承辦採購單位，就個案敘明符合各款之情形，簽報機關首長或其授權人員核准。其得以比價方式辦理者，優先以比價方式辦理。

機關辦理本法第二十二條第一項所定限制性招標，得將徵求受邀廠商之公告刊登政府採購公報或公開於主管機關之資訊網路。但本法另有規定者，依其規定辦理。

第二十三條　未達公告金額之招標方式，在中央由主管機關定之；在地方由直轄市或縣（市）政府定之。地方未定者，比照中央規定辦理。

第二十四條　機關基於效率及品質之要求，得以統包辦理招標。

前項所稱統包，指將工程或財物採購中之設計與施工、供應、安裝或一定期間之維修等併於同一採購契約辦理招標。

統包實施辦法，由主管機關定之。

第二十五條　機關得視個別採購之特性，於招標文件中規定允許一定家數內之廠商共同投標。

第一項所稱共同投標，指二家以上之廠商共同具名投標，並於得標後共同具名簽約，連帶負履行採購契約之責，以承攬工程或提供財物、勞務之行為。

共同投標以能增加廠商之競爭或無不當限制競爭者為限。

同業共同投標應符合公平交易法第十五條第一項但書各款之規定。

共同投標廠商應於投標時檢附共同投標協議書。

共同投標辦法，由主管機關定之。

第二十六條　機關辦理公告金額以上之採購，應依功能或效益訂定招標文件。其有國際標準或國家標準者，應從其規定。

機關所擬定、採用或適用之技術規格，其所標示之擬採購產品或服務之特性，諸如品質、性能、安全、尺寸、符號、術語、包裝、標誌及標示或生產程序、方法及評估之程序，在目的及效果上均不得限制競爭。

招標文件不得要求或提及特定之商標或商名、專利、設計或型式、特定來源地、生產者或供應者。但無法以精確之方式說明招標要求，而已在招標文件內註明諸如「或同等品」字樣者，不在此限。

第二十六條之一　機關得視採購之特性及實際需要，以促進自然資源保育與環境保護為目的，依前條規定擬定技術規格，及節省能源、節約資源、減少溫室氣體排放之相關措施。

前項增加計畫經費或技術服務費用者，於擬定規格或措施時應併入計畫報核編列預算。

細則第 24 條
本法第二十六條第一項所稱國際標準及國家標準，依標準法第三條之規定。

細則第 25 條
本法第二十六條第三項所稱同等品，指經機關審查認定，其功能、效益、標準或特性不低於招標文件所要求或提及者。招標文件允許投標廠商提出同等品，並規定應於投標文件內預先提出者，廠商應於投標文件內敘明同等品之廠牌、價格及功能、效益、標準或特性等相關資料，以供審查。

招標文件允許投標廠商提出同等品，未規定應於投標文件內
預先提出者，得標廠商得於使用同等品前，依契約規定向機
關提出同等品之廠牌、價格及功能、效益、標準或特性等相
關資料，以供審查。

細則第 25 條之 1
　　各機關不得以足以構成妨礙競爭之方式，尋求或接受在特定
　　採購中有商業利益之廠商之建議。

第二十七條　機關辦理公開招標或選擇性招標，應將招標公告或辦理資格
　　　　　　審查之公告刊登於政府採購公報並公開於資訊網路。公告之
　　　　　　內容修正時，亦同。前項公告內容、公告日數、公告方法及
　　　　　　政府採購公報發行辦法，由主管機關定之。
　　　　　　機關辦理採購時，應估計採購案件之件數及每件之預計金額。
　　　　　　預算及預計金額，得於招標公告中一併公開。

細則第 26 條
　　機關依本法第二十七條第三項得於招標公告中一併公開之預
　　算金額，為該採購得用以支付得標廠商契約價金之預算金額。
　　預算案尚未經立法程序者，為預估需用金額。
　　機關依本法第二十七條第三項得於招標公告中一併公開之預
　　計金額，為該採購之預估決標金額。

第二十八條　機關辦理招標，其自公告日或邀標日起至截止投標或收件日
　　　　　　止之等標期，應訂定合理期限。其期限標準，由主管機關定
　　　　　　之。

細則第 27 條
　　本法第二十八條第一項所稱公告日，指刊登於政府採購公報
　　之日；邀標日，指發出通知邀請符合資格之廠商投標之日。

細則第 28 條　　　（刪除）

第二十九條　公開招標之招標文件及選擇性招標之預先辦理資格審查文件，
　　　　　　應自公告日起至截止投標日或收件日止，公開發給、發售及
　　　　　　郵遞方式辦理。發給、發售或郵遞時，不得登記領標廠商之
　　　　　　名稱。
　　　　　　選擇性招標之文件應公開載明限制投標廠商資格之理由及其
　　　　　　必要性。
　　　　　　第一項文件內容，應包括投標廠商提交投標書所需之一切必
　　　　　　要資料。

細則第 28 條之 1
　　機關依本法第二十九條第一項規定發售文件，其收費應以人
　　工、材料、郵遞等工本費為限。其由機關提供廠商使用招標
　　文件或書表樣品而收取押金或押圖費者，亦同。

第三十條　　機關辦理招標，應於招標文件中規定投標廠商須繳納押標金；
　　　　　　得標廠商須繳納保證金或提供或併提供其他擔保。但有下列
　　　　　　情形之一者，不在此限：

一、　勞務採購，以免收押標金、保證金為原則。

二、　未達公告金額之工程、財物採購，得免收押標金、保證金。

三、　以議價方式辦理之採購，得免收押標金。

四、　依市場交易慣例或採購案特性，無收取押標金、保證金之必要或可能。

押標金及保證金應由廠商以現金、金融機構簽發之本票或支票、保付支票、郵政匯票、政府公債、設定質權之金融機構定期存款單、銀行開發或保兌之不可撤銷擔保信用狀繳納，或取具銀行之書面連帶保證、保險公司之連帶保證保險單為之。

押標金、保證金與其他擔保之種類、額度、繳納、退還、終止方式及其他相關作業事項之辦法，由主管機關另定之。

第三十一條　機關對於廠商所繳納之押標金，應於決標後無息發還未得標之廠商。廢標時，亦同。

廠商有下列情形之一者，其所繳納之押標金，不予發還；其未依招標文件規定繳納或已發還者，並予追繳：

一、　以虛偽不實之文件投標。

二、　借用他人名義或證件投標，或容許他人借用本人名義或證件參加投標。

三、　冒用他人名義或證件投標。

四、　得標後拒不簽約。

五、　得標後未於規定期限內，繳足保證金或提供擔保。

六、　對採購有關人員行求、期約或交付不正利益。

七、　其他經主管機關認定有影響採購公正之違反法令行為。

前項追繳押標金之情形，屬廠商未依招標文件規定繳納者，追繳金額依招標文件中規定之額度定之；其為標價之一定比率而無標價可供計算者，以預算金額代之。

第二項追繳押標金之請求權，因五年間不行使而消滅。

前項期間，廠商未依招標文件規定繳納者，自開標日起算；機關已發還押標金者，自發還日起算；得追繳之原因發生或可得知悉在後者，自原因發生或可得知悉時起算。

追繳押標金，自不予開標、不予決標、廢標或決標日起逾十五年者，不得行使。

第三十二條　機關應於招標文件中規定，得不發還得標廠商所繳納之保證金及其孳息，或擔保者應履行其擔保責任之事由，並敘明該

項事由所涉及之違約責任、保證金之抵充範圍及擔保者之擔保責任。

第三十三條　廠商之投標文件，應以書面密封，於投標截止期限前，以郵遞或專人送達招標機關或其指定之場所。

前項投標文件，廠商得以電子資料傳輸方式遞送。但以招標文件已有訂明者為限，並應於規定期限前遞送正式文件。

機關得於招標文件中規定允許廠商於開標前補正非契約必要之點之文件。

細則第 29 條

本法第三十三條第一項所稱書面密封，指將投標文件置於不透明之信封或容器內，並以漿糊、膠水、膠帶、釘書針、繩索或其他類似材料封裝者。

信封上或容器外應標示廠商名稱及地址。其交寄或付郵所在地，機關不得予以限制。

本法第三十三條第一項所稱指定之場所，不得以郵政信箱為唯一場所。

細則第 30 條　（刪除）

細則第 31 條　（刪除）

細則第 32 條

本法第三十三條第三項所稱非契約必要之點，包括下列事項：

一、原招標文件已標示得更改或補充之項目。

二、不列入標價評比之選購項目。

三、參考性質之事項。

四、其他於契約成立無影響之事項。

細則第 33 條

同一投標廠商就同一採購之投標，以一標為限；其有違反者，依下列方式處理：

一、開標前發現者，所投之標應不予開標。

二、開標後發現者，所投之標應不予接受。

廠商與其分支機構，或其二以上之分支機構，就同一採購分別投標者，視同違反前項規定。

第一項規定，於採最低標，且招標文件訂明投標廠商得以同一報價載明二以上標的供機關選擇者，不適用之。

第三十四條　機關辦理採購，其招標文件於公告前應予保密。但須公開說明或藉以公開徵求廠商提供參考資料者，不在此限。

機關辦理招標，不得於開標前洩漏底價，領標、投標廠商之名稱與家數及其他足以造成限制競爭或不公平競爭之相關資料。

底價於開標後至決標前，仍應保密，決標後除有特殊情形外，應予公開。但機關依實際需要，得於招標文件中公告底價。

機關對於廠商投標文件，除供公務上使用或法令另有規定外，應保守秘密。

細則第 34 條
機關依本法第三十四條第一項規定向廠商公開說明或公開徵求廠商提供招標文件之參考資料者，應刊登政府採購公　報或公開於主管機關之資訊網路。

細則第 35 條
底價於決標後有下列情形之一者，得不予公開。但應通知得標廠商：
　一、符合本法第一百零四條第一項第二款之採購。
　二、以轉售或供製造成品以供轉售之採購，其底價涉及商業機密者。
　三、採用複數決標方式，尚有相關之未決標部分。但於相關部分決標後，應予公開。
　四、其他經上級機關認定者。

第三十五條　機關得於招標文件中規定，允許廠商在不降低原有功能條件下，得就技術、工法、材料或設備，提出可縮減工期、減省經費或提高效率之替代方案。其實施辦法，由主管機關定之。

第三十六條　機關辦理採購，得依實際需要，規定投標廠商之基本資格。

特殊或巨額之採購，須由具有相當經驗、實績、人力、財力、設備等之廠商始能擔任者，得另規定投標廠商之特定資格。

外國廠商之投標資格及應提出之資格文件，得就實際需要另行規定，附經公證或認證之中文譯本，並於招標文件中訂明。

第一項基本資格、第二項特定資格與特殊或巨額採購之範圍及認定標準，由主管機關定之。

細則第 36 條
投標廠商應符合之資格之一部分，得以分包廠商就其分包部分所具有者代之。但以招標文件已允許以分包廠商之資格代之者為限。
前項分包廠商及其分包部分，投標廠商於得標後不得變更。但有特殊情形必須變更者，以具有不低於原分包廠商就其分包部分所具有之資格，並經機關同意者為限。

細則第 37 條
依本法第三十六條第三項規定投標文件附經公證或認證之資格文件中文譯本，其中文譯本之內容有誤者，以原文為準。

細則第 38 條
機關辦理採購，應於招標文件規定廠商有下列情形之一者，不得參加投標、作為決標對象或分包廠商或協助投標廠商：
　一、提供規劃、設計服務之廠商，於依該規劃、設計結果辦理之採購。

二、代擬招標文件之廠商，於依該招標文件辦理之採購。

三、提供審標服務之廠商，於該服務有關之採購。

四、因履行機關契約而知悉其他廠商無法知悉或應秘密之資訊之廠商，於使用該等資訊有利於該廠商得標之採購。

五、提供專案管理服務之廠商，於該服務有關之採購。

前項第一款及第二款之情形，於無利益衝突或無不公平競爭之虞，經機關同意者，得不適用於後續辦理之採購。

細則第 39 條

前條第一項規定，於下列情形之一，得不適用之：

一、提供規劃、設計服務之廠商，為依該規劃、設計結果辦理採購之獨家製造或供應廠商，且無其他合適之替代標的者。

二、代機關開發完成新產品並據以代擬製造該產品招標文件之廠商，於依該招標文件辦理之採購。

三、招標文件係由二家以上廠商各就不同之主要部分分別代擬完成者。

四、其他經主管機關認定者。

第三十七條　機關訂定前條投標廠商之資格，不得不當限制競爭，並以確認廠商具備履行契約所必須之能力者為限。

投標廠商未符合前條所定資格者，其投標不予受理。但廠商之財力資格，得以銀行或保險公司之履約及賠償連帶保證責任、連帶保證保險單代之。

細則第 40 條　　（刪除）

第三十八條　政黨及與其具關係企業關係之廠商，不得參與投標。

前項具關係企業關係之廠商，準用公司法有關關係企業之規定。

細則第 41 條　　（刪除）

第三十九條　機關辦理採購，得依本法將其對規劃、設計、供應或履約業務之專案管理，委託廠商為之。

承辦專案管理之廠商，其負責人或合夥人不得同時為規劃、設計、施工或供應廠商之負責人或合夥人。

承辦專案管理之廠商與規劃、設計、施工或供應廠商，不得同時為關係企業或同一其他廠商之關係企業。

第四十條　機關之採購，得洽由其他具有專業能力之機關代辦。

上級機關對於未具有專業採購能力之機關，得命其洽由其他具有專業能力之機關代辦採購。

細則第 42 條

機關依本法第四十條規定洽由其他具有專業能力之機關代辦採購，依下列原則處理：

一、關於監辦該採購之上級機關，為洽辦機關之上級機關。但洽辦機關之上級機關得洽請代辦機關之上級

機關代行其上級機關之職權。

二、關於監辦該採購之主(會)計及有關單位,為洽辦機關之單位。但代辦機關有類似單位者,洽辦機關得一併洽請代辦。

三、除招標文件另有規定外,以代辦機關為招標機關。

四、洽辦機關及代辦機關分屬中央及地方機關者,依洽辦機關之屬性認定該採購係屬中央或地方機關辦理之採購。

五、洽辦機關得行使之職權或應辦理之事項,得由代辦機關代為行使或辦理。

機關依本法第五條規定委託法人或團體代辦採購,準用前項規定。

第四十一條 廠商對招標文件內容有疑義者,應於招標文件規定之日期前,以書面向招標機關請求釋疑。

機關對前項疑義之處理結果,應於招標文件規定之日期前,以書面答復請求釋疑之廠商,必要時得公告之;其涉及變更或補充招標文件內容者,除選擇性招標之規格標與價格標及限制性招標得以書面通知各廠商外,應另行公告,並視需要延長等標期。機關自行變更或補充招標文件內容者,亦同。

細則第 43 條

機關於招標文件規定廠商得請求釋疑之期限,至少應有等標期之四分之一;其不足一日者以一日計。選擇性招標預先辦理資格審查文件者,自公告日起至截止收件日止之請求釋疑期限,亦同。

廠商請求釋疑逾越招標文件規定期限者,機關得不予受理,並以書面通知廠商。

機關最後釋疑之次日起算至截止投標日或資格審查截止收件日之日數,不得少於原等標期之四分之一,其未滿一日者以一日計;前述日數有不足者,截止日至少應延後至補足不足之日數。

第四十二條 機關辦理公開招標或選擇性招標,得就資格、規格與價格採取分段開標。

機關辦理分段開標,除第一階段應公告外,後續階段之邀標,得免予公告。

細則第 44 條

機關依本法第四十二條第一項辦理分段開標,得規定資格、規格及價格分段投標分段開標或一次投標分段開標。但僅就資格投標者,以選擇性招標為限。

前項分段開標之順序,得依資格、規格、價格之順序開標,或將資格與規格或規格與價格合併開標。

機關辦理分段投標,未通過前一階段審標之投標廠商,不得參加後續階段之投標;辦理一次投標分段開標,其已投標未

開標之部分，原封發還。

分段投標之第一階段投標廠商家數已達本法第四十八條第一項三家以上合格廠商投標之規定者，後續階段之開標，得不受該廠商家數之限制。

採一次投標分段開標者，廠商應將各段開標用之投標文件分別密封。

第四十三條　機關辦理採購，除我國締結之條約或協定另有禁止規定者外，得採行下列措施之一，並應載明於招標文件中：

一、　要求投標廠商採購國內貨品比率、技術移轉、投資、協助外銷或其他類似條件，作為採購評選之項目，其比率不得逾三分之一。

二、　外國廠商為最低標，且其標價符合第五十二條規定之決標原則者，得以該標價優先決標予國內廠商。

細則第 45 條

機關依本法第四十三條第一款訂定採購評選項目之比率，應符合下列情形之一：

一、以金額計算比率者，招標文件所定評選項目之標價金額占總標價之比率，不得逾三分之一。

二、以評分計算比率者，招標文件所定評選項目之分數占各項目滿分合計總分數之比率，不得逾三分之一。

細則第 46 條

機關依本法第四十三條第二款優先決標予國內廠商者，應依各該廠商標價排序，自最低標價起，依次洽減一次，以最先減至外國廠商標價以下者決標。

前項國內廠商標價有二家以上相同者，應同時洽減一次，優先決標予減至外國廠商標價以下之最低標。

細則第 47 條

同一採購不得同時適用本法第四十三條第二款及第四十四條之規定。

第四十四條　機關辦理特定之採購，除我國締結之條約或協定另有禁止規定者外，得對國內產製加值達百分之五十之財物或國內供應之工程、勞務，於外國廠商為最低標，且其標價符合第五十二條規定之決標原則時，以高於該標價一定比率以內之價格，優先決標予國內廠商。

前項措施之採行，以合於就業或產業發展政策者為限，且一定比率不得逾百分之三，優惠期限不得逾五年；其適用範圍、優惠比率及實施辦法，由主管機關會同相關目的事業主管機關定之。

第三章　決標

第四十五條　公開招標及選擇性招標之開標，除法令另有規定外，應依招標文件公告之時間及地點公開為之。

細則第 48 條

本法第四十五條所稱開標，指依招標文件標示之時間及地點開啟廠商投標文件之標封，宣布投標廠商之名稱或代號、家數及其他招標文件規定之事項。有標價者，並宣布之。

前項開標，應允許投標廠商之負責人或其代理人或授權代表出席。但機關得限制出席人數。

限制性招標之開標，準用前二項規定。

細則第 49 條

公開招標及選擇性招標之開標，有下列情形之一者，招標文件得免標示開標之時間及地點：

一、依本法第二十一條規定辦理選擇性招標之資格審查，供建立合格廠商名單。

二、依本法第四十二條規定採分段開標，後續階段開標之時間及地點無法預先標示。

三、依本法第五十七條第一款規定，開標程序及內容應予保密。

四、依本法第一百零四條第一項第二款規定辦理之採購。

五、其他經主管機關認定者。

前項第二款之情形，後續階段開標之時間及地點，由機關另行通知前一階段合格廠商。

細則第 49 條之 1

公開招標、選擇性招標及限制性招標之比價，其招標文件所標示之開標時間，為等標期屆滿當日或次一上班日。但採分段開標者，其第二段以後之開標，不適用之。

細則第 50 條

辦理開標人員之分工如下：

一、主持開標人員：主持開標程序、負責開標現場處置及有關決定。

二、承辦開標人員：辦理開標作業及製作紀錄等事項。主持開標人員，由機關首長或其授權人員指派適當人員擔任。

主持開標人員得兼任承辦開標人員。

承辦審標、評審或評選事項之人員，必要時得協助開標。有監辦開標人員者，其工作事項為監視開標程序。

機關辦理比價、議價或決標，準用前五項規定。

細則第 51 條

機關辦理開標時應製作紀錄，記載下列事項，由辦理開標人員會同簽認；有監辦開標人員者，亦應會同簽認：

一、有案號者，其案號。

二、招標標的之名稱及數量摘要。

三、投標廠商名稱。

四、有標價者，各投標廠商之標價。

五、開標日期。

六、其他必要事項。

流標時應製作紀錄，其記載事項，準用前項規定，並應記載流標原因。

第四十六條　機關辦理採購，除本法另有規定外，應訂定底價。底價應依圖說、規範、契約並考量成本、市場行情及政府機關決標資料逐項編列，由機關首長或其授權人員核定。

前項底價之訂定時機，依下列規定辦理：

一、公開招標應於開標前定之。

二、選擇性招標應於資格審查後之下一階段開標前定之。

三、限制性招標應於議價或比價前定之。

細則第 52 條

機關訂定底價，得基於技術、品質、功能、履約地、商業條款、評分或使用效益等差異，訂定不同之底價。

細則第 53 條

機關訂定底價，應由規劃、設計、需求或使用單位提出預估金額及其分析後，由承辦採購單位簽報機關首長或其授權人員核定。但重複性採購或未達公告金額之採購，得由承辦採購單位逕行簽報核定。

細則第 54 條

公開招標採分段開標者，其底價應於第一階段開標前定之。限制性招標之比價，其底價應於辦理比價之開標前定之。限制性招標之議價，訂定底價前應先參考廠商之報價或估價單。

依本法第四十九條採公開取得三家以上廠商之書面報價或企劃書者，其底價應於進行比價或議價前定之。

第四十七條　機關辦理下列採購，得不訂底價。但應於招標文件內敘明理由及決標條件與原則：

一、訂定底價確有困難之特殊或複雜案件。

二、以最有利標決標之採購。

三、小額採購。

前項第一款及第二款之採購，得規定廠商於投標文件內詳列報價內容。

小額採購之金額，在中央由主管機關定之；在地方由直轄市或縣(市)政府定之。但均不得逾公告金額十分之一。地方未定者，比照中央規定辦理。

細則第 54 條之 1

機關辦理採購，依本法第四十七條第一項第一款及第二款規定不訂底價者，得於招標文件預先載明契約金額或相關費率作為決標條件。

第四十八條　機關依本法規定辦理招標，除有下列情形之一不予開標決標

外，有三家以上合格廠商投標，即應依招標文件所定時間開標決標：

一、 變更或補充招標文件內容者。

二、 發現有足以影響採購公正之違法或不當行為者。

三、 依第八十二條規定暫緩開標者。

四、 依第八十四條規定暫停採購程序者。

五、 依第八十五條規定由招標機關另為適法之處置者。

六、 因應突發事故者。

七、 採購計畫變更或取銷採購者。

八、 經主管機關認定之特殊情形。

第一次開標，因未滿三家而流標者，第二次招標之等標期間得予縮短，並得不受前項三家廠商之限制。

細則第 55 條

本法第四十八條第一項所稱三家以上合格廠商投標，指機關辦理公開招標，有三家以上廠商投標，且符合下列規定者：

一、依本法第三十三條規定將投標文件送達於招標機 關或其指定之場所。

二、無本法第五十條第一項規定不予開標之情形。

三、無第三十三條第一項及第二項規定不予開標之情形。

四、無第三十八條第一項規定不得參加投標之情形。

細則第 56 條

廢標後依原招標文件重行招標者，準用本法第四十八條第二項關於第二次招標之規定。

細則第 57 條

機關辦理公開招標，因投標廠商家數未滿三家而流標者，得發還投標文件。廠商要求發還者，機關不得拒絕。

機關於開標後因故廢標，廠商要求發還投標文件者，機關得保留其中一份，其餘發還，或僅保留影本。採分段開標者，尚未開標之部分應予發還。

第四十九條　未達公告金額之採購，其金額逾公告金額十分之一者，除第二十二條第一項各款情形外，仍應公開取得三家以上廠商之書面報價或企劃書。

第五十條　投標廠商有下列情形之一，經機關於開標前發現者，其所投之標應不予開標；於開標後發現者，應不決標予該廠商：

一、 未依招標文件之規定投標。

二、 投標文件內容不符合招標文件之規定。

三、 借用或冒用他人名義或證件投標。

四、 以不實之文件投標。

五、 不同投標廠商間之投標文件內容有重大異常關聯。

六、 第一百零三條第一項不得參加投標或作為決標對象之情形。

七、 其他影響採購公正之違反法令行為。

決標或簽約後發現得標廠商於決標前有第一項情形者，應撤銷決標、終止契約或解除契約，並得追償損失。但撤銷決標、終止契約或解除契約反不符公共利益，並經上級機關核准者，不在此限。

第一項不予開標或不予決標，致採購程序無法繼續進行者，機關得宣布廢標。

細則第 58 條

機關依本法第五十條第二項規定撤銷決標或解除契約時，得依下列方式之一續行辦理：

一、重行辦理招標。

二、原係採最低標為決標原則者，得以原決標價依決標前各投標廠商標價之順序，自標價低者起，依序洽其他合於招標文件規定之未得標廠商減至該決標價後決標。其無廠商減至該決標價者，得依本法第五十二條第一項第一款、第二款及招標文件所定決標原則辦理決標。

三、原係採最有利標為決標原則者，得召開評選委員會會議，依招標文件規定重行辦理評選。

四、原係採本法第二十二條第一項第九款至第十一款規定辦理者，其評選為優勝廠商或經勘選認定適合需要者有二家以上，得依序遞補辦理議價。

前項規定，於廠商得標後放棄得標、拒不簽約或履約、拒繳保證金或拒提供擔保等情形致撤銷決標、解除契約者，準用之。

細則第 59 條

機關發現廠商投標文件所標示之分包廠商，於截止投標或截止收件期限前屬本法第一百零三條第一項規定期間內不得參加投標或作為決標對象或分包廠商之廠商者，應不決標予該投標廠商。

廠商投標文件所標示之分包廠商，於投標後至決標前方屬本法第一百零三條第一項規定期間內不得參加投標或作為決標對象或分包廠商之廠商者，得依原標價以其他合於招標文件規定之分包廠商代之，並通知機關。

機關於決標前發現廠商有前項情形者，應通知廠商限期改正；逾期未改正者，應不決標予該廠商。

第五十一條　　機關應依招標文件規定之條件，審查廠商投標文件，對其內容有疑義時，得通知投標廠商提出說明。

前項審查結果應通知投標廠商，對不合格之廠商，並應敘明其原因。

細則第 60 條

機關審查廠商投標文件，發現其內容有不明確、不一致或明顯打字或書寫錯誤之情形者，得通知投標廠商提出說

明，以確認其正確之內容。

前項文件內明顯打字或書寫錯誤，與標價無關，機關得允許廠商更正。

細則第 61 條

機關依本法第五十一條第二項規定將審查廠商投標文件之結果通知各該廠商者，應於審查結果完成後儘速通知，最遲不得逾決標或廢標日十日。

前項通知，經廠商請求者，得以書面為之。

第五十二條　機關辦理採購之決標，應依下列原則之一辦理，並應載明於招標文件中：

一、訂有底價之採購，以合於招標文件規定，且在底價以內之最低標為得標廠商。

二、未訂底價之採購，以合於招標文件規定，標價合理，且在預算數額以內之最低標為得標廠商。

三、以合於招標文件規定之最有利標為得標廠商。

四、採用複數決標之方式：機關得於招標文件中公告保留之採購項目或數量選擇之組合權利，但應合於最低價格或最有利標之競標精神。

機關辦理公告金額以上之專業服務、技術服務、資訊、社會福利服務或文化創意服務者，以不訂底價之最標為原則。

決標時得不通知投標廠商到場，其結果應通知各投標廠商。

細則第 62 條

機關採最低標決標者，二家以上廠商標價相同，且均得為決標對象時，其比減價格次數已達本法第五十三條或第五十四條規定之三次限制者，逕行抽籤決定之。

前項標價相同，其比減價格次數未達三次限制者，應由該等廠商再行比減價格一次，以低價者決標。比減後之標價仍相同者，抽籤決定之。

細則第 63 條

機關採最低標決標，廠商之標價依招標文件規定之計算方式，有依投標標的之性能、耐用年限、保固期、能源使用效能或維修費用等之差異，就標價予以加價或減價以定標價之高低序位者，以加價或減價後之標價決定最低標。

細則第 64 條

投標廠商之標價幣別，依招標文件規定在二種以上者，由機關擇其中一種或以新臺幣折算總價，以定標序及計算是否超過底價。

前項折算總價，依辦理決標前一辦公日臺灣銀行外匯交易收盤即期賣出匯率折算之。

細則第 64 條之 1

機關依本法第五十二條第一項第一款或第二款規定採最低標決標，其因履約期間數量不確定而於招標文件規定以招標標

的之單價決定最低標者，並應載明履約期間預估需求數量。
招標標的在二項以上而未採分項決標者，並應以各項單價及
其預估需求數量之乘積加總計算，決定最低標。

細則第 64 條之 2

機關依本法第五十二條第一項第一款或第二款辦理採購，
得於招標文件訂定評分項目、各項配分、及格分數等審查基
準，並成立審查委員會及工作小組，採評分方式審查，就資
格及規格合於招標文件規定，且總平均評分在及格分數以上
之廠商開價格標，採最低標決標。
依前項方式辦理者，應依下列規定辦理：
一、分段開標，最後一段為價格標。
二、評分項目不包括價格。
三、審查委員會及工作小組之組成、任務及運作，準用
採購評選委員會組織準則、採購評選委員會審議規
則及最有利標評選辦法之規定。

細則第 65 條

機關依本法第五十二條第一項第四款採用複數決標方式者，
應依下列原則辦理：
一、招標文件訂明得由廠商分項報價之項目，或依不同
數量報價之項目及數量之上、下限。
二、訂有底價之採購，其底價依項目或數量分別訂定。
三、押標金、保證金及其他擔保得依項目或數量分別繳
納。
四、得分項報價者，分項決標；得依不同數量報價者，
依標價及可決標之數量依序決標，並得有不同之決
標價。
五、分項決標者，得分項簽約及驗收；依不同數量決標
者，得分別簽約及驗收。

細則第 66 條　　　　（刪除）

細則第 67 條

機關辦理決標，合於決標原則之廠商無需減價或已完成減價
或綜合評選程序者，得不通知投標廠商到場。

細則第 68 條

機關辦理決標時應製作紀錄，記載下列事項，由辦理決標
人員會同簽認；有監辦決標人員或有得標廠商代表參加
者，亦應會同簽認：
一、有案號者，其案號。
二、決標標的之名稱及數量摘要。
三、審標結果。
四、得標廠商名稱。
五、決標金額。
六、決標日期。
七、有減價、比減價格、協商或綜合評選者，其過程。
八、超底價決標者，超底價之金額、比率及必須決標之

緊急情事。

九、所依據之決標原則。

十、有尚未解決之異議或申訴事件者，其處理情形。廢標時應製作紀錄，其記載事項，準用前項規定，並應記載廢標原因。

細則第 69 條

機關辦理減價或比減價格結果在底價以內時，除有本法第五十八條總標價或部分標價偏低之情形者外，應即宣布決標。

第五十三條　合於招標文件規定之投標廠商之最低標價超過底價時，得洽該最低標廠商減價一次；減價結果仍超過底價時，得由所有合於招標文件規定之投標廠商重新比減價格，比減價格不得逾三次。

前項辦理結果，最低標價仍超過底價而不逾預算數額，機關確有緊急情事需決標時，應經原底價核定人或其授權人員核准，且不得超過底價百分之八。但查核金額以上之採購，超過底價百分之四者，應先報經上級機關核准後決標。

細則第 70 條

機關於第一次比減價格前，應宣布最低標廠商減價結果；第二次以後比減價格前，應宣布前一次比減價格之最低標價。

機關限制廠商比減價格或綜合評選之次數為一次或二次者，應於招標文件中規定或於比減價格或採行協商措施前通知參加比減價格或協商之廠商。

參加比減價格或協商之廠商有下列情形之一者，機關得不通知其參加下一次之比減價格或協商：

一、未能減至機關所宣布之前一次減價或比減價格之最低標價。

二、依本法第六十條規定視同放棄。

細則第 71 條

機關辦理查核金額以上之採購，擬決標之最低標價超過底價百分之四未逾百分之八者，得先保留決標，並應敘明理由連同底價、減價經過及報價比較表或開標紀錄等相關資料，報請上級機關核准。

前項決標，上級機關派員監辦者，得由監辦人員於授權範圍內當場予以核准，或由監辦人員簽報核准之。

細則第 72 條

機關依本法第五十三條第一項及第五十四條規定辦理減價及比減價格，參與之廠商應書明減價後之標價。

合於招標文件規定之投標廠商僅有一家或採議價方式辦理採購，廠商標價超過底價或評審委員會建議之金額，經洽減結果，廠商書面表示減至底價或評審委員會建議之金額，或照底價或評審委員會建議之金額再減若干數額者，機關應予接受。比減價格時，僅餘一家廠商書面表示減價者，亦同。

細則第 73 條
　　　　　合於招標文件規定之投標廠商僅有一家或採議價方式辦理，
　　　　　須限制減價次數者，應先通知廠商。
　　　　　前項減價結果，適用本法第五十三條第二項超過底價而不逾
　　　　　預算數額需決標，或第五十四條逾評審委員會建議之金額或
　　　　　預算金額應予廢標之規定。

第五十四條　決標依第五十二條第一項第二款規定辦理者，合於招標文件
　　　　　規定之最低標價逾評審委員會建議之金額或預算金額時，得
　　　　　洽該最低標廠商減價一次。減價結果仍逾越上開金額時，得
　　　　　由所有合於招標文件規定之投標廠商重新比減價格。機關得
　　　　　就重新比減價格之次數予以限制，比減價格不得逾三次，辦
　　　　　理結果，最低標價仍逾越上開金額時，應予廢標。

細則第 74 條
　　　　　決標依本法第五十二條第一項第二款規定辦理者，除小額採
　　　　　購外，應成立評審委員會，其成員由機關首長或其授權人員
　　　　　就對於採購標的之價格具有專門知識之機關職員或公正人士
　　　　　派兼或聘兼之。
　　　　　前項評審委員會之成立時機，準用本法第四十六條第二項有
　　　　　關底價之訂定時機。
　　　　　第一項評審委員會，機關得以本法第九十四條成立之評選委
　　　　　員會代之。

細則第 75 條
　　　　　決標依本法第五十二條第一項第二款規定辦理且設有評審委
　　　　　員會者，應先審查合於招標文件規定之最低標價後，再由評
　　　　　審委員會提出建議之金額。但標價合理者，評審委員會得不
　　　　　提出建議之金額。
　　　　　評審委員會提出建議之金額，機關依本法第五十四條規定辦
　　　　　理減價或比減價格結果在建議之金額以內時，除有本法第五
　　　　　十八條總標價或部分標價偏低之情形外，應即宣布決標。第
　　　　　一項建議之金額，於決標前應予保密，決標後除有第三十五
　　　　　條之情形者外，應予公開。

第五十五條　機關辦理以最低標決標之採購，經報上級機關核准，並於招
　　　　　標公告及招標文件內預告者，得於依前二條規定無法決標時，
　　　　　採行協商措施。

第五十六條　決標依第五十二條第一項第三款規定辦理者，應依招標文件
　　　　　所規定之評審標準，就廠商投標標的之技術、品質、功能、
　　　　　商業條款或價格等項目，作序位或計數之綜合評選，評定最
　　　　　有利標。價格或其與綜合評選項目評分之商數，得做為單獨
　　　　　評選之項目或決標之標準。未列入之項目，不得做為評選之
　　　　　參考。評選結果無法依機關首長或評選委員會過半數之決定，
　　　　　評定最有利標時，得採行協商措施，再作綜合評選，評定最
　　　　　有利標。評定應附理由。綜合評選不得逾三次。

依前項辦理結果，仍無法評定最有利標時，應予廢標。

機關採最有利標決標者，應先報經上級機關核准。

最有利標之評選辦法，由主管機關定之。

第五十七條　機關依前二條之規定採行協商措施者，應依下列原則辦理：

一、開標、投標、審標程序及內容均應予保密。

二、協商時應平等對待所有合於招標文件規定之投標廠商，必要時並錄影或錄音存證。

三、原招標文件已標示得更改項目之內容，始得納入協商。

四、前款得更改之項目變更時，應以書面通知所有得參與協商之廠商。

五、協商結束後，應予前款廠商依據協商結果，於一定期間內修改投標文件重行遞送之機會。

細則第 76 條

本法第五十七條第一款所稱審標，包括評選及洽個別廠商協商。

本法第五十七條第一款應保密之內容，決標後應即解密。但有繼續保密之必要者，不在此限。

本法第五十七條第一款之適用範圍，不包括依本法第五十五條規定採行協商措施前之採購作業。

細則第 77 條

機關依本法第五十七條規定採行協商措施時，參與協商之廠商依據協商結果重行遞送之投標文件，其有與協商無關或不受影響之項目者，該項目應不予評選，並以重行遞送前之內容為準。

細則第 78 條

機關採行協商措施，應注意下列事項：

一、列出協商廠商之待協商項目，並指明其優點、缺點、錯誤或疏漏之處。

二、擬具協商程序。

三、參與協商人數之限制。

四、慎選協商場所。

五、執行保密措施。

六、與廠商個別進行協商。

七、不得將協商廠商投標文件內容、優缺點及評分，透露於其他廠商。

八、協商應作成紀錄。

第五十八條　機關辦理採購採最低標決標時，如認為最低標廠商之總標價或部分標價偏低，顯不合理，有降低品質、不能誠信履約之虞或其他特殊情形，得限期通知該廠商提出說明或擔保。廠商未於機關通知期限內提出合理之說明或擔保者，得不決標予該廠商，並以次低標廠商為最低標廠商。

細則第 79 條

本法第五十八條所稱總標價偏低，指下列情形之一：

一、訂有底價之採購，廠商之總標價低於底價百分之八十者。

二、未訂底價之採購，廠商之總標價經評審或評選委員會認為偏低者。

三、未訂底價且未設置評審委員會或評選委員會之採購，廠商之總標價低於預算金額或預估需用金額之百分之七十者。預算案尚未經立法程序者，以預估需用金額計算之。

細則第 80 條

本法第五十八條所稱部分標價偏低，指下列情形之一：

一、該部分標價有對應之底價項目可供比較，該部分標價低於相同部分項目底價之百分之七十者。

二、廠商之部分標價經評審或評選委員會認為偏低者。

三、廠商之部分標價低於其他機關最近辦理相同採購決標價之百分之七十者。

四、廠商之部分標價低於可供參考之一般價格之百分之七十者。

細則第 81 條

廠商投標文件內記載金額之文字與號碼不符時，以文字為準。

第五十九條　廠商不得以支付他人佣金、比例金、仲介費、後謝金或其他不正利益為條件，促成採購契約之成立。

違反前項規定者，機關得終止或解除契約，並將二倍之不正利益自契約價款中扣除。未能扣除者，通知廠商限期給付之。

細則第 82 條

本法第五十九條第一項不適用於因正當商業行為所為之給付。

第六十條　機關辦理採購依第五十一條、第五十三條、第五十四條或第五十七條規定，通知廠商說明、減價、比減價格、協商、更改原報內容或重新報價，廠商未依通知期限辦理者，視同放棄。

細則第 83 條

廠商依本法第六十條規定視同放棄說明、減價、比減價格、協商、更改原報內容或重新報價，其不影響該廠商成為合於招標文件規定之廠商者，仍得以該廠商為決標對象。

依本法第六十條規定視同放棄而未決標予該廠商者，仍應發還押標金。

第六十一條　機關辦理公告金額以上採購之招標，除有特殊情形者外，應於決標後一定期間內，將決標結果之公告刊登於政府採購公報，並以書面通知各投標廠商。無法決標者，亦同。

細則第 84 條

本法第六十一條所稱特殊情形，指符合下列情形之一：

一、為商業性轉售或用於製造產品、提供服務以供轉售目的所為之採購，其決標內容涉及商業機密，經機

關首長或其授權人員核准者。

二、有本法第一百零四條第一項第二款情形者。

三、前二款以外之機密採購。

四、其他經主管機關認定者。

前項第一款決標內容涉及商業機密者，機關得不將決標內容納入決標結果之公告及對各投標廠商之書面通知。僅部分內容涉及商業機密者，其餘部分仍應公告及通知。

本法第六十一條所稱決標後一定期間，為自決標日起三十日。

依本法第六十一條規定未將決標結果之公告刊登於政府採購公報，或僅刊登一部分者，機關仍應將完整之決標資料傳送至主管機關指定之電腦資料庫，或依本法第六十二條規定定期彙送主管機關。

細則第 85 條

機關依本法第六十一條規定將決標結果以書面通知各投標廠商者，其通知應包括下列事項：

一、有案號者，其案號。

二、決標標的之名稱及數量摘要。

三、得標廠商名稱。

四、決標金額。

五、決標日期。

無法決標者，機關應以書面通知各投標廠商無法決標之理由。

第六十二條 機關辦理採購之決標資料，應定期彙送主管機關。

細則第 86 條

本法第六十二條規定之決標資料，機關應利用電腦蒐集程式傳送至主管機關指定之電腦資料庫。

決標結果已依本法第六十一條規定於一定期間內將決標金額傳送至主管機關指定之電腦資料庫者，得免再行傳送。

第四章　履約管理

第六十三條 各類採購契約以採用主管機關訂定之範本為原則，其要項及內容由主管機關參考國際及國內慣例定之。

採購契約應訂明一方執行錯誤、不實或管理不善，致他方遭受損害之責任。

第六十四條 採購契約得訂明因政策變更，廠商依契約繼續履行反而不符公共利益者，機關得報經上級機關核准，終止或解除部分或全部契約，並補償廠商因此所生之損失。

第六十五條 得標廠商應自行履行工程、勞務契約，不得轉包。

前項所稱轉包，指將原契約中應自行履行之全部或其主要部分，由其他廠商代為履行。

廠商履行財物契約，其需經一定履約過程，非以現成財物供應者，準用前二項規定。

細則第 87 條

本法第六十五條第二項所稱主要部分，指下列情形之一：
一、招標文件標示為主要部分者。
二、招標文件標示或依其他法規規定應由得標廠商自行
　　履行之部分。

第六十六條　得標廠商違反前條規定轉包其他廠商時，機關得解除契約、
終止契約或沒收保證金，並得要求損害賠償。
前項轉包廠對機關負連帶履行及賠償責任。再轉包者，亦同。

細則第 88 條　　（刪除）

第六十七條　得標廠商得將採購分包予其他廠商。稱分包者，謂非轉包而
將契約之部分由其他廠商代為履行。
分包契約報備於採購機關，並經得標廠商就分包部分設定權
利質權予分包廠商者，民法第五百十三條之抵押權及第八百
十六條因添附而生之請求權，及於得標廠商對於機關之價金
或報酬請求權。
前項情形，分包廠商就其分包部分，與得標廠商連帶負瑕疵
擔保責任。

細則第 89 條
機關得視需要於招標文件中訂明得標廠商應將專業部分或達
一定數量或金額之分包情形送機關備查。

第六十八條　得標廠商就採購契約對於機關之價金或報酬請求權，其全部
或一部得為權利質權之標的。

第六十九條　（刪除）

第七十條　機關辦理工程採購，應明訂廠商執行品質管理、環境保護、
施工安全衛生之責任，並對重點項目訂定檢查程序及檢驗標
準。機關於廠商履約過程，得辦理分段查驗，其結果並得供
驗收之用。
中央及直轄市、縣（市）政府應成立工程施工查核小組，定
期查核所屬（轄）機關工程品質及進度等事宜。
工程施工查核小組之組織準則，由主管機關擬訂，報請行政
院核定後發布之。其作業辦法，由主管機關定之。
財物或勞務採購需經一定履約過程，而非以現成財物或勞務
供應者，準用第一項及第二項之規定。

第七十一條之一　機關辦理工程規劃、設計，應依工程規模及特性，分析
潛在施工危險，編製符合職業安全衛生法規之安全衛生
圖說及規範，並量化編列安全衛生費用。
機關辦理工程採購，應將前項設計成果納入招標文件，
並於招標文件規定廠商須依職業安全衛生法規，採取必
要之預防設備或措施，實施安全衛生管理及訓練，使勞
工免於發生職業災害，以確保施工安全。
廠商施工場所依法令或契約應有之安全衛生設施欠缺或

不良，致發生職業災害者，除應受職業安全衛生相關法令處罰外，機關應依本法及契約規定處置。

第五章　驗收

第七十一條　機關辦理工程、財物採購，應限期辦理驗收，並得辦理部分驗收。

驗收時應由機關首長或其授權人驗，通知接管單位或使用單位會驗。

機關承辦採購單位之人員不得為所辦採購之主驗人或樣品及材料之檢驗人。

前三項之規定，於勞務採購準用之。

細則第 90 條

機關依本法第七十一條第一項規定辦理下列工程、財物採購之驗收，得由承辦採購單位備具書面憑證採書面驗收，免辦理現場查驗：

一、公用事業依一定費率所供應之財物。

二、即買即用或自供應至使用之期間甚為短暫，現場查驗有困難者。

三、小額採購。

四、分批或部分驗收，其驗收金額不逾公告金額十分之一。

五、經政府機關或公正第三人查驗，並有相關品質或數量之證明文書者。

六、其他經主管機關認定者。

前項第四款情形於各批或全部驗收完成後，應將各批或全部驗收結果彙總填具結算驗收證明書。

細則第 90 條之 1

勞務驗收，得以書面或召開審查會方式辦理；其書面驗收文件或審查會紀錄，得視為驗收紀錄。

細則第 91 條

機關辦理驗收人員之分工如下：

一、主驗人員：主持驗收程序，抽查驗核廠商履約結果有無與契約、圖說或貨樣規定不符，並決定不符時之處置。

二、會驗人員：會同抽查驗核廠商履約結果有無與契約、圖說或貨樣規定不符，並會同決定不符時之處置。但採購事項單純者得免之。

三、協驗人員：協助辦理驗收有關作業。但採購事項單純者得免之。

會驗人員，為接管或使用機關（單位）人員。

協驗人員，為設計、監造、承辦採購單位人員或機關委託之專業人員或機構人員。

法令或契約載有驗收時應辦理丈量、檢驗或試驗之方法、程

序或標準者，應依其規定辦理。

有監驗人員者，其工作事項為監視驗收程序。

細則第 92 條

廠商應於工程預定竣工日前或竣工當日，將竣工日期書面通知監造單位及機關。除契約另有規定者外，機關應於收到該書面通知之日起七日內會同監造單位及廠商，依據契約、圖說或貨樣核對竣工之項目及數量，確定是否竣工；廠商未依機關通知派代表參加者，仍得予確定。

工程竣工後，除契約另有規定者外，監造單位應於竣工後七日內，將竣工圖表、工程結算明細表及契約規定之其他資料，送請機關審核。有初驗程序者，機關應於收受全部資料之日起三十日內辦理初驗，並作成初驗紀錄。

財物或勞務採購有初驗程序者，準用前二項規定。

細則第 93 條

採購之驗收，有初驗程序者，初驗合格後，除契約另有規定者外，機關應於二十日內辦理驗收，並作成驗收紀錄。

細則第 94 條

採購之驗收，無初驗程序者，除契約另有規定者外，機關應於接獲廠商通知備驗或可得驗收之程序完成後三十日內辦理驗收，並作成驗收紀錄。

細則第 95 條

前三條所定期限，其有特殊情形必須延期者，應經機關首長或其授權人員核准。

第七十二條

機關辦理驗收時應製作紀錄，由參加人員會同簽認。驗收結果與契約、圖說、貨樣規定不符者，應通知廠商限期改善、拆除、重作、退貨或換貨。其驗收結果不符部分非屬重要，而其他部分能先行使用，並經機關檢討認為確有先行使用之必要者，得經機關首長或其授權人員核准，就其他部分辦理驗收並支付部分價金。

驗收結果與規定不符，而不妨礙安全及使用需求，亦無減少通常效用或契約預定效用，經機關檢討不必拆換或拆換確有困難者，得於必要時減價收受。其在查核金額以上之採購，應先報經上級機關核准；未達查核金額之採購，應經機關首長或其授權人員核准。

驗收人對工程、財物隱蔽部分，於必要時得拆驗或化驗。

細則第 96 條

機關依本法第七十二條第一項規定製作驗收之紀錄，應記載下列事項，由辦理驗收人員會同簽認。有監驗人員或有廠商代表參加者，亦應會同簽認：

一、有案號者，其案號。

二、驗收標的之名稱及數量。

三、廠商名稱。

四、履約期限。

五、完成履約日期。

六、驗收日期。

七、驗收結果。

八、驗收結果與契約、圖說、貨樣規定不符者，其情形。

九、其他必要事項。

機關辦理驗收，廠商未依通知派代表參加者，仍得為之。驗收前之檢查、檢驗、查驗或初驗，亦同。

細則第 97 條

機關依本法第七十二條第一項通知廠商限期改善、拆除、重作或換貨，廠商於期限內完成者，機關應再行辦理驗收。

前項限期，契約未規定者，由主驗人定之。

細則第 98 條

機關依本法第七十二條第一項辦理部分驗收，其所支付之部分價金，以支付該部分驗收項目者為限，並得視不符部分之情形酌予保留。

機關依本法第七十二條第二項辦理減價收受，其減價計算方式，依契約規定。契約未規定者，得就不符項目，依契約價金、市價、額外費用、所受損害或懲罰性違約金等，計算減價金額。

細則第 99 條

機關辦理採購，有部分先行使用之必要或已履約之部分有減損滅失之虞者，應先就該部分辦理驗收或分段查驗供驗收之用，並得就該部分支付價金及起算保固期間。

細則第 100 條

驗收人對工程或財物隱蔽部分拆驗或化驗者，其拆除、修復或化驗費用之負擔，依契約規定。契約未規定者，拆驗或化驗結果與契約規定不符，該費用由廠商負擔；與規定相符者，該費用由機關負擔。

第七十三條　工程、財物採購經驗收完畢後，應由驗收及監驗人員於結算驗收證明書上分別簽認。

前項規定，於勞務驗收準用之。

細則第 101 條

公告金額以上之工程或財物採購，除符合第九十條第一項第一款或其他經主管機關認定之情形者外，應填具結算驗收證明書或其他類似文件。未達公告金額之工程或財物採購，得由機關視需要填具之。

前項結算驗收證明書或其他類似文件，機關應於驗收完畢後十五日內填具，並經主驗及監驗人員分別簽認。但有特殊情形必須延期，經機關首長或其授權人員核准者，不在此限。

第七十三條之一　機關辦理工程採購之付款及審核程序，除契約另有約定外，應依下列規定辦理：

一、　定期估驗或分階段付款者，機關應於廠商提出估驗

或階段完成之證明文件後，十五日內完成審核程序，
　　　並於接到廠商提出之請款單據後，十五日內付款。

二、　驗收付款者，機關應於驗收合格後，填具結算驗收
　　　證明文件，並於接到廠商請款單據後，十五日內付
　　　款。

三、　前二款付款期限，應向上級機關申請核撥補助款者，
　　　為三十日。

前項各款所稱日數，係指實際工作日，不包括例假日、
特定假日及退請受款人補正之日數。

機關辦理付款及審核程序，如發現廠商有文件不符、不
足或有疑義而需補正或澄清者，應一次通知澄清或補正，
不得分次辦理。

財物及勞務採購之付款及審核程序，準用前三項之規定。

第六章　爭議處理

第七十四條　廠商與機關間關於招標、審標、決標之爭議，得依本章規定
　　　　　　提出異議及申訴。

第七十五條　廠商對於機關辦理採購，認為違反法令或我國所締結之條約、
　　　　　　協定（以下合稱法令），致損害其權利或利益者，得於下列期
　　　　　　限，以書面向招標機關提出異議：

一、　對招標文件規定提出異議者，為自公告或邀標之次日起
　　　等標期之四分之一，其尾數不足一日者，以一日計。但
　　　不得少於十日。

二、　對招標文件規定之釋疑、後續說明、變更或補充提出異
　　　議者，為接獲機關通知或機關公告之次日起十日。

三、　對採購之過程、結果提出異議者，為接獲機關通知或機
　　　關公告之次日起十日。其過程或結果未經通知或公告者，
　　　為知悉或可得而知悉之次日起十日。但至遲不得逾決標
　　　日之次日起十五日。

招標機關應自收受異議之次日起十五日內為適當之處理，並
將處理結果以書面通知提出異議之廠商。其處理結果涉及變
更或補充招標文件內容者，除選擇性招標之規格標與價格標
及限制性招標應以書面通知各廠商外，應另行公告，並視需
要延長等標期。

細則第 102 條

廠商依本法第七十五條第一項規定以書面向招標機關提出異
議，應以中文書面載明下列事項，由廠商簽名或蓋章提出於
招標機關。其附有外文資料者，應就異議有關之部分備具中
文譯本。但招標機關得視需要通知其檢具其他部分之中文譯

本：

一、廠商之名稱、地址、電話及負責人之姓名。

二、有代理人者，其姓名、性別、出生年月日、職業、電話及住所或居所。

三、異議之事實及理由。

四、受理異議之機關。

五、年、月、日。

前項廠商在我國無住所、事務所或營業所者，應委任在我國有住所、事務所或營業所之代理人為之。

異議不合前二項規定者，招標機關得不予受理。但其情形可補正者，應定期間命其補正；逾期不補正者，不予受理。

細則第 103 條

機關處理異議，得通知提出異議之廠商到指定場所陳述意見。

細則第 104 條

本法第七十五條第一項第二款及第三款所定期限之計算，其經機關通知及公告者，廠商接獲通知之日與機關公告之日不同時，以日期在後者起算。

細則第 104 條之 1

異議及申訴之提起，分別以受理異議之招標機關及受理申訴之採購申訴審議委員會收受書狀之日期為準。

廠商誤向非管轄之機關提出異議或申訴者，以該機關收受之日，視為提起之日。

細則第 105 條

異議逾越法定期間者，應不予受理，並以書面通知提出異議之廠商。

細則第 105 條之 1

招標機關處理異議為不受理之決定時，仍得評估其事由，於認其異議有理由時，自行撤銷或變更原處理結果或暫停採購程序之進行。

第七十六條　廠商對於公告金額以上採購異議之處理結果不服，或招標機關逾前條第二項所定期限不為處理者，得於收受異議處理結果或期限屆滿之次日起十五日內，依其屬中央機關或地方機關辦理之採購，以書面分別向主管機關、直轄市或縣(市)政府所設之採購申訴審議委員會申訴。地方政府未設採購申訴審議委員會者，得委請中央主管機關處理。

廠商誤向該管採購申訴審議委員會以外之機關申訴者，以該機關收受之日，視為提起申訴之日。

第二項收受申訴書之機關應於收受之次日起三日內將申訴書移送於該管採購申訴審議委員會，並通知申訴廠商。

爭議屬第三十一條規定不予發還或追繳押標金者，不受第一項公告金額以上之限制。

第七十七條　申訴應具申訴書，載明下列事項，由申訴廠商簽名或蓋章：

一、　申訴廠商之名稱、地址、電話及負責人之姓名、性別、
　　　出生年月日、住所或居所。

二、　原受理異議之機關。

三、　申訴之事實及理由。

四、　證據。

五、　年、月、日。

申訴得委任代理人為之，代理人應檢附委任書並載明其姓名、
性別、出生年月日、職業、電話、住所或居所。

民事訴訟法第七十條規定，於前項情形準用之。

第七十八條　廠商提出申訴，應同時繕具副本送招標機關。機關應自收受
　　　　　　申訴書副本之次日起十日內，以書面向該管採購申訴審議委
　　　　　　員會陳述意見。

　　　　　　採購申訴審議委員會應於收受申訴書之次日起四十日內完成
　　　　　　審議，並將判斷以書面通知廠商及機關。必要時得延長四十
　　　　　　日。

第七十九條　申訴逾越法定期間或不合法定程式者，不予受理。但其情形
　　　　　　可以補正者，應定期間命其補正；逾期不補正者，不予受理。

第八十條　　採購申訴得僅就書面審議之。

　　　　　　採購申訴審議委員會得依職權或申請，通知申訴廠商、機關
　　　　　　到指定場所陳述意見。

　　　　　　採購申訴審議委員會於審議時，得囑託具專門知識經驗之機
　　　　　　關、學校、團體或人員鑑定，並得通知相關人士說明或請機
　　　　　　關、廠商提供相關文件、資料。

　　　　　　採購申訴審議委員會辦理審議，得先行向廠商收取審議費、
　　　　　　鑑定費及其他必要之費用；其收費標準及繳納方式，由主管
　　　　　　機關定之。

　　　　　　採購申訴審議規則，由主管機關擬定，報請行政院核定後發
　　　　　　布之。

第八十一條　申訴提出後，廠商得於審議判斷送達前撤回之。申訴經撤回
　　　　　　後，不得再行提出同一之申訴。

第八十二條　採購申訴 議判斷，應以書面附事實及理由，指明招標機關原
　　　　　　採購行為有無違反法令之處；其有違反者，並得建議招標機
　　　　　　關處置之方式。

　　　　　　採購申訴審議委員會於完成審議前，必要時得通知招標機關
　　　　　　暫停採購程序。

　　　　　　採購申訴審議委 議或前項之通知員會為第一項之通知時，應
　　　　　　考量公共利益、相關廠商利益及其他有關情況。

第八十三條　審議判斷，視同訴願決定。

第八十四條　廠商提出異議或申訴者，招標機關評估其事由，認其異議或
　　　　　　申訴有理由者，應自行撤銷、變更原處理結果，或暫停採購

程序之進行。但為應緊急情況或公共利益之必要，或其事由無影響採購之虞者，不在此限。

依廠商之申訴，而為前項之處理者，招標機關應將其結果即時通知該管採購申訴審議委員會。

第八十五條　審議判斷指明原採購行為違反法令者，招標機關應自收受審議判斷書之次日起二十日內另為適法之處置；期限屆滿未處置者，廠商得自期限屆滿之次日起十五日內向採購申訴審議委員會申訴。

採購申訴審議委員會於審議判斷中建議招標機關處置方式，而招標機關不依建議辦理者，應於收受判斷之次日起十五日內報請上級機關核定，並由上級機關於收受之次日起十五日內，以書面向採購申訴審議委員會及廠商說明理由。

審議判斷指明原採購行為違反法令，廠商得向招標機關請求償付其準備投標、異議及申訴所支出之必要費用。

細則第 106 條　　（刪除）

第八十五條之一　機關與廠商因履約爭議未能達成協議者，得以下列方式之一處理：

一、向採購申訴審議委員會申請調解。

二、向仲裁機構提付仲裁。

前項調解屬廠商申請者，機關不得拒絕。工程及技術服務採購之調解，採購申訴審議委員會應提出調解建議或調解方案；其因機關不同意致調解不成立者，廠商提付仲裁，機關不得拒絕。

採購申訴審議委員會辦理調解之程序及其效力，除本法有特別規定者外，準用民事訴訟法有關調解之規定。

履約爭議調解規則，由主管機關擬訂，報請行政院核定後發布之。

第八十五條之二　申請調解，應繳納調解費、鑑定費及其他必要之費用；其收標準、繳納方式及數額之負擔，由主管機關定之。

第八十五條之三　調解經當事人合意而成立；當事人不能合意者，調解不成立。

調解過程中，調解委員得依職權以採購申訴審議委員會名義提出書面調解建議；機關不同意該建議者，應先報請上級機關核定，並以書面向採購申訴審議委員會及廠商說明理由。

第八十五條之四　履約爭議之調解，當事人不能合意但已甚接近者，採購申訴審議委員會應斟酌一切情形，並徵詢調解委員之意見，求兩造利益之平衡，於不違反兩造當事人之主要意思範圍內，以職權提出調解方案。

當事人或參加調解之利害關係人對於前項方案，得於送

達之次日起十日內，向採購申訴審議委員會提出異議。

於前項期間內提出異議者，視為調解不成立；其未於前項期間內提出異議者，視為已依該方案調解成立。

機關依前項規定提出異議者，準用前條第二項之規定。

第八十六條　主管機關及直轄市、縣(市)政府為處理中央及地方機關採購之廠商申訴及機關與廠商間之履約爭議調解，分別設採購申訴審議委員會；置委員七人至三十五人，由主管機關及直轄市、縣(市)政府聘請具有法律或採購相關專門知識之公正人士擔任，其中三人並得由主管機關及直轄市、縣(市)政府高級人員派兼之。但派兼人數不得超過全體委員人數五分之一。

採購申訴審議委員會應公正行使職權。採購申訴審議委員會組織準則，由主管機關擬訂，報請行政院核定後發布之。

第七章　罰則

第八十七條　意圖使廠商不為投標、違反其本意投標，或使得標廠商放棄得標、得標後轉包或分包，而施強暴、脅迫、藥劑或催眠術者，處一年以上七年以下有期徒刑，得併科新臺幣三百萬元以下罰金。

犯前項之罪，因而致人於死者，處無期徒刑或七年以上有期徒刑；致重傷者，處三年以上十年以下有期徒刑，各得併科新臺幣三百萬元以下罰金。

以詐術或其他非法之方法，使廠商無法投標或開標發生不正確結果者，處五年以下有期徒刑，得併科新臺幣一百萬元以下罰金。

意圖影響決標價格或獲取不當利益，而以契約、協議或其他方式之合意，使廠商不為投標或不為價格之競爭者，處六月以上五年以下有期徒刑，得併科新臺幣一百萬元以下罰金。

意圖影響採購結果或獲取不當利益，而借用他人名義或證件投標者，處三年以下有期徒刑，得併科新臺幣一百萬元以下罰金。容許他人借用本人名義或證件參加投標者，亦同。

第一項、第三項及第四項之未遂犯罰之。

第八十八條　受機關委託提供採購規劃、設計、審查、監造、專案管理或代辦採購廠商之人員，意圖為私人不法之利益，對技術、工法、材料、設備或規格，為違反法令之限制或審查，因而獲得利益者，處一年以上七年以下有期徒刑，得併科新臺幣三百萬元以下罰金。其意圖為私人不法之利益，對廠商或分包廠商之資格為違反法令之限制或審查，因而獲得利益者，亦同。

前項之未遂犯罰之。

第八十九條　受機關委託提供採購規劃、設計或專案管理或代辦採購廠商之人員，意圖為私人不法之利益，洩漏或交付關於採購應秘密之文書、圖畫、消息、物品或其他資訊，因而獲得利益者，處五年以下有期徒刑、拘役或科或併科新臺幣一百萬元以下罰金。
前項之未遂犯罰之。

第九十條　意圖使機關規劃、設計、承辦、監辦採購人員或受機關委託提供採購規劃、設計或專案管理或代辦採購廠商之人員，就與採購有關事項，不為決定或為違反其本意之決定，而施強暴、脅迫者，處一年以上七年以下有期徒刑，得併科新臺幣三百萬元以下罰金。
犯前項之罪，因而致人於死者，處無期徒刑或七年以上有期徒刑；致重傷者，處三年以上十年以下有期徒刑，各得併科新臺幣三百萬元以下罰金。
第一項之未遂犯罰之。

第九十一條　圖使機關規劃、設計、承辦、監辦採購人員或受機關委託提供採購規劃、設計或專案管理或代辦採購廠商之人員，洩漏或交付關於採購應秘密之文書、圖畫、消息、物品或其他資訊，而施強暴、脅迫者，處五年以下有期徒刑，得併科新臺幣一百萬元以下罰金。
併科新臺幣一百萬元以下罰金。
第一項之未遂犯罰之。

第九十二條　廠商之代表人、代理人、受雇人或其他從業人員，因執行業務犯本法之罪者，除依該條規定處罰其行為人外，對該廠商亦科以該條之罰金。

第八章　附則

第九十三條　各機關得就具有共通需求特性之財物或勞務，與廠商簽訂共同供應契約。
共同供應契約之採購，其招標文件與契約應記載之事項、適用機關及其他相關事項之辦法，由主管機關另定之。

第九十三條之一　機關辦理採購，得以電子化方式為之，其電子化資料並視同正式文件，得免另備書面文件。
前項以電子化方式採購之招標、領標、投標、開標、決標及費用收支作業辦法，由主管機關定之。

第九十四條　機關辦理評選，應成立五人以上之評選委員會，專家學者人數不得少於三分之一，其名單由主管機關會同教育部、考選部及其他相關機關建議之。

前項所稱專家學者，不得為政府機關之現職人員。

評選委員會組織準則及審議規則，由主管機關定之。

第九十五條　機關辦理採購宜由採購專業人員為之。但一定金額之採購，應由採購專業人員為之。

前項採購專業人員之資格、考試、訓練、發證、管理辦法及一定金額，由主管機關會商相關機關定之。

第九十六條　機關得於招標文件中，規定優先採購取得政府認可之環境保護標章使用許可，而其效能相同或相似之產品，並得允許百分之十以下之價差。產品或其原料之製造、使用過程及廢棄物處理，符合再生材質、可回收、低污染或省能源者，亦同。

其他增加社會利益或減少社會成本，而效能相同或相似之產品，準用前項之規定。

前二項產品之種類、範圍及實施辦法，由主管機關會同行政院環境保護署及相關目的事業主管機關定之。

第九十七條　主管機關得參酌相關法令定採取措施，扶助中小企業承包或分包一定金額比例以上之政府採購。

前項扶助辦法，由主管機關定之。

第九十八條　得標廠商其於國內員工總人數逾一百人者，應於履約期間僱用身心障礙者及原住民，人數不得低於總人數百分之二，僱用不足者，除應繳納代金，並不得僱用外籍勞工取代僱用不足額部分。

細則第 107 條

本法第九十八條所稱國內員工總人數，依身心障礙者權益保障法第三十八條第三項規定辦理，並以投保單位為計算基準；所稱履約期間，自訂約日起至廠商完成履約事項之日止。但下列情形，應另計之：

一、訂有開始履約日或開工日者，自該日起算。兼有該二日者，以日期在後者起算。

二、因機關通知全面暫停履約之期間，不予計入。

三、一定期間內履約而日期未預先確定，依機關通知再行履約者，依實際履約日數計算。

依本法第九十八條計算得標廠商於履約期間應僱用之身心障礙者及原住民之人數時，各應達國內員工總人數百分之一，並均以整數為計算標準，未達整數部分不予計入。

細則第 108 條

得標廠商僱用身心障礙者及原住民之人數不足前條第二項規定者，應於每月十日前依僱用人數不足之情形，分別向所在地之直轄市或縣(市)勞工主管機關設立之身心障礙者就業基金專戶及原住民中央主管機關設立之原住民族就業基金專戶，繳納上月之代金。

前項代金之金額，依差額人數乘以每月基本工資計算；不足

一月者，每日以每月基本工資除以三十計。

第九十九條 機關辦理政府規劃或核准之交通、能源、環保、旅遊等建設，經目的事業主管機關核准開放廠商投資興建、營運者，其甄選投資廠商之程序，除其他法律另有規定者外，適用本法之規定。

細則第 109 條

機關依本法第九十九條規定甄選投資興建、營運之廠商，其係以廠商承諾給付機關價金為決標原則者，得於招標 文件規定以合於招標文件規定之下列廠商為得標廠商：

一、訂有底價者，在底價以上之最高標廠商。

二、未訂底價者，標價合理之最高標廠商。

三、以最有利標決標者，經機關首長或評選委員會過半數之決定所評定之最有利標廠商。

四、採用複數決標者，合於最高標或最有利標之競標精神者。

機關辦理採購，招標文件規定廠商報價金額包括機關支出及收入金額，或以使用機關財物或權利為對價而無其他支出金額，其以廠商承諾給付機關價金為決標原則者，準用前項規定。

第一百條 主管機關、上級機關及主計機關得隨時查核各機關採購進度、存貨或其使用狀況，亦得命其提出報告。

機關多餘不用之堪用財物，得無償讓與其他政府機關或公立學校。

第一百零一條 機關辦理採購，發現廠商有下列情形之一，應將其事實、理由及依第一百零三條第一項所定期間通知廠商，並附記如未提出異議者，將刊登政府採購公報：

一、容許他人借用本人名義或證件參加投標者。

二、借用或冒用他人名義或證件投標者。

三、擅自減省工料，情節重大者。

四、以虛偽不實之文件投標、訂約或履約，情節重大者。

五、受停業處分期間仍參加投標者。

六、犯第八十七條至第九十二條之罪，經第一審為有罪判決者。

七、得標後無正當理由而不訂約者。

八、查驗或驗收不合格，情節重大者。

九、驗收後不履行保固責任，情節重大者。

十、因可歸責於廠商之事由，致延誤履約期限，情節重大者。

十一、違反第六十五條規定轉包者。

十二、因可歸責於廠商之事由，致解除或終止契約，情節重大者。

十三、　破產程序中之廠商。

十四、　歧視性別、原住民、身心障礙或弱勢團體人士，情節重大者。

十五、　對採購有關人員行求、期約或交付不正利益者。

廠商之履約連帶保證廠商經機關通知履行連帶保證責任者，適用前項規定。

機關為第一項通知前，應給予廠商口頭或書面陳述意見之機會，機關並應成立採購工作及審查小組認定廠商是否該當第一項各款情形之一。

機關審酌第一項所定情節重大，應考量機關所受損害之輕重、廠商可歸責之程度、廠商之實際補救或賠償措施等情形。

細則第 109 條之 1

機關依本法第一百零一條第三項規定給予廠商陳述意見之機會，應以書面告知，廠商於送達之次日起十日內，以書面或口頭向機關陳述意見。

廠商依本法第一百零一條第三項規定以口頭方式向機關陳述意見時，應至機關指定場所陳述，機關應以文字、錄音或錄影等方式記錄。

機關依本法第一百零一條第一項規定將其事實、理由及依第一百零三條第一項所定期間通知廠商時，應附記廠商如認為機關所為之通知違反本法或不實者，得於接獲通知之次日起二十日內，以書面向招標機關提出異議；未提出異議者，將刊登政府採購公報。

機關依本法第一百零二條規定將異議處理結果以書面通知提出異議之廠商時，應附記廠商如對該處理結果不服，得於收受異議處理結果之次日起十五日內，以書面向採購申訴審議委員會提出申訴。

細則第 110 條

廠商有本法第一百零一條第一項第六款之情形，經判決無罪確定者，自判決確定之日起，得參加投標及作為決標對象或分包廠商。

細則第 111 條　　（刪除）

細則第 112 條　　（刪除）

第一百零二條　廠商對於機關依前條所為之通知，認為違反本法或不實者，得於接獲通知之次日起二十日內，以書面向該機關提出異議。

廠商對前項異議之處理結果不服，或機關逾收受異議之次日起十五日內不為處理者，無論該案件是否逾公告金額，得於收受異議處理結果或期限屆滿之次日起十五日內，以書面向該管採購申訴審議委員會申訴。

機關依前條通知廠商後，廠商未於規定期限內提出異議或申訴，或經提出申訴結果不予受理或審議結果指明不違反本法或並無不實者，機關應即將廠商名稱及相關情形刊登政府採

購公報。

第一項及第二項關於異議及申訴之處理，準用第六章之規定。

第一百零三條 依前條第三項規定刊登於政府採購公報之廠商，於下列期間內，不得參加投標或作為決標對象或分包廠商：

一、有第一百零一條第一項第一款至第五款、第十五款情形或第六款判處有期徒刑者，自刊登之次日起三年。但經判決撤銷原處分或無罪確定者，應註銷之。

二、有第一百零一條第一項第十三款、第十四款情形或第六款判處拘役、罰金或緩刑者，自刊登之次日起一年。但經判決撤銷原處分或無罪確定者，應註銷之。

三、有第一百零一條第一項第七款至第十二款情形者，於通知日起前五年內未被任一機關刊登者，自刊登之次日起三個月；已被任一機關刊登一次者，自刊登之次日起六個月；已被任一機關刊登累計二次以上者，自刊登之次日起一年。但經判決撤銷原處分者，應註銷之。

機關因特殊需要，而有向前項廠商採購之必要，經上級機關核准者，不適用前項規定。

本法中華民國一百零八年四月三十日修正之條文施行前，已依第一百零一條第一項規定通知，但處分尚未確定者，適用修正後之規定。

細則第 112 條之 1

本法第一百零三條第一項第三款所定通知日，為機關通知廠商有本法第一百零一條第一項各款情形之一之發文日期。

本法第一百零三條第二項所稱特殊需要，指符合下列情形之一，且基於公共利益考量確有必要者：

一、有本法第二十二條第一項第一款、第二款、第四款或第六款情形之一者。

二、依本法第五十三條或第五十四條規定辦理減價結果，廢標二次以上，且未調高底價或建議減價金額者。

三、依本法第一百零五條第一項第一款或第二款辦理者

四、其他經主管機關認定者。

第一百零四條 軍事機關之採購，應依本法之規定辦理。但武器、彈藥、作戰物資或與國家安全或國防目的有關之採購，而有下列情形者，不在此限。

一、因應國家面臨戰爭、戰備動員或發生戰爭者，得不適用本法之規定。

二、機密或極機密之採購，得不適用第二十七條、第四十五條及第六十一條之規定。

三、確因時效緊急，有危及重大戰備任務之虞者，得不

適用第二十六條、第二十八條及第三十六條之規定。

四、　以議價方式辦理之採購，得不適用第二十六條第三項本文之規定。

前項採購之適用範圍及其處理辦法，由主管機關會同國防部定之，並送立法院審議。

第一百零五條　機關辦理下列採購，得不適用本法招標、決標之規定。

一、　國家遇有戰爭、天然災害、癘疫或財政經濟上有重大變故，需緊急處置之採購事項。

二、　人民之生命、身體、健康、財產遭遇緊急危難，需緊急處置之採購事項。

三、　公務機關間財物或勞務之取得，經雙方直屬上級機關核准者。

四、　依條約或協定向國際組織、外國政府或其授權機構辦理之採購，其招標、決標另有特別規定者。

前項之採購，有另定處理辦法予以規範之必要者，其辦法由主管機關定之。

第一百零六條　駐國外機構辦理或受託辦理之採購，因應駐在地國情或實地作業限制，且不違背我國締結之條約或協定者，得不適用下列各款規定。但第二款至第四款之事項，應於招標文件中明定其處理方式。

一、　第二十七條刊登政府採購公報。

二、　第三十條押標金及保證金。

三、　第五十三條第一項及第五十四條第一項優先減價及比減價格規定。

四、　第六章異議及申訴。

前項採購屬查核金額以上者，事後應敘明原由，檢附相關文件送上級機關備查。

第一百零七條　機關辦理採購之文件，除依會計法或其他法律規定保存者外，應另備具一份，保存於主管機關指定之場所。

　　細則第 112 條之 2

本法第一百零七條所稱採購之文件，指採購案件自機關開始計劃至廠商完成契約責任期間所產生之各類文字或非文字紀錄資料及其附件。

第一百零八條　中央及直轄市、縣(市)政府應成立採購稽核小組，稽核監督採購事宜。

前項稽核小組之組　則及作業規則，由主管機關擬訂，報請行政院核定後發布之。

第一百零九條　機關辦理採購，審計機關得隨時稽察之。

第一百一十條　主計官、審計官或檢察官就採購事件，得為機關提起訴訟、參加訴訟或上訴。

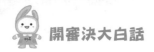

第一百一十一條　機關辦理巨額採購，應於使用期間內，逐年向主管機關提報使用情形及其效益分析。主管機關並得派員查核之。

主管機關每年應對已完成之重大採購事件，作出效益評估；除應秘密者外，應刊登於政府採購公報。

第一百一十二條　主管機關應訂定採購人員倫理準則

第一百一十三條　本法施行細則，由主管機關定之。

第一百一十四條　本法自公布後一年施行。

本法修正條文（包括中華民國九十年一月十日修正公布之第七條）自公布日施行。

細則第 113 條

本細則自中華民國八十八年五月二十七日施行。

本細則修正條文自發布日施行。

附錄 2
依政府採購法
第五十八條
處理總標價

依政府採購法第58條處理總標價
低於底價80%案件之執行程序

工程會100年8月22日工程企字第10000261094號函修正發布

項次	最低標廠商總標價態樣	機關執行程序
一	合於招標文件規定之最低標廠商(以下簡稱最低標),其總標價在底價以下,但未低於底價之80%,該最低標主動表示標價錯誤,要求不決標予該廠商或不接受決標、拒不簽約。	無政府採購法(以下簡稱採購法)第58條之適用。不接受該最低標要求,照價決標。如最低標不接受決標或拒不簽約,依採購法第101條、第102條,並得依其施行細則第58條第2項規定處理。如有押標金,依招標文件之規定不予發還。
二	最低標之總標價低於底價之80%,機關認為該總標價無顯不合理,無降低品質、不能誠信履約之虞或其他特殊情形。	無需通知最低標提出說明及差額保證金,照價決標予最低標。最低標如不接受決標或拒不簽約,處理方式同第1項。
三	同前。但該最低標主動表示標價錯誤,要求不決標予該廠商或不接受決標、拒不簽約。	無需通知最低標提出說明及差額保證金,不接受最低標要求,照價決標予最低標。最低標如不接受決標或拒不簽約,處理方式同第1項。
四	最低標之總標價低於底價之80%,但在底價70%以上,機關認為顯不合理,有降低品質、不能誠信履	限期(由機關視個案特性及實際需要,訂定合理之期限)通知最低標提出說明,不得未經說明而逕行通知最低標提出擔保(即押標

394

項次	最低標廠商總標價態樣	機關執行程序
	約之虞或其他特殊情形。	金保證金暨其他擔保作業辦法第30條所稱「差額保證金」），並視情形為下列之處理： 一、最低標於機關通知期限內提出說明，機關認為該說明合理，無需通知最低標提出差額保證金，照價決標予最低標。最低標如不接受決標或拒不簽約，依採購法第101條、第102條，並得依其施行細則第58條第2項規定處理。有押標金者，依招標文件之規定不予發還。 二、最低標於機關通知期限內提出說明，機關認為該說明顯不合理，有降低品質、不能誠信履約之虞或其他特殊情形者，不通知最低標提出差額保證金，逕不決標予該最低標。該最低標表示願意提出差額保證金者，機關應予拒絕。 三、最低標於機關通知期限內提出說明，機關認為該說明尚非完全合理，但如最低標繳納差額保證金，即可避免降低品質不能誠信履約之疑慮

項次	最低標廠商總標價態樣	機關執行程序
		者，通知最低標於五日內（或較長期間內）提出差額保證金，繳妥後再行決標予該最低標。廠商提出差額保證金後如不接受決標或拒不簽約，依採購法第101條、第102條，並得依其施行細則第58條第2項規定處理。有押標金者，依招標文件之規定不予發還。 四、最低標未於機關通知期限內提出說明，或其說明尚非完全合理且未於機關通知期限內提出差額保證金者，不決標予該最低標。
五	最低標之總標價低於底價之70%，機關認為顯不合理，有降低品質、不能誠信履約之虞或其他特殊情形。	限期（由機關視個案特性及實際需要，訂定合理之期限）通知最低標提出說明，並視情形為下列之處理： 一、最低標於機關通知期限內提出說明，機關認為該說明合理，無需通知最低標提出差額保證金，照價決標予最低標。最低標如不接受決標或拒不簽約，依採購法第101條、第102條，並得依其施行細則第58條第2項規定處理。有押標金者，依招標文件

項次	最低標廠商總標價態樣	機關執行程序
		之規定不予發還。 二、最低標未於機關通知期限內提出說明，或其提出之說明經機關認為顯不合理或尚非完全合理，有降低品質、不能誠信履約之虞或其他特殊情形者，不通知最低標提出差額保證金，逕不決標予該最低標。該最低標表示願意提出差額保證金者，機關應予拒絕。

附註：

本程序之執行原則：

一、訂有底價之採購，機關如發現底價偏高造成最低標標價偏低者，不適用採購法第 58 條之規定。

二、機關通知廠商提出差額保證金前，應予提出說明之機會；廠商無自行擇定提出說明或差額保證金之權利。機關未通知廠商提出差額保證金者，縱廠商主動提出差額保證金，機關亦應拒絕。

三、機關依本程序不決標予最低標廠商，而以次低標廠商為最低標廠商，其仍有標價偏低情形者，亦適用採購法第 58 條之規定。

四、機關依本程序不決標予廠商，其有押標金者，發還之。但本程序載明不予發還者，不在此限。

五、機關限期通知廠商提出說明之事項，可包括：（1）標價為何偏低；（2）以該標價承作，為何不會有降低品質、不能誠信履約之虞或其他特殊情形，並據以作為認定廠商說明是否合理之依據。廠商提出之說明，與完成招標標的之事項無關者，

不予接受。

六、最低標未於機關通知期限內提出說明或差額保證金,或提出之說明不足採信,經機關重行評估結果,改變先前之認定,重行認為最低標之總標價無顯不合理,無降低品質、不能誠信履約之虞或其他特殊情形,照價決標予最低標。如最低標不接受決標或拒不簽約,依採購法第 101 條、第 102 條,並得依其施行細則第 58 條第 2 項規定處理。如有押標金,依招標文件之規定不予發還。

七、機關限期通知廠商提出說明,其所訂期限及認定廠商說明是否合理之程序,應迅速合理,避免最低標與其他廠商串通瓜分利益,藉不提出說明或提出不合理之說明等情形,使機關不決標予該廠商,改決標予其他標價較高廠商。

八、投標廠商之標價幣別,依招標文件規定在二種以上,其依採購法施行細則第 64 條規定折算總價以定標序供決標之用,如最低標廠商之總標價有採購法第 58 條前段情形,致未能於辦理決標作業當日完成決標程序者,製作保留決標紀錄,載明如有決標時,以保留決標日為決標日。

附錄 3
政府採購行為
錯誤態樣

政府採購行為錯誤態樣

工程會 109 年 9 月 14 日工程企字第 10901005281 號令修正發布

序號		錯誤行為態樣	依據法令
一、準備招標文件	（一）	擅改法律文字，例如：更改或增列政府採購法（以下簡稱採購法）第 31 條第 2 項、第 101 條、第 103 條之文字。	採購法第 3 條。
	（二）	漏記法規規定，例如：漏記採購法第 63 條第 2 項、第 70 條第 1 項、採購法施行細則（以下簡稱施行細則）第 38 條等應於招標文件載明之規定。	
	（三）	曲解法規規定，例如：曲解採購法第 58 條之執行程序。	
	（四）	違反法規規定，例如：對於機關之決定不得異議。	採購法第 74 條、第 75 條。
	（五）	不當增列法規所無之規定，例如於招標文件規定廠商之投標文件有下列情形之一者，為不合格標：標封封口未蓋騎縫章；投標文件未逐頁蓋章；投標文件未檢附電子領標憑據；投標文件之編排、字體大小、裝訂方式或份數與招標文件規定不符；標單未蓋與招標文件所附印模單相符之印章。	採購法第 6 條，工程會 96 年 5 月 8 日工程企字第 09600182560 號令。

序號	錯誤行為態樣	依據法令
（六）	依採購法第 22 條第 1 項第 9 款、第 10 款及第 56 條辦理評選（不論金額大小），未於開標前成立評選委員會。評選委員由代理人出席會議。	採購評選委員會組織準則第 3 條，採購評選委員會審議規則第 6 條第 1 項。
（七）	評選優勝者或評定最有利標之評審項目，除非是固定費率或公布決標價格者外，未將價格納入；或雖將價格納入，但卻單以比較入圍廠商標價之高低為評分基礎，未分析各該廠商標價相對於其他項目評分之合理性。	最有利標評選辦法。
（八）	評選優勝者或評定最有利標之評審項目不當或配分與重要性不平衡，例如：規定廠商簡報，10 分鐘之簡報，其配分即占 20%。	
（九）	招標文件中之資料錯誤，例如：數量或數據有誤；前後矛盾；引用過時或失效之資料。	行政疏失。
（十）	招標文件中之履約條款違反公平合理原則，例如：履約期限過短；逾期違約金過高。	採購法第 6 條。
（十一）	招標文件過簡，例如：未載明終止或解除契約條件、查驗或驗收條件；未載明依政府採購法令辦理。	採購法第 29 條第 3 項。

序號	錯誤行為態樣	依據法令
(十二)	未預為防範問題之發生,例如:履約期限為日曆天者未載明特定假日是否計入;未規定廠商投保必要之保險。	行政疏失。
(十三)	意圖規避法規之適用而將案件化整為零招標。	採購法第 14 條,中央機關未達公告金額採購招標辦法第 6 條。
(十四)	認定採購金額之方式錯誤,例如:分批辦理採購,未依各批合計總金額認定其採購金額;未將含有選購或後續擴充項目金額計入。	施行細則第 6 條。
(十五)	不當限制競爭,例如:限廠商代表於開標當時必須攜帶與投標文件所用相同之印鑑,否則無權出席。	採購法第 6 條、第 25 條、第 26 條、第 28 條、第 37 條等。
(十六)	製造不必要之陷阱,例如:可在標價欄位印上「整」字卻不印,而規定廠商未寫「整」字即為無效標。	
(十七)	未使用工程會之範本,致錯漏頻生。	採購法第 63 條第 1 項,採購契約要項第 1 點。
(十八)	以單價決標者,未載明預估數量或採購金額上限;標的 2 項以上未採分項決標者,未以分項單價乘以預估數量後之總和決定最低標。	施行細則第 6 條第 1 項第 5 款,第 64 條之 1。

序號		錯誤行為態樣	依據法令
	（十九）	辦理巨額採購，招標前未簽准預期使用情形、效益目標及效益分析指標、預計採購期程、開始使用日期及使用年限。	採購法第 101 條，機關提報巨額採購使用情形及效益分析作業規定第二點。
	（二十）	機關辦理巨額工程採購，未成立採購工作及審查小組，協助審查採購需求與經費、採購策略及招標文件等事項。	採購法第 11 條之 1。
二、資格限制競爭	（一）	訂定之廠商資格為「投標廠商資格與特殊或巨額採購認定標準」（以下簡稱資格標準）所無或違反或較該標準更嚴格之規定。	採購法第 36 條、第 37 條，資格標準。
	（二）	非特殊或巨額採購卻規定特定資格。	採購法第 36 條第 2 項，資格標準第 5 條。
	（三）	訂定特定資格未依該標準評估廠商家數及檢討有無限制競爭。	資格標準第 13 條。
	（四）	過當之資格，例如：乙等營造業承攬限額內之工程卻限甲等營造業方可投標。	採購法第 37 條第 1 項，資格標準第 3 條第 3 項。
	（五）	限非屬法規規定之團體之會員方可投標，例如：某協會之會員。	採購法第 37 條第 1 項，資格標準第 3 條至第 5 條。
	（六）	限公部門（政府機關、公營事業、公立學校）之實績	資格標準第 14 條。
	（七）	限國內之實績。	
	（八）	限特定地區公會之會員。	採購法第 37 條第 1 項，

序號		錯誤行為態樣	依據法令
	（二十一）	以小綁大，例如：規定重要項目之分包廠商必須具備某一特定之資格條件，而具備該資格條件之分包廠商甚少；規定投標廠商投標時須取得特定材料供應商之授權同意書。	採購法第 6 條、第 37 條。
	（二十二）	規定之資格與履約能力無關。	採購法第 37 條。
	（二十三）	限定國內廠商投標時須檢附與國外廠商技術合作之證明。（註：招標文件如未作強制規定，而係由投標廠商自行決定之合作，非屬此一情形）	採購法第 37 條第 1 項，資格標準第 3 條至第 5 條。
三、規格限制競爭	（一）	抄襲特定廠商之規格資料。	採購法第 26 條。
	（二）	超出需求或與需求無關之規格。	
	（三）	公告金額以上之採購指定特定廠牌之規格或型號或特定國家或協會之標準而未允許同等品。	採購法第 26 條，施行細則第 25 條。
	（四）	型錄須蓋代理廠商之章。	採購法第 6 條、第 26 條。
	（五）	型錄須為正本。	
	（六）	限型錄上之規格必須與招標規格一字不差。	
	（七）	不論產品大小都要有型錄，或未具體載明需要提出型錄之項目。	
	（八）	非屬必要卻限不同組件須由相同廠牌所組成。	採購法第 26 條，工程會 90 年 11 月 9 日工程企字第 90043793 號令。

序號		錯誤行為態樣	依據法令
	（九）	限取得正字標記而未允許同等品競標，或以 ISO9000 系列驗證證書作為產品規範。	採購法第 26 條，工程會 88 年 9 月 14 日工程企字第 8814260 號函釋、88 年 10 月 27 日工程企字第 8816968 號函釋。
	（十）	所標示參考之廠牌不具普遍性或競爭性，例如：同一代理商代理；雖由不同代理商代理而該等代理商間因屬家族或關係企業而不具競爭性；已不製造；參考之廠牌空有其名而無法聯絡，致生同等品爭議	採購法第 26 條，施行細則第 25 條。
	（十一）	公告金額以上之採購指定進口品。	採購法第 6 條、第 26 條。
	（十二）	公告金額以上之採購，無條約協定關係卻指定特定國家之進口品。	
	（十三）	引用已停止使用之內政部 71 台內營字第 77679 號函及 74 台內營字第 357438 號函「有關建材同等品之定義及使用時機案」之規定。	採購法第 3 條。
四、押標金保證金	（一）	違反採購法第 30 條第 2 項規定限制押標金保證金之繳納方式。	採購法第 30 條第 2 項。
	（二）	押標金金額逾規定上限。	押標金保證金暨其他擔保作業辦法（以下簡稱押保辦法）第 9 條。

序號		錯誤行為態樣	依據法令
	（三）	拒絕接受未載明受款人之銀行支票。	押保辦法第7條第1項。
	（四）	未規定廠商以現金繳納押標金者，應於截止投標期限前繳納至機關指定之收受處所或帳戶。	押保辦法第6條第1項。
	（五）	截止投標期限後允許廠商補繳納押標金。	
	（六）	未依採購法第31條第2項規定不發還及追繳押標金。	採購法第31條第2項，工程會108年9月16日工程企字第1080100733號令。
五、決定招標方式	（一）	公告金額以上之工程採購，涉及營造或土木包工業者，採選擇性招標建立一合格廠商名單用於所有不同性質之工程案。	採購法第6條，工程會89年1月19日工程企字第88022422號函釋例及103年10月20日工程企字第10300366250號函釋例。
	（二）	自創法規所無之招標方式，例如：以公開招標方式評選優勝廠商議價；以公開評選方式評選廠商後辦理比價。	採購法第18條至第23條。
	（三）	誤用招標方式，例如：採公開招標卻就資格標單獨招標。	採購法第18條至第23條，施行細則第44條第1項。
	（四）	圖特定廠商利益而以議價或比價方式辦理。	採購法第22條、第23條。

序號		錯誤行為態樣	依據法令
	（五）	未達公告金額而逾公告金額十分之一之採購，通案以議價或比價方式辦理，未公開取得報價單。	採購法第 49 條，中央機關未達公告金額採購招標辦法第 2 條第 1 項。
	（六）	決標原則不適宜，例如：宜採最有利標者卻採最低標；宜採複數決標者卻未採行。	採購法第 6 條。
	（七）	濫用採購法第 105 條除外規定。	採購法第 105 條，特別採購招標決標處理辦法。
六、刊登招標公告	（一）	漏刊公告，例如：依採購法第 22 條第 1 項第 9 款至第 11 款辦理限制性招標，未刊登政府採購公報。	採購法第 27 條，政府採購公告及公報發行辦法（以下簡稱公報發行辦法）第 4 條。
	（二）	誤刊公告，例如：招標公告誤刊公開徵求廠商提供參考資料公告；公開招標公告誤刊「公開取得報價單或企劃書」公告；公告金額以上之案件誤登未達公告金額且未刊登政府採購公報；未達公告金額之採購，以「公開取得」三家廠商之書面報價或企劃書方式辦理者，於辦理公告上網作業時，誤上「公開招標」之網頁。	採購法第 27 條，公報發行辦法。
	（三）	採購案之屬性歸類錯誤（故意或過失），例如：工程保險誤登為工程案，藉以適用較高之查核或	採購法第 7 條。

序號	錯誤行為態樣	依據法令
	巨額採購金額,或使廠商遺漏參與機會。	
(四)	公告內容未完全符合政府採購公告及公報發行辦法之規定,例如:漏填、錯填、未詳實填寫(以「詳招標文件」一語帶過)。	採購法第27條,公報發行辦法。
(五)	等標期違反規定,例如:未考慮案件之複雜度逕依等標期法定下限訂定等標期。	採購法第28條,招標期限標準。
(六)	招標文件有保留增購權利卻未於招標公告載明。	採購法第22條第1項第7款。
(七)	流標或廢標後大幅修改招標文件重行招標,卻仍依本法第48條第2項規定以第2次招標處理。	施行細則第56條。
(八)	公告內容與招標文件之內容不一致,例如:截止投標期限不一致。	行政疏失。
(九)	上網傳輸公告未確定傳輸成功致實際傳輸失敗未刊登公告。	採購法第27條,公報發行辦法。
七、領標投標程序 (一)	招標文件未能自公告當日至截止投標期限期間供廠商親自及郵遞領取,例如:延後開始領標時間;縮短領標時間;限親自領取;限郵遞領取;對親自及郵遞領取訂定不同之截止期限。	採購法第29條第1項。
(二)	僅標示供領標投標之郵政信箱。	

附錄 3 政府採購行為錯誤態樣

序號		錯誤行為態樣	依據法令
	（三）	限使用機關之標封否則投標無效。	採購法第 6 條、第三十三條第 1 項，施行細則第 29 條。
	（四）	招標文件索價過高。	施行細則第 28 條之 1。
	（五）	允許廠商於開標前領回投標文件或開啟標封更改其內容。	施行細則第 32 條。
	（六）	詢問領標廠商名稱或索取名片。	採購法第 29 條第 1 項。
	（七）	以招標文件售罄為由妨礙廠商領標。	
	（八）	招標公告上之廠商資格內容過簡，致廠商誤付費領標，而機關拒退費，例如：僅填寫「詳招標文件」。	採購法第 6 條，工程會 89 年 6 月 18 日工程企字第 89014544 號函釋例。
八、開標程序	（一）	誤解開標之意義為開價格標。	採購法第 45 條，施行細則第 48 條第 1 項。
	（二）	開標前之應辦程序未辦妥，例如：漏通知上級機關監辦；底價尚未訂定；無人主持。	採購法第 3 條。
	（三）	開標前當場宣布補充規定或變更招標文件內容。	採購法第 27 條、第 41 條。
	（四）	開標後更改底價。	採購法第 46 條第 2 項。
	（五）	開標時間未到即先開啟廠商標封審標。	採購法第 45 條，施行細則第 48 條第 1 項。
	（六）	截止投標時間與開標時間相隔天數過長。	施行細則第 49 條之 1。
	（七）	開標紀錄記載不全。	施行細則第 51 條。

序號	錯誤行為態樣	依據法令
（八）	廠商未依通知出席開標即視為無效標。	採購法第50條,第60條。
（九）	採分段開標,卻先辦理價格標後再審查資格或規格標。	施行細則第44條。
（十）	訂定底價時機不符合規定,例如:議價前未參考該議價廠商之報價或估價即訂定底價。	採購法第46條,施行細則第54條。
（十一）	對於監辦人員提出之正確意見不予理會。	施行細則第11條第3項,機關主會計及有關單位會同監辦採購辦法第7條第2項。
（十二）	監辦人員逾越監辦職權提出不妥適之意見。	採購法第3條。
（十三）	未依採購法第57條第1款規定秘密開標審標。	採購法第57條第1款。
九、審標程序 （一）	未依招標文件之規定逐項確實審查,先以嚴格之規定排除競爭者,再故意放水或護航讓不合規定者通過審查。	採購法第6條、第50條、第51條。
（二）	對於圍標事證缺乏警覺性。	採購法第31條第2項、第48條第1項、第50條第1項、第87條、第101條。
（三）	不必公開審標卻公開審標,致洩漏個別廠商資料。	採購法第34條第4項。
（四）	誤以為開標當日必須審標完畢。	誤解。

序號		錯誤行為態樣	依據法令
	（五）	誤以為審標結果必須有三家廠商合格方得決標。	採購法第 48 條第 1 項，施行細則第 55 條。
	（六）	對於虛偽不實之廠商簽名或文件缺乏警覺性。	採購法第 31 條第 2 項、第 50 條第 1 項、第 101 條。
	（七）	資格文件之中文譯文雖符合招標文件規定，但未注意原文不符合招標文件規定。	施行細則第 37 條。
	（八）	投標文件審查結果，未通知投標廠商。	採購法第 51 條第 2 項，施行細則第 61 條。
	（九）	私下洽投標廠商協助審查其他廠商之投標文件。	採購法第 34 條、第 51 條。
	（十）	允許投標廠商查看其他廠商之投標文件。	採購法第 34 條第 4 項。
	（十一）	決標程序錯亂，例如：決標後，方審查投標時提出之樣本規格或投標文件所載廠牌設備、材料之規格。	採購法第 52 條，施行細則第 44 條。
	（十二）	評選委員會未依採購法第 94 條規定組成或開會。	採購法第 94 條，採購評選委員會審議規則，採購評選委員會組織準則。
	（十三）	評選委員未親自辦理評選或未依規定迴避。	採購評選委員會審議規則第 6 條第 1 項、第 14 條。
十、決標程序	（一）	未依採購法第 61 條及第 62 條刊登或傳輸決標資訊，或傳輸之資料錯誤或不完整，例如：以單價	採購法第 61 條、第 62 條，施行細則第 84 條，公報發行辦法第 13 條至

序號	錯誤行為態樣	依據法令
	決標時未傳輸預估總價；未登載廠商是否為中小企業；採限制性招標於決標後未依採購法第 61 條及第 62 條刊登或傳輸決標資訊；未登載採限制性招標所依據之法條；得標廠商為外國廠商卻登載係我國之中小企業；未公告底價或未敘明不公開底價之理由；未依規定公告決標金額；未登載決標原則。	第 15 條。
(二)	未保留至少 1 份未得標廠商已開標之文件。	施行細則第 57 條。
(三)	未保留至少 1 份得標廠商遞送之資格文件影本。	
(四)	除應保留之投標文件外，拒絕發還其他投標資料。	
(五)	不同數量之 2 項以上標的，以單價和決標。	施行細則第 64 條之 1。
(六)	不考慮廠商單價是否合理而強以機關預算單價調整廠商單價。	採購法第 6 條、第 58 條。
(七)	標價偏低，未經分析逕行決標，或未通知廠商說明即逕通知繳納差額保證金，或未繳納差額保證金前即決標而於決標後通知繳納差額保證金。	採購法第 58 條，工程會訂頒之「依政府採購法第 58 條處理總標價低於底價 80% 案件之執行程序」。
(八)	標價偏低，通知廠商提出繳納差額保證金時，允許以押標金或將	採購法第 58 條，押保辦法第 30 條。

序號	錯誤行為態樣	依據法令
	繳納之切結書代替繳納行為。	
（九）	標價偏低，通知廠商提出說明時，未注意該廠商與其他廠商間是否有異常或不正當之行為，而給予與次低標串通之可乘之機。	採購法第 58 條，工程會訂頒之「依政府採購法第 58 條處理總標價低於底價 80% 案件之執行程序」。
（十）	對於廠商自稱報價錯誤之處置失當，例如：廠商只含糊自稱報價錯誤，機關未探究錯誤之情形是否屬實及是否有採購法第 58 條之情形，逕不決標予該廠商，予不肖廠商轉手予次低標獲取利差之機會。	
（十一）	規定決標後樣品檢驗不合格不發還押標金。	採購法第 31 條第 2 項。
（十二）	使用工程會之招標投標簽約三用格式，卻規定廠商決標後須至機關簽約。	誤解。
（十三）	議價案未於議價前參考廠商之報價或估價單訂底價。	施行細則第 54 條第 3 項。
（十四）	決定最有利標後再洽廠商減價。	採購法第 56 條，最有利標評選辦法。
（十五）	決定最有利標時未經評選委員會過半數之決定或機關首長之決定。	採購法第 56 條第 1 項，採購評選委員會審議規則第 9 條。
（十六）	訂有底價之採購，廠商報價已在底價之內（包括平底價），機關未予決標，而要求廠商減價。	採購法第 52 條，施行細則第 69 條、第 72 條第 2 項。

序號		錯誤行為態樣	依據法令
	（十七）	未更改招標文件內容而重行訂定之底價，除有正當理由外（例如匯率大幅波動影響底價之訂定），較廢標前合格廠商之最低標價為高。	採購法第 6 條、第 46 條第 1 項。
	（十八）	決標紀錄記載不全。	施行細則第 68 條。
十一、可能有圍標之嫌或宜注意之現象	（一）	不肖人士蒐集領標廠商名稱。	採購法第 29 條、第 34 條第 2 項。
	（二）	領標投標期間於機關門口有不明人士徘徊。	採購法第 29 條、第 34 條第 2 項、第 87 條。
	（三）	繳納押標金之票據連號、所繳納之票據雖不連號卻由同一家銀行開具、押標金退還後流入同一戶頭、投標文件由同一處郵局寄出、掛號信連號、投標文件筆跡雷同、投標文件內容雷同、不同投標廠商投標文件所載負責人為同一人。	採購法第 48 條第 1 項、第 50 條第 1 項，工程會 91 年 11 月 27 日工程企字第 09100516820 號令，工程會 105 年 3 月 21 日 工 程 企 字 第 10500080180 號令。
	（四）	以不具經驗之新手出席減價會議。	
	（五）	代表不同廠商出席會議之人員為同一廠商之人員。	採購法第 48 條第 1 項、第 50 條第 1 項，工程會 91 年 11 月 27 日工程企字第 09100516820 號令，工程會 97 年 2 月 14 日 工 程 企 字 第 09700060670 號令。

序號		錯誤行為態樣	依據法令
	（六）	廠商簽名虛偽不實。	採購法第 31 條第 2 項、第 50 條第 1 項、第 101 條。
	（七）	廠商文件虛偽不實。	
	（八）	不同投標廠商提出由同一廠商具名之文件，例如授權各該不同廠商對同一案件投標。部分投標廠商未繳押標金。	採購法第 48 條第 1 項、第 50 條第 1 項，95 年 7 月 25 日工程企字第 09500256920 號令。
	（九）	廠商標封內為空白文件、無關文件或空無一物。	
	（十）	明顯不符合資格條件之廠商參與投標。	
	（十一）	廠商間相互約束活動之行為，例如：彼此協議投標價格、限制交易地區、分配工程、提高標價造成廢標、不為投標、不越區競標、訂定違規制裁手段、為獲得分包機會而陪標。	
	（十二）	廠商間彼此製造競爭假象，誤導招標機關而取得交易機會。	
	（十三）	不同投標廠商之領標網路位址(IP)相同。	採購法第 48 條第 1 項、第 50 條第 1 項。
十二、履約程序	（一）	未確實辦理履約管理，例如：廠商使用非法運輸工具；使用非法外勞；未落實勞工安全；亂倒廢棄物；不宜雨天施工者未予制止。	採購法第 3 條、第 63 條、第 70 條、第 70 條之一。
	（二）	查驗或驗收作業不實，例如：依	採購法第 63 條、第 70

序號	錯誤行為態樣	依據法令
	廠商建議之區域鑽心取樣。	條、第72條。
（三）	有採購法第101條第1項各款情形之一而未通知廠商將刊登政府採購公報及刊登期間；通知前未給予廠商口頭或書面陳述意見之機會；未成立採購工作及審查小組認定廠商是否該當第1項各款情形之一；通知時未附記救濟程序及期限或附記錯誤；或答復異議時未附記救濟程序及期限；審酌同條第1項所定情節重大，未考量機關所受損害輕重、廠商可歸責程度、實際補救或賠償措施等情形。	採購法第101條至第103條，施行細則第109條之1。
（四）	未將國內員工總人數逾一百人之廠商資料彙送至主管機關決標資料庫。	公報發行辦法第14條。
（五）	對於轉包行為視若無睹（例如履約階段由未得標廠商代為履行契約之全部或其主要部分）。	採購法第65條、第66條、第101條第1項第11款。
（六）	代表廠商出席會議之人員為未得標廠商之人員。	採購法第50條第1項、第65條、第66條、第87條、第101條。
（七）	刁難廠商使用同等品。	採購法第26條、第88條，施行細則第25條，採購契約要項第21點，工程會訂定之「政府採購

序號		錯誤行為態樣	依據法令
			法第 26 條執行注意事項」。
	(八)	未規定主要部分卻刁難廠商分包。	採購法第 65 條、第 67 條,施行細則第 87 條。
	(九)	任意允許廠商辦理契約變更。	採購法第 6 條、採購契約要項第 21 點,工程會訂定之「採購契約變更或加減價核准監辦備查規定一覽表」。
	(十)	全部不發還保證金之情形過當。	押保辦法第 20 條。
	(十一)	補助(藝文採購除外)或委託機關未盡到監督法人或團體依採購法辦理之責任。	採購法第 4 條、第 5 條,施行細則第 2 條至第 4 條。
	(十二)	未依規定期限驗收或付款。	採購法第 6 條、第 71 條第 1 項、第 73 條之 1,施行細則第 92 條至第 95 條。
十三、其他不法不當行為	(一)	利用職務關係對廠商要求、期約或收受賄賂、回扣、餽贈、優惠交易或其他不正利益。	採購人員倫理準則(以下簡稱倫理準則)第 7 條第 1 款。
	(二)	接受與職務有關廠商之食、宿、交通、娛樂、旅遊、冶遊或其他類似情形之免費或優惠招待。	倫理準則第 7 條第 2 款。
	(三)	不依法令規定辦理採購。	採購法第 3 條,倫理準則第 7 條第 3 款至第 5 款。
	(四)	妨礙採購效率(例如一再開標流標廢標不知檢討)。	

序號	錯誤行為態樣	依據法令
（五）	浪費國家資源(例如呆料、存貨過多仍繼續採購；為消化預算而辦理不必要之採購)。	
（六）	未公正辦理採購(例如未執行利益迴避)。	採購法第6條、第15條，採購評選委員會審議規則第14條，倫理準則第7條第6款。
（七）	洩漏應保守秘密之採購資訊。	採購法第34條，倫理準則第7條第7款。
（八）	利用機關場所營私或公器私用。	倫理準則第7條第八款。
（九）	利用職務關係募款或從事商業活動。	倫理準則第7條第9款。
（十）	利用職務所獲非公開資訊圖私人不正利益。	倫理準則第7條第10款。
（十一）	於機關任職期間同時為廠商所僱用。	倫理準則第7條第11款。
（十二）	於公務場所張貼或懸掛廠商廣告物。	倫理準則第7條第12款。
（十三）	利用職務關係媒介親友至廠商處所任職。	倫理準則第7條第13款。
（十四）	利用職務關係與廠商有借貸或非經公開交易之投資關係。	倫理準則第7條第14款。
（十五）	要求廠商提供與採購無關之服務。	倫理準則第7條第15款。
（十六）	為廠商請託或關說，或接受請託或關說。	採購法第16條，倫理準則第4條、第7條第16

memo

國家圖書館出版品預行編目(CIP)資料

開審決大白話/臺大醫院總務室團隊合著. -- 初版. -- 臺北市：

國立臺灣大學醫學院附設醫院，2022.04

　　面；　公分. --（解碼政府採購系列）

ISBN 978-986-5452-86-5(平裝)

1.CST: 政府採購 2.CST: 公共財務法規 3.CST: 招標制度

　　564.72　　　　　　　　　　　　　　111006193

《解碼政府採購系列》開審決大白話

作　者：臺大醫院總務室主任梁靜媛總策劃、
　　　　臺大醫院總務室 合著
出版者：國立臺灣大學醫學院附設醫院
地　址：台北市中正區中山南路7號
電　話：886-2-2312-3456(代表號)
印　刷：年代印刷企業有限公司
地　址：新北市中和區建一路175號5樓之1
電　話：886-2-8221-4216(代表號)
代理經銷：白象文化事業有限公司
地　址：台中市東區和平街228巷44號
電　話：886-4-2220-8598
傳　真：886-4-2220-8505

出版日期：2022年9月初版一刷
定　價：新臺幣520元
ISBN/978-986-5452-86-5